suhrkamp taschenbuch
wissenschaft 1537

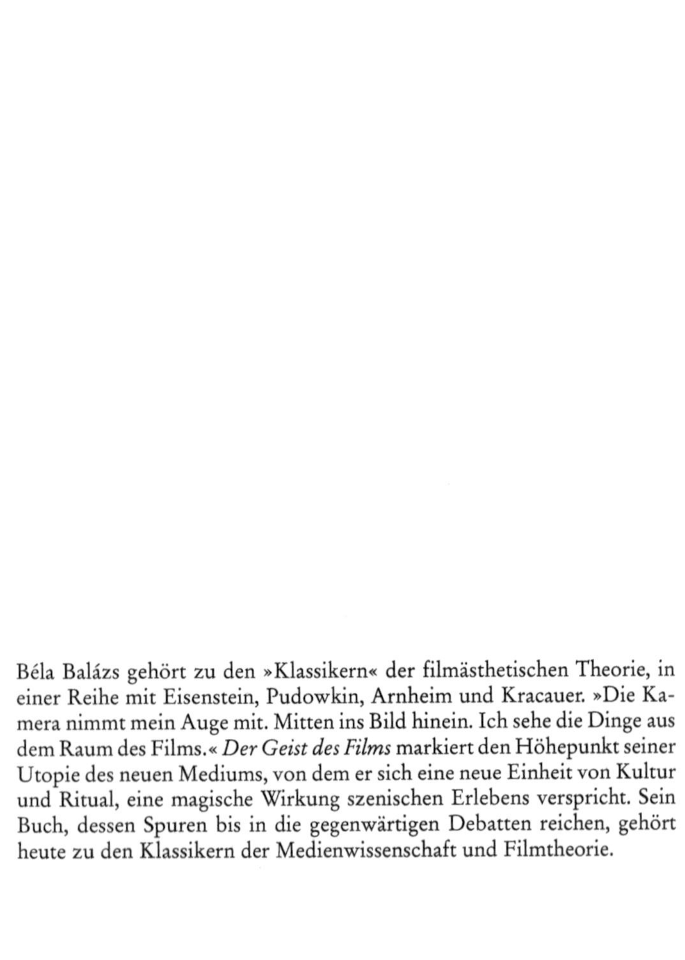

Béla Balázs gehört zu den »Klassikern« der filmästhetischen Theorie, in einer Reihe mit Eisenstein, Pudowkin, Arnheim und Kracauer. »Die Kamera nimmt mein Auge mit. Mitten ins Bild hinein. Ich sehe die Dinge aus dem Raum des Films.« *Der Geist des Films* markiert den Höhepunkt seiner Utopie des neuen Mediums, von dem er sich eine neue Einheit von Kultur und Ritual, eine magische Wirkung szenischen Erlebens verspricht. Sein Buch, dessen Spuren bis in die gegenwärtigen Debatten reichen, gehört heute zu den Klassikern der Medienwissenschaft und Filmtheorie.

Béla Balázs
Der Geist des Films

Mit einem Nachwort von
Hanno Loewy
und zeitgenössischen Rezensionen
von Siegfried Kracauer
und Rudolf Arnheim

Suhrkamp

Die Erstausgabe von *Der Geist des Films*
erschien 1930 im Verlag
Wilhelm Knapp (Halle/Saale)

Bibliografische Information der Deutschen Nationalbibliothek
Die Deutsche Nationalbibliothek verzeichnet diese Publikation
in der Deutschen Nationalbibliografie;
detaillierte bibliografische Daten sind im Internet über
http://dnb.d-nb.de abrufbar.

4. Auflage 2017

Erste Auflage 2001
suhrkamp taschenbuch wissenschaft 1537

Satz: jürgen ullrich typosatz, Nördlingen
Printed in Germany
Umschlag nach Entwürfen von
Willy Fleckhaus und Rolf Staudt
ISBN 978-3-518-29137-5

Inhalt

Der Geist des Films (1930)

Sieben Jahre

Sieben Jahre sind es her, daß die erste Theorie des stummen Films: »Der sichtbare Mensch« erschienen ist. Es war die Theorie einer Kunst, die damals aus der Kintoppkolportage sich eben erst zu entwickeln begonnen hatte. Es war eine Vortheorie gewesen. Berechnung, Traum, Prophetie und Forderung einer großen Möglichkeit, die jetzt anscheinend aufgehört hat, bevor sie noch ganz verwirklicht werden konnte. Der Tonfilm ist dazwischengekommen. Zeit, Bilanz zu machen und eine Nachtheorie zu schreiben.

Kolumbusfahrt

Vor sieben Jahren mußte ich mich entschuldigen und sagen: »Theorie ist gar nicht grau. Sie ist die Landkarte für den Wanderer der Kunst, die alle Wege und Möglichkeiten zeigt. Sie ist es, die den Mut zu Kolumbusfahrten gibt.«

Nun, Kolumbus ist auch nicht bis nach Indien gelangt. Auch er ist in Amerika steckengeblieben. Aber die Erde ist trotzdem rund! Und der Film ist immerhin noch ein gutes Stück über Hollywood hinausgekommen.

Vor sieben Jahren schrieb ich in »Der sichtbare Mensch«: »Eine wirklich neue Kunst wäre wie ein neues Sinnesorgan.« Der Film ist es inzwischen geworden. Ein neues Organ des Menschen, die Welt zu erleben, das sich rapid entwickelt hat. Diese Entwicklung, die doch ein Stück Menschengeschichte war, scheint jetzt einstweilen abgebrochen zu sein. Der Tonfilm ist dazwischengekommen, und es ist noch nicht ausgemacht, wobei es bleiben wird.

Bitte umsteigen!

Ist es schade?

Es ist doch ein Anfang, der hier ein Ende gemacht hat. Es ist ein Weg, der hier einen Weg verstellt hat. Neue Möglichkeit, neue Entwicklung stört die alte. Nur Philister rümpfen die Nase und bedauern, anstatt einzugreifen. Neue Theorie öffnet neue Perspektiven für neue Kolumbusfahrten.

Nein, nicht alles muß vollendet werden. Nicht auf die Werke, sondern auf den Menschen kommt es letzten Endes an. Der

Mensch aber fährt nicht jede Strecke bis zur Endstation. Er steigt oft um auf seiner Fahrt. Bitte umsteigen! Tonfilm!

Die Geschichte vom russischen Gutsverwalter

Inzwischen ist immerhin etwas geschehen. Ein neues Organ des Menschen hat sich entwickelt. Das ist wichtiger, als der ästhetische Wert der einzelnen Werke, die kraft dieses Organs entstanden sind.

Ein russischer Freund erzählte mir folgende wahre Geschichte: Irgendwo auf dem ukrainischen Land, Hunderte Kilometer von der letzten Bahnstation, lebte ein Mann, früher Besitzer und nach der Revolution Verwalter eines Gutes. Er war seit fünfzehn Jahren in keiner Stadt gewesen. Er hat die Weltgeschichte mitgemacht, aber noch nie einen Film gesehen. Ein äußerst gebildeter Intellektueller, der sich alle neuen Bücher, Zeitungen, Zeitschriften kommen ließ, der einen guten Radioapparat besaß, der in ständigem Kontakt mit der Welt und in allen geistigen Dingen auf dem laufenden war. Nur im Kino war er noch niemals gewesen.

Dieser Mann kam nun einmal nach Kiew und sah zum erstenmal einen Film. Eine sehr einfach gemachte, naive Fairbanks-Geschichte. Kinder saßen um ihn herum und freuten sich. Unser Mann starrte mit gerunzelter Stirne, in äußerster Konzentration auf die Leinwand, zitternd und keuchend vor Aufregung und Anstrengung. Er war ganz erschöpft, als man herauskam. »Nun, wie hat es dir gefallen?« fragte mein Freund. »Sehr! Ungeheuer interessant. Aber … was ist in diesem Film eigentlich vorgegangen?« … Er hatte den Film nicht begriffen. *Die Handlung*, der Kinder mühelos folgen konnten, hatte er nicht erfaßt. Denn es war eine neue Sprache gewesen, die allen Städtern geläufig war und die er, der hochgebildete Intellektuelle, noch nicht verstanden hatte.

Die neue Sprache

Diese neue Ausdrucks- und Mitteilungstechnik hat sich in dem letzten Jahrzehnt mit unheimlicher Schnelligkeit differenziert und kompliziert. Die simpelsten Filme von heute hätten wir selber vor vier bis fünf Jahren stellenweise noch nicht verstanden.

Einer rennt seiner abreisenden Geliebten auf den Bahnhof nach. Wir sehen ihn noch auf den Bahnsteig stürzen. Dann sehen wir weder Gebäude noch Schienen, noch den Zug. Wir sehen nur eine Großaufnahme seines Gesichts. Über das Gesicht ziehen Licht – Schatten, Licht – Schatten in immer schnellerem Wechsel hinweg. Jeder versteht heute: der Zug fährt eben ab. Als vor fünf Jahren dies zum erstenmal gemacht wurde, waren nur wenige sofort »im Bilde«.

Ein Mann sitzt traurig brütend in einem dunklen Zimmer. (Die betreffende Frau ist nebenan.) Nun eine Großaufnahme. Plötzlich fällt Lichtschein auf ihn. Er hebt den Kopf und blickt, auch innerlich aufgehellt, hoffnungsvoll ins Licht. Das Licht auf seinem Gesicht verschwindet allmählich. Enttäuscht senkt er, wieder im Dunkeln, den Kopf. – Was ist geschehen? Jeder Kinobesucher weiß es. Eine Türe hatte sich aufgetan. An der Schwelle des beleuchteten Zimmers stand die Frau und hatte ihn angeblickt. Dann zog sie die Türe wieder zu.

Wir verstehen noch mehr als die Situation. Wir verstehen auch ihre symbolische Bedeutung. Vor sechs bis sieben Jahren hätten sich nur wenige ausgekannt. Aber heute sind wir im Bilde, das uns gar nicht gezeigt zu werden braucht.

Wir wissen es gar nicht mehr, wie wir in dieser Zeit sehen gelernt haben. Wie wir optisch assoziieren, optisch folgern, optisch denken gelernt haben, wie geläufig uns optische Abkürzungen, optische Metaphern, optische Symbole, optische Begriffe geworden sind.

Warum sind alte Filme komisch?

Wie schnell und wie groß diese Entwicklung gewesen ist, das kann man nur ermessen, wenn man sich alte Filme ansieht. Man lacht sich schief. Es ist einfach nicht zu glauben, daß dies vor fünfzehn Jahren ernst gemeint sein konnte.

Warum? Sonst wirkt doch alte Kunst nicht komisch. Auch die primitivste und naivste nicht.

Sonst ist die alte Kunst der geistige Ausdruck einer alten Zeit. Beim Film ging es aber zu schnell. Wir sind es noch selber und lachen uns selber aus. Es wirkt noch nicht wie historisches Kostüm, sondern wie veraltete Mode. Sonst ist primitive Kunst der adäquate Ausdruck einer Primitivität. Aber bei uns selber wirkt sie als groteske Unbeholfenheit. Der Wurfspeer des Südseeinsulaners ist nicht so lächerlich, wie er in der Hand eines modernen Soldaten wäre. Auch eine alte Galeere ist schön. Aber die ersten Lokomotiven sind komisch. Denn es ist nicht etwas ganz anderes, sondern dasselbe, bloß ungeschickt.

Die ersten Filme wirken nicht historisch, sondern provinziell. Nicht wie eine alte oder fremde Sprache, sondern wie das ungebildete, plumpe Stammeln in unserer eigenen. Denn wir selber haben uns so schnell entwickelt. Wir selber! Nicht nur die Kunst! Vor unseren Augen, im wortwörtlichen Sinn, ist eine hohe Technik des Sehens und Zeigens entstanden, eine uns allen zugängliche geistige Technik des Ausdrucks und der Verständigung, also eine *Kultur*, die schon darum von ungeheurer Bedeutung ist, weil diese Kultur, zum erstenmal in der Geschichte, nicht Monopol der herrschenden Klasse geblieben ist.

Nicht auf die Kunst kommt es an!

Also nicht nur eine neue Kunst hat sich hier entwickelt. Sondern, was viel wichtiger ist – eine menschliche Fähigkeit als Möglichkeit und Basis dieser Kunst überhaupt! Die Kunst hat wohl eine Geschichte, aber keine Entwicklung im Sinne eines kontinuierlichen Wertzuwachses. Objekte können nur Symptome und Dokumente einer Entwicklung sein. Das Substrat der Entwicklung ist das Subjekt, der Mensch in seinem sozialen Sein.

Sind etwa die Bilder der Impressionisten, der Renoirs oder Manets, ästhetisch wertvoller und vollkommener als die alten Fresken der Giottos und Cimabues? Von einer »ästhetischen Entwicklung« kann hier gewiß nicht die Rede sein. Aber die Erkenntnis der Perspektive und der Luftatmosphäre ist trotzdem eine große Entwicklung. Nur nicht die der Kunst, sondern die des Auges. Eine psychologische, vielleicht auch physiologische Entwicklung, die sich heute nicht bloß in den Werken der Genies dokumentiert, sondern eine Entwicklung, die heute jeder Stümper erreicht hat, weil sie eben zu einer allgemeinen Kulturerscheinung geworden ist.

Bildung

Es heißt, daß jeder gebildete Franzose gut schreiben kann, auch das dümmste und kitschigste französische Buch sei noch »gut geschrieben«. Soweit das wahr ist, bedeutet es eine allgemeine Kultur des Ausdrucks, die, unabhängig vom Wert des einzelnen Werkes, als

Bildungsniveau, als soziale Zeiterscheinung einer bestimmten Klasse, für die Kulturgeschichte viel bedeutsamer ist als die Glücksfälle einzelner Genieleistungen. Man müßte einmal die Geschichte der Phrase, der Banalität, der Routine und des Jargons schreiben! (Freilich in der Dialektik der Entwicklung sind genialer Vorstoß und allgemeine Kulturbasis – sich gegenseitig befruchtend – voneinander bedingt.)

Jenen also, die über einen Verfall der Filmkunst klagen, sei gesagt: Durch all diesen gemeinen Kitsch hindurch hat sich dennoch eine hohe optische Kultur entwickelt. Sie sitzt auch im Handgelenk der ödesten Routiniers. (Dieses Handgelenk ist der Sitz der Kultur.) Die Sprache des Films (wozu sie auch mißbraucht worden [sein] mag) hat sich unaufhaltsam verfeinert, und die Wahrnehmungsfähigkeit, auch des primitivsten Publikums, kam ihr nach.

Ich möchte nun eine Art Grammatik dieser Sprache skizzieren. Eine Stilistik und eine Poetik vielleicht.

Die produktive Kamera

Wodurch wird der Film zu einer so ganz besonderen Ausdrucksform? Ich meine den Zelluloidstreifen, die Bildfolge, die man auf der Leinwand sieht. Denn man könnte doch sagen, daß das eigentliche Kunstereignis, die ursprüngliche Gestaltung im Atelier oder in der Natur, jedenfalls *vor* dem Apparat geschieht und auch zeitlich vor dem Film geschehen ist. Dort und damals wurde gespielt, gebaut und beleuchtet. Im Atelier wurde das Motiv gestellt oder ausgewählt. Alles ist erst »in Wirklichkeit« dagewesen, was auf dem Bild zu sehen ist. Der Film selbst ist bloß photographische Reproduktion.

Warum stimmt das nicht? Was sehen wir im Film, was wir im Atelier, vor demselben Motiv, nicht sehen können? Welche Wirkungen sind es, die erst im Filmstreifen primär entstehen? Was ist es, was die Kamera nicht reproduziert, sondern selber schafft? Wodurch wird der Film zu einer besonderen eigenen Sprache?

Durch die Großaufnahme.

Durch die Einstellung.

Durch die Montage.

Aus der mikroskopischen Nähe, in der uns die Großaufnahme die Dinge zeigt, können wir sie natürlicherweise »in Wirklichkeit« niemals sehen.

Durch den besonderen Ausschnitt, durch die besondere Perspektive der Einstellung erscheint *erst im Bilde* der subjektive Deutungswille des Regisseurs.

Erst in der Montage, im Rhythmus und im Assoziationsprozeß der Bildfolge erscheint das Wesentliche: die Komposition des Werkes.

Das sind die Grundelemente jener optischen Sprache, die wir nun einzeln analysieren wollen.

Wir sind mitten drin!

Das alles geschieht durch die Beweglichkeit und die stete Bewegung der Kamera. Sie zeigt nicht nur immer neue Dinge, sondern auch immer neue Distanzen und Gesichtspunkte. Und das ist das historisch absolut Neue an dieser Kunst.

Gewiß hat der Film eine neue Welt *ent*-deckt, die vor unseren

Augen bislang *ver*-deckt gewesen ist. So die sichtbare Umwelt des Menschen und seine Beziehung zu ihr. Raum und Landschaft, das Gesicht der Dinge, den Rhythmus der Massen und den heimlichen Ausdruck des schweigenden Daseins. Aber der Film hat nicht nur Stofflich-Neues gebracht im Laufe seiner Entwicklung. Er hat etwas Entscheidendes getan. *Er hat die fixierte Distanz des Zuschauers aufgehoben; jene Distanz, die bisher zum Wesen der sichtbaren Künste gehört hat.* Der Zuschauer steht nicht mehr außerhalb einer in sich geschlossenen Welt der Kunst, die im Bild oder auf der Bühne umrahmt ist. Das Kunstwerk ist hier keine abgesonderte Welt, die als Mikrokosmos und Gleichnis erscheint, in einem anderen Raum ohne Zugang.

Die Kamera nimmt mein Auge mit. Mitten ins Bild hinein. Ich sehe die Dinge aus dem Raum des Films. Ich bin umzingelt von den Gestalten des Films und verwickelt in seine Handlung, die ich von allen Seiten sehe.

Was macht es, daß ich genauso zwei Stunden an derselben Stelle sitze wie im Theater? Ich sehe Romeo und Julia doch nicht vom Parterre. Denn ich blicke aus den Augen Romeos zum Balkon hinauf, und aus den Augen Julias auf Romeo hinunter. Mein Blick und mit ihm mein Bewußtsein *identifiziert* sich mit den Personen des Films. Ich sehe das, was sie von ihrem Standpunkt aus sehen. Ich selber habe keinen. Ich gehe in der Menge mit, ich fliege, ich tauche, ich reite mit. Und wenn einer dem anderen im Film in die Augen sieht, so blickt er von der Leinwand mir in die Augen. Denn die Kamera hat meine Augen und identifiziert sie mit den Augen der handelnden Personen. Sie schauen mit meinem Blick.

Etwas Ähnliches wie diese Identifizierung, mit der heute jeder Durchschnittsfilm arbeitet, ist noch nie in irgendeiner Kunst vorgekommen. Sie ist auch der entscheidende, letzte Unterschied des Films zum Theater. (Ich komme noch darauf zurück bei der Frage der Verwendung des Films auf der Bühne.) In dieser Aufhebung der inneren Distanz des Zuschauers erscheint seit den Jahrhunderten der feudalen und bürgerlichen Kunst zum erstenmal eine radikal neue Ideologie. Auch darauf komme ich noch zurück. Hier sollte vorerst nur einmal die allgemeine Bedeutung der Kamerabewegung angedeutet werden.

Großaufnahme

Die Möglichkeit und der Sinn der Filmkunst liegen darin, daß jedwedes Wesen so aussieht, wie es ist.

Die Großaufnahme war die erste, radikale Distanzveränderung. Es war gewiß eine verwegene Genialität, als Griffith zum erstenmal den Menschen die Köpfe abgeschnitten und allein, ganz groß, in die zwischenmenschlichen Handlungen des Films hineingeschnitten hat. Denn dadurch ist der Mensch nicht bloß nähergekommen (nämlich näher im selben Raum), sondern aus dem Raum überhaupt heraus und in eine ganz andere Dimension geraten.

Die neue Dimension

Wenn die Kamera irgendeinen anderen Körperteil oder einen Gegenstand aus seiner Umgebung groß heraushebt, so bleibt dieser trotzdem im Raum. Denn die Hand, allein, meint den Menschen, ein Tisch, auch allein, bedeutet seine Funktion in einem Raum. Wir sehen diesen Raum wohl nicht, aber wir denken ihn dazu. Wir müssen ihn hinzudenken, denn ohne eine Beziehung nach außen verlöre eine solche isolierte Großaufnahme jeden Sinn. Also auch jeden Ausdruck.

Wenn uns aber ein Gesicht allein und groß gegenübersteht, so denken wir an keinen Raum, an keine Umgebung mehr. Selbst wenn wir dasselbe Gesicht vorhin noch mitten in der Menge gesehen haben, so sind wir jetzt plötzlich mit ihm unter vier Augen allein. Wir wissen vielleicht, daß dieses Gesicht in einem bestimmten Raume ist, aber wir denken diesen nicht hinzu. Denn das Gesicht wird Ausdruck und Bedeutung auch ohne hinzugedachte räumliche Beziehung.

Der Abgrund, über den einer sich beugt, *erklärt* wohl den Ausdruck des Schreckens, aber er *macht* ihn nicht. Denn der Ausdruck ist auch ohne die Begründung da. Er wird nicht erst durch die hinzugedachte Situation überhaupt zu einem Ausdruck.

Dem Gesicht gegenüber befinden wir uns nicht mehr im Raum. Eine neue Dimension öffnet sich uns: die *Physiognomie*. Daß die Augen oben, der Mund unten, daß diese Falten rechts, jene links liegen, hat keine räumliche Bedeutung mehr. Denn wir sehen nur *einen* Ausdruck. Wir sehen Empfindungen und Gedanken. Wir sehen etwas, was nicht im Raume ist.

Physiognomie und Melodie

Henri Bergsons Analyse der »Dauer« (durée) und der Zeit werden uns zum Verständnis dieser neuen Dimension verhelfen. Eine Melodie, sagt Bergson, besteht wohl aus einzelnen Tönen, die zeitlich hintereinander folgen, aber die Melodie hat trotzdem keine Ausdehnung in der Zeit. Denn im Sinn des ersten Tones ist der letzte bereits zugegen, und beim letzten Ton ist der erste noch deutend gegenwärtig. Das eben macht jeden Ton zum Teil einer Melodie, die als Form wohl eine Dauer, einen Ablauf hat, aber nicht in der Zeit allmählich entsteht, sondern von vornherein als Ganzes da ist. Denn nicht die Töne sind es, sondern ihre (hörbare) Beziehung ist die Melodie. Die Beziehung aber ist nicht zeitlich. Sie ist in einer anderen, einer geistigen Dimension. Auch eine logische Folgerung etwa mag als Arbeit Zeit in Anspruch nehmen. Doch haben Prämisse und Schluß kein zeitliches Hintereinander.

Wie die Melodie zur Zeit, so verhält sich die Physiognomie zum Raum. Die Ausdrucksmuskeln des Gesichts liegen wohl räumlich nebeneinander. Aber ihre Beziehung macht den Ausdruck. Diese Beziehung hat keine Ausdehnung und keine Richtung im Raum. Sowenig wie eben Gefühle und Gedanken und sowenig wie Vorstellungen und Assoziationen. Diese sind auch bildhaft und doch raumlos.

Auf diese merkwürdig paradoxe neue Dimension des Films, die durch den sichtbaren Geist entsteht, werden wir bei der Montage, bei der Assoziationsmontage und Gedankenmontage, noch einmal zurückkommen.

Mimische Dialoge

Die Großaufnahmen haben wir schon lange, und in »Der sichtbare Mensch« sind bereits die durch den Film offenbarten Wunder des Mienenspiels ziemlich genau analysiert. Was ist seither geschehen? Welche Entwicklung brachte der Film hier?

Die Kamera ist noch näher ans Gesicht herangerückt. Dadurch haben wir die Ausdrucksnuancen mit solcher Präzision erfaßt (und zu verstehen gelernt!), daß in den modernen Filmen mimische Dialoge von der Dauer eines ausführlichen Gesprächs möglich und üblich geworden sind. Die innere Handlung, die nur an den Gesichtern zu sehen ist, interessiert heute mehr als jene, die in äußerer Bewegung sich kundtut. Wie es auf dem Theater Konversationsstücke gibt, so sind im Film in ihrer Fabel wenig bewegte, mimische Dialogspiele entstanden. Je deutlicher uns das Gesicht durch die größere Nähe wird, um so mehr Raum nimmt im Film diese innere Dramatik ein – die sich nicht im Raume ereignet.

Es war bereits möglich, einen gewaltigen Film von wildem, leidenschaftlichem Kampf auf Leben und Tod *nur mit Gesichtern* darzustellen. Dreyers *Jungfrau von Orléans*. Die aufpeitschende, erschütternde, lange Szene der Inquisition. Fünfzig Menschen sitzen die ganze Zeit am selben Platz. Tausend Meter hindurch nur Köpfe. Ohne Raum. Aber der Raum wird uns gar nicht gegenwärtig. Wozu auch? Hier wird nicht geritten und nicht geboxt. Diese tobenden Leidenschaften, Gedanken, Überzeugungen prallen nicht im Raum aufeinander. Und doch ist dieses gefährliche Duell, in dem sich nicht Klingen, sondern Blicke kreuzen, von atemraubender Spannung, zwei Stunden lang. Denn wir sehen jeden Angriff und jede Parade, jede Finte, jeden Stoß des Geistes, und wir sehen jede Wunde, die die Seele bekommt. Dieser Film spielt sich in einer anderen Dimension ab als die Cowboyfilme oder die Alpenfilme. Das machte die Nähe der Kamera möglich.

Die Mikrophysiognomie

Das war noch immer das *ganze* Gesicht, als Gesamtwirkung, gewesen. Das war noch immer das bewegte Mienenspiel gewesen. Es waren Mienen, die der Mensch macht, wenn auch nicht immer bewußt. Aber er kann sie machen und kann sie beherrschen.

Jedoch die Kamera rückte näher heran. Und siehe: *innerhalb* des Gesichtes zeigen sich Teilphysiognomien, die ganz anderes verraten, als der Gesamtausdruck vermuten ließ. Vergeblich runzelt jener die Stirne und läßt die Augen blitzen. Die Kamera kommt noch näher und zeigt sein Kinn für sich allein und zeigt, wie feige und schwach er ist. Ein feines Lächeln beherrscht den Gesamtausdruck. Aber Nasenflügel, Ohrmuschel, Nacken haben alle ihr eigenes Gesicht. Und isoliert gezeigt, verraten sie heimliche Roheit, übertünchte Dummheit. Der »allgemeine Eindruck« übertönt sie in der Detaillierung nicht.

Wie edel und schön noch in der Großaufnahme ist das Gesicht des Popen in Eisensteins *Kampf um die Erde*. Aber einmal nur die Augen allein, und die schlaue Gemeinheit, die unter den Wimpern verborgen war, kommt zum Vorschein. Aber auch im derbhäßlichen Gesicht entdeckt die Kamera den kaum sichtbaren Zug der Zartheit und Güte. Sie durchleuchtet die Vielschichtigkeit der Physiognomie. Sie zeigt das Gesicht, das dahinter steckt. Hinter dem Gesicht, das man macht, das Gesicht, das man hat und nicht ändern noch kontrollieren kann.

Die nahe Kamera zielt auf die unbeherrschten kleinen Flächen des Gesichts und kann das Unterbewußte photographieren. Aus dieser Nähe wird das Gesicht zum Dokument wie die Schrift für den Graphologen. Aber Graphologie ist eine seltene Begabung und eine Wissenschaft. Diese Mikrophysiognomie hingegen ist uns allen geläufig geworden.

Das unsichtbare Antlitz

Bei den ersten Großaufnahmen hatte es sich schon gezeigt, daß in einem Gesicht zuweilen mehr zu lesen ist, als darauf geschrieben steht. Denn die Physiognomie hat auch ihre »Zwischen den Zeilen«-Ausdrucksmöglichkeit. Zwischen den Zügen gewissermaßen.

Ein Beispiel aus einem alten Film. Der japanische Schauspieler Sessue Hayakawa hatte in einem sonst einfältigen Abenteuerfilm folgendes darzustellen: Er ist von Banditen gefangen und wird mit seiner verlorengeglaubten Frau konfrontiert. Er darf nicht verraten, daß er sie kennt. Fünf Augenpaare forschen in seinem Gesicht, während er seine Gattin betrachtet, und fünf gezückte Revolver werden losgehen, wenn nur ein Zug in seinem Gesicht die tiefe Rührung ob dieses unverhofften Wiedersehens verrät. Doch der Japaner beherrscht sich. Nicht die geringste Regung auf dem eisernen Gesicht. Wir müssen es glauben, daß die Banditen ihm glauben müssen. Jedoch – und das ist das Wunderbare – wir sehen deutlich an seinem Gesicht, daß wir etwas an seinem Gesicht nicht sehen. Es ist vorhanden, aber nicht zu lokalisieren. Ein *unsichtbar deutlicher* Ausdruck.

Ein Meisterstück der Asta Nielsen vor vielen Jahren: Sie soll in einem Film aus intriganten Gründen einen Mann verführen. Sie heuchelt Liebe und spielt Komödie mit sehr überzeugenden Mienen. Doch während dieser Szene verliebt sie sich wirklich in den Mann. Ihre Gebärden (dieselben), ihre Mienen (dieselben) werden allmählich aufrichtig. Sie macht genau dasselbe wie vorhin, und es ist nicht zu sehen, woran es doch zu sehen ist, daß sie es jetzt anders meint.

Aber es wird noch komplizierter. Sie merkt, daß ihr Spießgeselle sie hinter dem Vorhang beobachtet. Nun muß sie diesem glaubhaft machen, daß sie nur Komödie spielt, wie sie vorhin dem anderen glaubhaft machen wollte, daß sie aufrichtig war. Die doppelte Bedeutung ihres Mienenspiels hat sich umgekehrt. Auch jetzt spielt sie Komödie, auch jetzt ist ihr Ausdruck unecht. Bloß ist diesmal das Unechte unecht geworden. Jetzt lügt sie es, daß sie lügt.

Und das alles ist wahrnehmbar, ohne daß zu sehen wäre, wie und was sich in ihren Mienen geändert hat. Unsichtbar hat sie eine Maske abgelegt, unsichtbar eine neue aufgesetzt. Das geschah alles »zwischen den Zügen« auf dem unsichtbaren Antlitz.

Schon diese ersten Großaufnahmen haben uns solche Subtilitäten des Mienenspiels wahrnehmbar gemacht. Es sind Ausdrucksnuancen, die mit dem bloßen Auge nicht festzustellen sind und doch durchs Auge entscheidend auf uns wirken, so wie etwa ein Bazillus, den wir beim Einatmen nicht spüren, uns doch töten kann.

Doch dieser eben beschriebene, unsichtbare Ausdruck kann nur durch Assoziationswirkungen des sichtbaren Mienenspiels entstehen. Genauso wie ausgesprochene Gedanken einen unausgesprochenen in mir wecken können.

Aber nicht das war mit der Mikrophysiognomik der ganz nahen Kamera gemeint. Sondern das Gesicht *unter dem Mienenspiel.* Dieses Grundgesicht kann man nicht machen. Man hat es von vornherein und immer dabei, unentrinnbar. Es wird von dem bewußten Ausdruck oft übertönt. Aber die Großaufnahme bringt es an den Tag. Nicht wie man dreinschaut, sondern wie man aussieht, entscheidet hier. Denn jeder sieht so aus, wie er ist.

Auch das gewaltigste Bergrutschen besteht darin, daß Sandkörnchen sich bewegen. Auch die Grimasse des großen Ausdrucks ist ein summarisches äußeres Bild. Eigentlich geschieht er in der kaum merklichen Bewegung der kleinsten Gesichtsteile. Diese Mikrophysiognomie ist das unmittelbare Sichtbarwerden der Mikropsychologie. Der große Ausdruck entspricht schon den bewußten Gefühlen und den begrifflichen Gedanken.

Einfachheit

In solcher Nähe wird der kleine Ausdruck so groß, daß der große Ausdruck schier unerträglich wird. Die Folge davon: das immer diskreter werdende Spiel in den modernen Filmen. Wo man das leiseste Erzittern der Augenlider deutlich sieht und versteht, wirkt alles, was mehr ist, schon übertrieben. Die Echtheit wird genauer kontrolliert. Geschminktes und Geklebtes wird entlarvt. Glyzerintränen kommen nicht mehr in Frage. Nur elementare Ausbrüche sind auch in der großen Gebärde überzeugend. Sie wirken dann als Abnormität, als Ekstase, Hysterie oder Wahnsinn. Tiefer wirkt aber heute das ganz Verhaltene. Im Atelier wird heute den Schauspielern eingeschärft: »Bloß nicht spielen! Nur die Situation denken und fühlen. Was dann ›von selbst‹ auf dem Gesicht erscheint, das genügt der Kamera.« Man ist einfach geworden, weil die Kamera so nah herangekommen ist.

Die Technik kommt, wenn man sie braucht

Aber diese Einfachheit ist doch nicht bloß eine kunsttechnische Angelegenheit! Das ist doch eine ganz wesentliche Geschmacksänderung, ein tiefgehender Umschwung in der Lebensart überhaupt. Kann das wirklich nur die Folge eines Kameratricks sein? Oder ist es umgekehrt?

Erfindungen, auch künstlerische, werden nie zufällig oder aus der Laune eines Genies geboren. Sie sind fällig, wenn ein ökonomisches oder ideologisches Bedürfnis danach vorhanden ist. (Der Erfinder braucht nichts davon zu wissen.) Dieser allgemeine Wille zur Einfachheit kommt von der Skepsis der heutigen Generation gegen die hergebrachten Ausdrucksformen des feudalen und altbürgerlichen Geistes. (Gleich, ob es architektonische oder physiognomische Formen sind.) Es ist einstweilen eine bloß negative Opposition, aber von großer ideologischer Bedeutung. Sie hat im modernen Film ihren deutlichsten Ausdruck gefunden. Sie hat die Kamera näher ans Gesicht gerückt. Die Kamera ihrerseits hat gezeigt, daß die Einfachheit gar nicht so einfach ist.

Das unromantische Gesicht

Darum hat sich in den letzten Jahren auch das Schönheitsideal so geändert. Das romantisch-dekorative Gesicht ist aus der Mode gekommen. Die Stars mit Alltagsgesichtern wurden populär. Zumal die Männerschönheit von früher in Mißkredit geraten ist. Die dekorative Gesamtwirkung wird als Maske empfunden. Die Kamera kommt näher, und die Intimitäten des Gesichts, die anziehenden Details entscheiden. (Bei Frauentypen liegt die Sache etwas anders. Die Frauenschönheit ist Alltagsbedürfnis. Das hübsche Girl ist der Typ der erotischen Konfektion. Pathetischen Schönheiten weicht der Film auch bei den Frauen aus. Über das Ereignis Greta Garbo muß aber besonders gesprochen werden.)

Diese Geschmacksänderung, die sich im Film dokumentiert, an dem Film orientiert hat, durch den Film bewußt geworden ist, diese Geschmacksänderung bedeutet eine Wandlung in der Menschenbewertung. Die Wandlung geht sogar tiefer. Denn auch der Sex-Appeal hat sich geändert und damit die Instinktrichtung der Zuchtwahl. Von Ramon Novarro und Conrad Veidt bis Ronald Colman und George Bancroft ist es ein weiter Weg in eine andere Welt. Wir sind ihn mit der sich nähernden Kamera gegangen.

Das treibende Motiv dieser Wandlungen ist das allgemein gewordene Mißtrauen gegen alles Bewußte und Beabsichtigte und gegen alles Dekorativ-Pathetische.

Das physiognomische Mosaik

Nur durch Montage ist es bis zu einem gewissen Grade möglich, aus Aufnahmen einzelner, spontaner Naturausdrücke, aus Urphysiognomien, die Illusion einer erdichteten Handlung hervorzubringen. Photographien »aus dem Leben«: hier ein Lachen, dort ein Weinen, hier ein Mißtrauen, dort eine Wut. Original-Großaufnahmen von Gesichtern. Sie werden aus dem Zusammenhang mit ihren ursprünglichen Ursachen herausgehoben und in dem Film (wie zu einem Mosaikwerk aus unbearbeiteten Steinen) zusammengestellt. Sie scheinen sich dann aufeinander zu beziehen und ändern dadurch ihre Bedeutung, ihre seelische »Valeur«. Und doch wirken solche Urgesichter überzeugender. Denn man hat guten Grund, dem nicht zu trauen, was »zur Schau getragen wird«. Man hält sich mit der Kamera daran, was nicht zur Schau getragen und doch sichtbar ist.

Die Flucht vor dem Schauspieler

Eine selbstverständliche Folge solcher Entwicklung war die Tendenz, dem Schauspieler auszuweichen. Es soll und braucht ja nicht mehr »gespielt« zu werden. Es soll nicht etwas erst »dargestellt« werden, was die Kamera, gleichsam aus zweiter Hand, reproduziert, sondern sie soll etwas entdecken und direkt zeigen, was von Natur aus da ist.

Man suchte also nach Originaltypen. In den Spielfilmen kam man nicht sehr weit damit. Nur bis zu ganz primitiven und einmaligen Situationen. Denn solche angewachsenen Physiognomien lassen sich nicht wandeln und nicht nuancieren gemäß der seelischen Fortentwicklung einer komplizierten dramatischen Handlung. Oder es werden erst recht dilettantische Grimassen daraus. Denn mitzuspielen in einer Phantasiehandlung, sich in erfundene Personen und Situationen einzuleben und dennoch ohne »Spiel« sich mitteilen zu können, dazu muß man eben ein ganz guter Schauspieler sein.

Natur bleibt außerhalb

Was nützt mir der beruhigende Eindruck, daß jener Bauer in jenem Filme ein wirklicher Bauer ist, wenn mir seine Echtheit während des ganzen Films gerade dadurch fühlbar bleibt, daß er nie restlos im Spiel aufgeht? Er bleibt Natur außerhalb des Films. Er bleibt Wirklichkeit außerhalb der Dichtung. Unverarbeiteter Rohstoff. Je naturhafter, prägnanter solche Typen sind, um so mehr wirken sie wie Naturtatsachen, wie Berge, Bäume oder Tiere, deren Physiognomie so wesentlich und allgemeingültig erscheint, daß sie mit dem Spezialfall einer ausgedachten Spielhandlung in keine ad-hoc-Beziehung zu bringen ist. Nein, mit dem Nicht-Spielen allein ist es nicht getan. Denn der Regisseur spielt mit diesen Wirklichkeiten. Und sein Spiel ist verloren, wenn man es merkt.

Das größte Meisterwerk dieser »Kunst aus Natur« ist gewiß Eisensteins *Generallinie* (bei uns *Der Kampf um die Erde* genannt). Eine wunderbar reiche Auslese von Originalausdrücken ist da verwendet für eine Spielhandlung, die diesen Akteuren unmöglich bewußt gewesen sein konnte. Sie wurden vielleicht aufgefordert, etwas vor der Kamera zu produzieren. Aber gewiß etwas ihnen ganz Naheliegendes, das mit der Absicht des Films nichts zu tun hatte.

In dem Buche Pudowkins ist die Technik solcher Regie, die eine natürliche Reaktion provoziert, um sie in ein Kunstwerk hineinzukomponieren, genau beschrieben. Aber welche Präzision, welche Hellsichtigkeit gehört dazu, die natürlichen Ausdrücke so genau zu unterscheiden und auszuwählen, daß sie wie Rede und Widerrede in einem konstruierten Dialog einander antworten! Wie muß sich Auge und Apparat in das Gesicht hineinbohren, um gerade jene Nuance fertig vorzufinden, die der Schauspieler auch nach genauester Vorschrift so schwer spielen kann. Dem Schauspieler genügt die naive Ausdrucksfähigkeit. Der Regisseur muß hier eine ganz hohe physiognomische Bildung mitbringen, die ihm durch die Großaufnahmen der Kamera geworden ist.

Freilich sind diese russischen Bauern in der *Generallinie* Typen, die ein Schauspieler unseres Kulturkreises ebensowenig darstellen kann wie einen Neger oder einen Chinesen. (Zumal man aus solcher Großaufnahmen-Nähe durch Maske und Miene hindurch dem Gesicht auf den Grund sieht, und wo doch gerade in diesem Grund auch die Begründung des Handelns liegen soll.)

Naturspieler

Solche Urphysiognomien entsprechen aber Urzuständen, die in einer konstruierten Handlung nicht zu variieren sind. Es sei denn, daß diese Bauern selber schauspielern. Was tut denn diese herrliche Marfa Lapkina anders, die bäuerliche Heldin der *Generallinie*? Eine richtige Bäuerin, die richtig etwas vorspielt. Das tut sie *natürlich*, aber es ist nicht *Natur*. Sie gebraucht bloß ganz andere Ausdrucksformen als jene, die uns die bürgerliche Kultur übermittelt hat. Mienen und Gebärden solcher Naturspieler sind noch frisch und noch nicht kompromittiert. Wenn in einer Sprache zu viel gelogen wurde, so glaubt man auch die Wahrheit leichter, wenn sie in einer anderen Sprache gesagt wird.

Bei exotischen Rassen findet man diese naive, kindhafte Spielfähigkeit häufiger. Wir sehen es in den dramatisierten Kulturfilmen.

Es ist überraschend und zuweilen unfaßbar, wie etwa Südseeinsulaner (in *Moana* oder in *Weiße Schatten*) oder Tungusen (im russischen Film *Der Sohn der Taiga*) auch in konstruierten Szenen unbefangen so mitspielen können. Es ist kein »Theaterspiel«, sondern wie das Spiel der Kinder: eine Art Trancezustand, eine Art von Tagtraum. Ist das nun Kunst oder Natur? Es ist ein Zwischenzustand, der wie Halluzination und Traum der Natur gewiß näher steht.

Das Gesicht der Klasse

Ganz unwichtig wird das Spiel, wenn uns das persönliche Schicksal des einzelnen unwichtig ist. Nur der Grundausdruck des Grundzustandes wird betont, wenn die Typen bloß die lebendigen Kulissen für eine Handlung geben sollen: den Original-Hintergrund, die Menschenlandschaft. Dann sucht die Kamera hinter den persönlichen und privaten Variationen den Humus des Ausdrucks: das überpersönliche Gesicht.

Das überpersönliche Gesicht der Rassen war von jeher bekannt. Die große Tat des Films war, das überpersönliche Gesicht der Klassen entdeckt zu haben. Nicht bloß den Unterschied zwischen dem degenerierten Aristokraten und dem ungeschlachten Bauern, zwischen dem feisten Finanzier und dem verelendeten Proleten. Diese Unterschiede waren schematisch stilisiert auch auf der Bühne zu sehen. Die Kamera jedoch ist ganz nahe herangerückt und hat hinter diesen dekorativ-äußerlichen Unterschieden den heimlichen Ausdruck der überpersönlichen, klassenbedingten *Gesinnung* gefunden.

Denn aus solcher Nähe sieht man jedem Menschen an, wie er die Welt ansieht. Es ist kein Zufall, daß die Sowjetrussen den schärfsten Blick für das Klassengesicht haben und mit ihren Filmen auch unseren Blick dafür schärfen. Bei ihnen gibt es nicht bloß Arme und Reiche. Keine marxistische Analyse könnte die Klassenschichtungen genauer unterscheiden als die herrliche Typologie der russischen Filme. Wer erinnert sich nicht an die Gruppen und Deputationen in Eisensteins *Zehn Tage, die die Welt erschütterten.* Bürgerlich-liberale Bürokraten und menschewistische Intellektuelle. Sie tragen ihr Zeichen auf der Stirne, wie sie sich auch sonst gebärden mögen. Eine Deputation der demokratischen Bürgerschaft kommt über die Brücke. Ein roter Matrose hält sie auf.

Nur Gesicht steht gegen Gesicht, und zwei Weltanschauungen prallen aufeinander.

In dem herrlichen ukrainischen Film von Dowshenko, *Arsenal*, wird die gespannte Erwartung vor dem ersten Schuß gezeigt. Horchende Köpfe. Der Arbeiter, der Soldat, der kleine Handwerker, der kleine Kaufmann, der Fabrikant und der Großkaufmann, der kleine Beamte, der Gutsbesitzer, der Bauer, der Mann vom geistigen Beruf, der Stubengelehrte, der deklassierte Bohemien, der Lumpenprolet ... Nur Großaufnahmen von diesen Gesichtern, und wir wissen genau, was diese Menschen sind. Ein physiognomischer Querschnitt durch die Klassenschichtung der Gesellschaft. Klar und unzweideutig sind die sozialen Unterschiede und die entsprechenden Mentalitäten an diesen Gesichtern zu sehen. Nicht bloß Maschinengewehre und Fäuste – Gesichter kämpfen hier gegeneinander.

Mikrodramatik

Wenn die Großaufnahme so die kleinsten und flüchtigsten Mienen und Gebärden auffängt und sie aufeinander bezieht, einander antworten läßt: Geste auf Geste, Blick auf Blick, dann wird auch die Handlung in ihre kleinsten Teile zerlegt. Das bewegte Hin und Wider innerhalb *derselben* Situation, die Mikrodramatik der Minute, wird aus der Nähe offenbar. Mit der Großaufnahme hat sich auch die Spielhandlung, die Story, in einer Tiefendimension entwickelt.

Das Temperament der Kamera

Das spezifisch Filmische an dieser Mikrodramatik ist, daß sie nicht durch das Spiel, sondern durch die Kamera hervorgebracht wird. Wenn auf der Bühne oder auch im Filmatelier die »Handlung« stillsteht, dann stehen auch die Menschen und die Dinge still, und es rührt sich nichts. Wenn aber im Film die Handlung nicht weitergeht, wenn Menschen und Dinge sich nicht rühren, so können darum *doch die Bilder* in wildestem Tempo wechseln. Die Menschen rühren sich nicht. Aber unser Blick springt von einem zum anderen. Wir sind einmal nahe, einmal ferne. Die Kamera bewegt den Zuschauer in der regungslosen Szene hin und her, und im

Wechsel der Einstellungen bekommt das Schweigen einen Sturmrhythmus. Wir sehen im offenen Gehäuse des Lebens die kleinsten Räder gehen. Entscheidende Wendungen des Schicksals werden präzis lokalisiert auf ein Zucken der Augenbrauen oder auf eine verirrte Bewegung der Hand. Auf den ersten, kleinsten Keim des Geschehens.

Intensität verdrängt Extensität

Je größer aber die Fülle der einzelnen Momente wurde, um so mehr Raum mußten sie im Film einnehmen. Je mehr in einer Situation geschah, um so weniger Situationen konnte der ganze Film zeigen. Intensität verdrängte die Extensität, und die Storys der modernen Filme mußten sich darum sehr vereinfachen. Für kunstvoll verwikkelte Geschichten ist in den Filmen von heute kein Platz mehr. Auch hier, wie in der Physiognomie, hat die Großaufnahme unser Interesse für die Nuance geweckt. (Oder unser Interesse für die Nuancen brachte die Großaufnahmen.)

Krise des Manuskripts

Die fabulierende Phantasie der Roman- und Novellendichter war nicht mehr zu gebrauchen. Eine besondere filmische Phantasie tat not für die optischen Nuancen solcher »Szenen ohne Verwicklung«. Die Filme sind unliterarisch geworden, im guten, aber auch im schlechten Sinne. Denn abenteuerliche Geschichten sind leichter zu variieren als einfache Grundsituationen, auf die es jetzt ankommt. Ein neuer Filmstoff kann nicht mehr erfunden, er muß entdeckt werden. So kam es, daß, je reicher die einzelnen Momente der Filme wurden, um so banaler, im allgemeinen, das Ganze wurde. Immer bessere Variationen zu immer schlechteren Themen.

Das hatte natürlich auch seine ideologischen Gründe. Die Flucht vor der Wirklichkeit, die von jeher eine wesentliche ideologische Tendenz des bürgerlichen Films gewesen ist, wechselte mit der neuen Technik ihre Richtung. Früher war es eine Flucht in die Romantik exotischer Abenteuer. Jetzt ist es die Flucht in die Intimität verborgener Einzelheiten.

Der dramatische Zustand

Die Mikrodramatik hat aber auch die umgekehrte Wirkung und Konsequenz. Indem sie die innere Bewegtheit der scheinbaren Ruhe erfaßt, vermag sie den *Zustand* als spannendes Ereignis zu zeigen. Nicht nur den Ausbruch, sondern auch die Gärung.

Wenn die Spannung nicht erst aus der Verwicklung, sondern aus der Grundsituation selbst herausgeholt wird, dann wird der Stoffkreis des Films nicht bloß enger gezogen, nicht bloß auf eine Situation beschränkt, sondern er kann auch erweitert werden über eine anekdotisch abgerundete Fabel hinaus. Es kann der schlichte Ablauf eines Lebens ohne konstruierte Intrige interessant werden.

So in dem herrlichen Film King Vidors *Ein Mensch der Masse*. Nicht eine besondere Situation, sondern die ganze Reihe von einfachen Situationen, die eben das Dasein eines Durchschnittsmenschen ausmachen. Wie es wimmelt an bewegten, erregenden, spannenden Ereignissen, wenn man aus solcher Nähe sieht!

Der Film ohne Helden

Das hat auch den Film ohne Helden, ohne Protagonisten möglich gemacht. Denn eine *Fabel*, eine Anekdote, eine Intrige ist an das Schicksal einzelner Personen gebunden. *Nur ein Zustand* ist so darzustellen, daß keine Einzelfigur in ihrem Handeln von Anfang bis zu Ende verfolgt werden muß. So wurde Eisensteins *Zehn Tage, die die Welt erschütterten* ohne Helden möglich. Dieses Brodeln der erregten Massen, dieses Beben der bangen Erwartung im Zarenschloß, in Hunderten Einzelbildern gezeigt, ist spannender, als es die interessantesten Abenteuer eines »Helden« sein könnten.

Nein, es braucht nicht immer eine verwickelte »Handlung« vor sich zu gehen. In Dowshenkos *Arsenal* ist durch einen ganzen Akt hindurch der Krieg so dargestellt, daß das ausgestorbene, stille Dorf gezeigt wird.

Die leere Straße. Eine einzige Frau an einen Türpfosten gelehnt, mit hängendem Kopf. Regungslos. Ein Gendarm geht langsam vorbei. Bleibt vor ihr stehen. Blickt sie lange an. Sie rührt sich nicht. Er greift ihr unentschlossen an die Brust. Sie rührt sich nicht. Verlegen geht er weiter. Sein Schritt wird etwas unsicher in der unheimlichen Stille. Auf dem Feld ein alter Mann, steht erschöpft vor dem Pflug. In der Stube ein junger Mann, ohne Beine, auf dem

Fußboden. Starrt auf seine Tapferkeitsmedaille. Regungslos. Die Frau teilt ein Stück Brot ihren drei Kindern und wendet das Gesicht ab. Zu dem Krüppel. Sie wendet das Gesicht ab. Sieht durch das Fenster den Alten vor dem Pflug stehen. Wendet das Gesicht ab und blickt ins Leere. Regungslos.

Und so geht es weiter ohne »Handlung«. Aber es würgt wie der Luftdruck der Windstille. Es gibt keine Handlung, die so aufreizend, so dramatisch sein könnte wie dieser Zustand, mit Großaufnahmen aus der Nähe gezeigt.

Die Einstellung

Was nicht recht deformiert ist, hat ein unwahrnehmbares Wesen.
Baudelaire: Tagebücher.

Also auf die Physiognomie kommt es an. Aber es gibt keine »Physiognomien an sich«. Es gibt nur solche, die wir sehen. Und diese ändern sich je nach dem, *von wo* wir schauen. Die Physiognomie hängt mit vom Blickpunkt ab, d. h. von der Einstellung. Physiognomie ist nicht nur eine objektive Gegebenheit, sondern zugleich unsere Beziehung zu ihr. Eine Synthese.

Unentrinnbare Subjektivität

Daß jedes Ding eine bestimmte, einmalige Gestalt hat, ist eine Konstruktion des Denkens oder eine Erfahrung des Tastgefühls. Für das Auge haben die Dinge nur Erscheinung, also nur das Bild ihrer Gestalt. Und darum nicht eines, sondern hundert verschiedene Bilder aus den verschiedenen Perspektiven.

Wir sehen im Bilde zugleich unsere Stellung, d. h. unsere Beziehung zum Gegenstand. Darum weckt die Wiederholung derselben Einstellung immer auch die Erinnerung an dieselbe Situation, in der sie gesehen wurde: das déjà vu. In meinem Film *Narkose* (von Abel inszeniert) sieht der Mann das Mädchen nach vielen Jahren wieder. Sie sieht so anders aus, daß er sie nicht erkennt. Aber einmal, *in der gleichen Einstellung*, geistert Erinnerung an eine gleiche Situation. Jedes Bild meint eine Einstellung, jede Einstellung meint Beziehung, und nicht nur eine räumliche. Jede Anschauung der Welt enthält eine Weltanschauung. Darum bedeutet jede Einstellung der Kamera eine innere Einstellung des Menschen. Denn es gibt nichts Subjektiveres als das Objektiv. Jeder Eindruck, im Bilde festgehalten, wird zu einem Ausdruck, ob das beabsichtigt war oder nicht. Das braucht nur, bewußt oder intuitiv, gehandhabt zu werden, und die Photographie wird zur Kunst.

Bild im Raum

Dieser subjektive Blick der Kamera wurde in den Filmraum, in den Raum der Handlung hineingestellt. Alle Dinge erscheinen dem Zuschauer aus dem Blickpunkt der handelnden Personen. Durch diese Einstellungen geschieht jene Identifizierung, von der ich schon gesprochen habe. Durch sie erleben wir *die Richtungen und das Raumerlebnis anderer Menschen*, die uns sonst keine Kunst mitteilen kann. Vor unseren Augen öffnet sich die Tiefe, in die der Held stürzen, vor uns steigt steil die Höhe auf, die er erklimmen soll. Wir sehen schräg oder verkürzt. Die Stellung der Person im Bild ist *unsere* Einstellung, als würden wir uns ununterbrochen hin und her wenden. Die wechselnden Blickrichtungen suggerieren uns ein stetes Bewegungsgefühl.

Raum im Bild

Durch die Einstellung wird das Bild im Raum lokalisiert. Durch die Einstellung kann aber auch der Raum in das Bild reflektiert werden. In der Großaufnahme etwa ist die Umgebung nicht zu sehen, aber ihre Atmosphäre liegt wie ein Niederschlag auf dem herausgehobenen Bild. Wie in einem Fokus fängt die Großaufnahme die Lichter und Schatten des Raumes auf. Wir müßten an einem Gesicht allein sehen können, welcher Art der Raum ist, in dem sich der betreffende Mensch befindet. Und es dürfte kein Widerspruch – wie bei kitschigen Effektbeleuchtungen so oft – zwischen der Belichtung der Großaufnahme und den Lichtquellen der Totale sein.

Spiegeleinstellung

Man läßt in der Großaufnahme die Umgebung oft auch im wortwörtlichen Sinne spiegeln. Diese Spiegelbilder sind zur Banalität geworden. Aber sie sollen zuweilen gerade die Banalität oder Brutalität des direkten Anblicks in eine Stimmungsatmosphäre hüllen.

Daß etwa eine Frau sich ins Wasser stürzt, müßte als unmittelbares Bild so trivial wirken, daß die Tragik der Sache selbst gar nicht zum Ausdruck käme. Auch die an sich schrecklichsten Dinge müssen auf neue und besondere Art gezeigt werden, damit sie auch schrecklich wirken. Im amerikanischen Film *Die Docks von New*

York sehen wir einmal nur das Wasser und in seinem Spiegel: Mondschein und Wolken und alle Schatten der Nacht. Dann erblicken wir noch einen Schatten im Wasserspiegel. Den Schatten einer Frau. Und dieser Schatten stürzt von unten nach oben, aus der Tiefe des Spiegels an die Oberfläche. Das Wasser spritzt auf. Ein Schatten verschwindet unter den Schatten der Nacht. – In solcher Spiegeleinstellung wird die eingefangene Atmosphäre zur Dichtung.

Die Spiegeleinstellung wird einmal zum feinen, sinnigen Gleichnis in den *Letzten Tagen von St. Petersburg*. Petersburg wird zu Beginn des Films gezeigt. Nur im Spiegel der Newa. Paläste und Schlösser auf den Kopf gestellt, in unwirklichem, wesenlosem Schwanken. Zum Schluß werden sie dann wieder gezeigt. Dieselben Bauten, jedoch nicht gespiegelt, sondern direkt ins Angesicht photographiert, mit scharfen, festen, sicheren Konturen. Diese Welt steht nun anders da! Das ist mit dem Einstellungsunterschied gemeint. Das ist nicht mehr Petersburg. Das ist Leningrad!

Wenn an einem Gesicht ein Ausdruck die unsichtbare Ursache ahnen läßt, so wird er zum Spiegel für die Phantasie. Jannings als Wüstling im *Patriot* öffnet den Deckel einer Dose. An seinem Gesicht sehen wir, was er sieht: das Bild einer Frau, das in dieser Einstellung nicht zu sehen ist. Wir sehen, daß die Unsichtbare schön, wir sehen, daß sie nackt ist. Im Spiegel eines Ausdrucks.

Die Lyrik der Kamera

Die Kamera identifiziert uns nicht nur räumlich, sondern auch gefühlsmäßig mit den Personen des Films. Die Einstellung der Kamera zeigt uns jede Erscheinung mit dem Ausdruck, der dem Eindruck der Beteiligten entspricht. Was ihnen verhaßt ist, erscheint auch uns häßlich, was ihnen lieb ist, erscheint uns schön, wovor sie Angst haben, sieht auch für uns unheimlich aus. Alles, was das Gefühl in eine Erscheinung hineinsieht, holt die Kamera mit der Einstellung heraus.

Die Bildart

Nicht nur die Gefühle der dargestellten Personen, sondern auch die Gefühle des Künstlers, des Filmbildners. Die Kamera gibt damit dem Werk den individuellen Stil: die Bildart (wie Tonart). Die

Bilder enthalten in ihrer Einstellung die Einstellung des Regisseurs zum Gegenstand. Seine Zärtlichkeit, seinen Haß, sein Pathos oder seinen Spott. Daher die propagandistische Gewalt des Films. Denn er braucht einen Standpunkt nicht zu beweisen; er läßt ihn uns optisch selber einnehmen.

Übertreibung

Freilich sind solche deutende Einstellungen nicht die alltäglich »natürlichen«. Die Formen, auf die es dem Regisseur ankommt, werden überbetont. Es sind optische Übertreibungen. Aber jede scharfe Beobachtung, jedes Bemerken ist ja bereits so eine Übertreibung. Denn aus der normalen Verwaschenheit des gewohnheitsmäßigen Anblicks reißt schon das bloße Bemerken eine Form heraus, und sie bekommt einen Umriß, eine Plastizität, die sie im Alltagsbild nicht hat. »Was nicht recht deformiert ist, hat ein unwahrnehmbares Wesen.«

Diese Überbetonung durch Einstellung kann zur phantastischen Karikatur werden, ohne daß am Motiv etwas geändert werden müßte. Die souveränsten Einstellungskarikaturen hat bisher wohl Eisenstein im *Kampf um die Erde* gezeigt. Der bürokratische Apparat! Schreibmaschine, Tintenfaß, Bleistiftspitzer und Stempel und Hauptbuch in grotesker Monumentalität, größer als die Menschen, die dahinter sitzen! Dämonische Gewalten mit eigenem Leben. Der Blick wird hier Meinung und Kritik. Und das Bild wird schon zu einer Metapher.

Objektivität

Gibt es denn keine Objektivität im Bild? Gewiß. Doch sie ist auch nur ein Eindruck, den man mit gewissen Einstellungen bewußt wecken kann. Und die Sachlichkeit, die sich so im Bilde ausdrückt, ist auch eine subjektive Attitüde des Betrachters.

Es gibt freilich auch die rein mechanische Photographie, bei der man sich gar nichts gedacht hat. Aber auch die zeigt eine innere Einstellung an, nämlich den Stumpfsinn, die innere Blindheit. Da steht eben kein Mensch dahinter, sondern, wie so oft bei den Geschäftsfilmen, nur ein gehetzter Kurbler, der seine Persönlichkeit abblenden lassen mußte, um das Arbeitstempo halten zu können. Solche Bilder sind kein Gegenstand einer Kunstanalyse.

Doch der Blick des Künstlers sieht Sinn. Seine Bilder bekommen durch die Einstellung symbolische Bedeutung. Sie werden zu Metaphern und Gleichnissen.

Warum so wenig deutsche Beispiele?

Es wird dem Leser vielleicht auffallen, daß ich im folgenden Kapitel verhältnismäßig wenig deutsche und amerikanische Beispiele anführe, daß ich meine Thesen meist mit russischen und etlichen französischen Exempeln illustriere. Darin liegt gar kein Werturteil. Die künstlerischen Ausdrucksformen, die ich hier analysieren will, sind in den guten deutschen Filmen auch alle vorhanden. Sie sind aber nicht so illustrativ, weil sie nicht so auffällig, nicht so absichtlich, nicht so programmatisch verwendet werden.

Es ist nämlich merkwürdig, daß in Deutschland, im Lande der großen Theorie, die Künstler selbst (nicht etwa nur die Filmbildner) viel weniger theoretisieren als etwa die russischen oder französischen Künstler. Es ist eine Art Arbeitsteilung hierzulande. Wir haben unsere Spezialisten für Ästhetik und Kunstphilosophie, die mit der Praxis nichts zu tun haben, und wir haben unsere Künstler, die sich keine Gedanken machen.

In Frankreich und Rußland sind es die Künstler selbst, die sich mit den Prinzipien ihrer Kunst theoretisch auseinandersetzen. Sie gründen Schulen und Richtungen und proklamieren ihre Systeme in theoretischen Programmen. Und das nicht nur in der Malerei und in der Literatur. Pudowkin schrieb ein Buch über die Montage. Eisenstein schreibt ununterbrochen über die Prinzipien seiner Arbeit. Sie arbeiten bewußt und programmatisch. Darum werden die Absichten besonderer künstlerischer Gestaltung in russischen Filmen auch radikaler durchgeführt als in den deutschen. Sie sind gewollter und auffälliger. Das ist nicht immer ein Vorteil. Jedenfalls ergeben sich dadurch die illustrativen Schulbeispiele.

Bildmetapher

Durch die Einstellung also bekommt das Bild symbolische Bedeutung. Wie bekommt es etwa überpersönlichen Sinn? So, daß die Einstellung das individuelle Gesicht ausschaltet. Auf der großen Odessaer Stiege, im *Potemkin*-Film, liegen verwundete und tote Menschen. Von den Soldaten sieht man nur rohe, große Stiefel.

Es sind eben bloß Stiefel, keine Menschen, die da auf Menschen treten.

In Podowkins *Die letzten Tage von St. Petersburg* sehen wir einen Kriegsrat der Generäle und Diplomaten. Die Einstellung zeigt nur die Brüste mit sehr vielen Orden und gar keinen Köpfen. Eine Bildmetapher, die eine deutliche Meinung enthält.

Wie wird das Bild durch die Einstellung zum Symbol? In *Zehn Tage, die die Welt erschütterten* fällt der erste Schuß der Revolutionäre. Und dann das belagerte Winterpalais. Aber wir sehen nicht die Verteidiger. Der Apparat ist auf einen riesigen Prachtkronleuchter eingestellt. Dieser beginnt mit seinen tausend Kristallen leise und immer stärker zu zittern. Und wir verstehen, was außen und was innen geschieht. Die leuchtende Kristallkrone, hoch in der Kuppel, wird zum Symbol der wankenden Herrscherherrlichkeit.

Bildgebärde

Das Gesamtbild einer Szene bekommt oft durch die Einstellung *eine* Gebärde, mit der ein Gleichnis gemeint ist. Die vielen kleinen Segler, die im *Potemkin* auf das Kriegsschiff zukommen, bringen bloß Lebensmittel den Matrosen. Aber im Bildausschnitt der Einstellung sind, von einem Ende des Kaders zum anderen, nur die geschwollenen, fliegenden Segel zu sehen. Hundert kleine Segel. So voll, gewölbt, zum Bogen gespannt. Dieselbe Linie, derselbe Rhythmus wiederholt sich durch das ganze Bild. Das ganze Bild macht *eine* Gebärde. Die Gebärde der Ekstase. Nein, nicht nur Lebensmittel: alle Herzen fliegen hier den Potemkinmatrosen zu. Und wenn dann alle Segel auf einmal heruntergelassen werden, so bedeutet es inhaltlich-sachlich nur so viel, daß die Boote stehenbleiben. Aber die Gebärde des Bildes (die im Unterbewußtsein wirkt) ist die Gebärde eines Grußes, einer Ehrenbezeugung. Nicht nur *im* Bild geschieht etwas, sondern die Zeichnung des Bildes, als besonderes Wesen, *tut* etwas.

Wie werden etwa die Kampfszenen der Meuterei auf dem Potemkin gesteigert? Der Kampf wird nicht immer wilder. Er hat das gleiche Tempo, die gleiche Intensität vom ersten bis zum letzten Bild. Der Kampf wird nicht wilder. Aber die *Bilder* des Kampfes werden es. Die ersten Szenen sind einfach, direkt photographiert. Dann in immer verzerrteren Verkürzungen. Von Treppen und

Gittern durchschnitten. Zerfetzt. Die Bilder steigern sich durch die Einstellung zu immer wilderen Physiognomien der Wut.

Das verborgene Bild

Die Einstellung gibt einem Szenenbild oder Raumbild die »Komposition«. Die Linien der Komposition ergeben eine latente Zeichnung. Und diese Zeichnung zeichnet das *andere Bild*, das Gleichnis, wie in ein Vexierbild hinein.

Wenn in dem russischen Film *Brand in Kasan* die Scharen der aufständischen Bauern zuerst erscheinen, so sieht man ganz weit, jenseits des Flusses, am Abendhorizont die scharfen Silhouetten von spitzem Schilf und stacheligem Geäst. Und plötzlich scheint neues Geäst dazwischen zu wachsen, von der gleichen Art. Das scheint ebenso der Natur, dem Erdboden zugehörig zu sein wie Schilf und Busch. Aber dieses Geäst bewegt sich! Siehe: es sind die ragenden Speere des Bauernheeres. Und das Bild wird zum deutlichen Gleichnis: Eine erdverwurzelte Naturgewalt bäumt sich auf, wenn der Bauer aufsteht.

Solche Gleichnisse der Zeichnung wirken auch auf den, dem sie nicht als solche bewußt werden. Wenn in dem amerikanischen Film *Engel der Straße* das Mädchen dem Richter vorgeführt wird und zwei Polizistenrücken ganz vorne (dicht vor dem Apparat) wie zwei ungeheure dunkle Monumente ragen und zwischen ihnen, wie durch einen schmalen Spalt gesehen, das Mädchen erscheint, ganz weit unten und klein, dann scheint für jeden Zuschauer das Urteil bereits in diesem Bild ausgesprochen, bevor noch der Richter in der weiteren Handlung etwas gesagt hat.

Das Auge wittert

Und selbst wenn kein besonderer Sinn in einer auffallenden Einstellung liegt, so wird der ungewöhnliche Anblick die Ungewöhnlichkeit der Sache andeuten. In der Wirklichkeit sehen seltsame Dinge nicht immer seltsam aus. Dann ist vielleicht ihre Unscheinbarkeit das Unheimlichste an ihnen. Wenn man sie nämlich als Vertarnung wittert. Aber plötzlich sieht das gewöhnlichste Ding – in einer bestimmten Einstellung – so merkwürdig aus. Es wirkt wie eine Demaskierung. Solche Einstellungen sind wie Witterungen des Auges.

Es ist selbstverständlich, daß eine Opiumhöhle oder eine Verbrechertaverne ausgefallener, phantastischer photographiert wird als die Kleinbürgerin vor ihrem Herd. Ist es nicht *zu* selbstverständlich? Wenn wir bereits wissen, daß wir etwas Ungewöhnliches zu sehen bekommen, so wirkt die Betonung der Kamera oft banal und kitschig. Wenn aber die Einstellung erst unseren ersten Verdacht weckt, dann wird die Kamera auch dramatisch produktiv. Wenn die Stellung der Kamera auffallend ver-rückt wird, so soll damit die Verrücktheit des Motivs angedeutet werden. In der Einstellung liegt Stellungnahme und Urteil. Die Sowjetrussen zum Beispiel meinen, daß die bürgerliche Gesellschaft im Verfall und voll grotesker Widersprüche sei. Bürgerliches Milieu erscheint in ihren Filmen meist in verzerrten, barocken Einstellungen. Sie sehen die Erscheinung so, wie sie die Sache betrachten. Ein wogendes Kornfeld mit mähenden Bauern photographieren sie einfach und direkt hinein.

Die andere Seite

Und selbst wenn gar nichts Besonderes anzudeuten wäre, tut man gut, die Dinge einmal von der »anderen Seite« anzusehen, um sie überhaupt zu bemerken. Die Gewohnheit des Alltagsanblicks hat unsere Umgebung unsichtbar gemacht. Wir sehen nur die Existenz der Dinge, nicht ihre Gestalt. Wir sehen nicht, wir orientieren uns bloß. Die ungewohnte Einstellung aber reißt das Gesicht der Dinge aus dem Nebel der Abgestumpftheit heraus und macht sie wahrnehmbar. »Denn was nicht recht deformiert ist, hat ein unwahrnehmbares Wesen.« Und daher kommen doch die Vitalitätsströme jeder Kunst, daß sie uns die Welt immer wieder »wie zum erstenmal« erblicken lassen.

Die menschliche Sphäre

Ungewöhnliche Einstellungen sind nur so lange belebend, wie sie in der menschlichen Lebenssphäre bleiben, wie sie menschenmöglich sind. Denn die automatische Kamera kann Aufnahmen machen aus Perspektiven, die für das lebendige Auge nicht vorhanden sind. Man kann sie ja mit Mechanismen fliegen lassen und versenken an Orte, wohin sich der Mensch gar nicht hindenken kann. Das ergibt wohl Photographien, aber keine menschlichen Erlebnisse.

Höchstens wissenschaftliche Feststellungen. Oder es sind optische Erfindungen, wiewohl sie Wirklichkeiten darstellen. Aber – wie etwa auch die mikroskopische Welt – Wirklichkeiten außerhalb unseres Bewußtseins. Unsere innere Mitbewegung, in die uns der Blickrichtungswechsel mitreißt, hört damit auf. Das Bild wird abstrakt, und die Kunst ist tot.

Impressionismus

Jedes Bild ist *auch* subjektiv. Man möge sich bei ungewöhnlichen Einstellungen vorsehen, daß es nicht *nur* subjektiv wirke. Denn es soll doch auch vom Gegenstand etwas aussagen. In verspielt impressionistischen Einstellungen verlieren die Objekte leicht das Eigengewicht ihrer Gegenständlichkeit. Sie werden zu Impressionen.

Zum Beispiel hat es gewiß seinen ästhetischen Reiz, die Dinge im Wasserspiegel zu photographieren. Aber dadurch werden dann Haus und Mensch und Baum gleicherweise zu Spiegelbildern ganz gleichen Charakters. Sie sind auf einen Nenner gebracht. Sie haben alle Wassercharakter. Das unterschiedlich Individuelle ihres Wesens ist verwischt. Wenn dadurch nicht eine beabsichtigte Bedeutung erzielt wird, so ist es bloß ein Verlust.

Die Bildphrase

Überhaupt muß der subjektive Gehalt der Einstellung überzeugend sein. Die Aufnahme darf nicht mehr »Stimmung« haben, als man der aufgenommenen Szene noch glauben kann. Sonst wirkt sie wie eine pathetisch vorgetragene Banalität. Wie eine Bildphrase. Die Einstellung kann betonen, herausstreichen. Ersetzen kann sie nichts. Sie wirkt dann genauso kitschig wie der unangebrachte Stil. Wie wenn etwa eine Kriminalreportage oder eine frivole Anekdote in lyrisch überschwenglichen Worten vorgetragen wird.

»Gestellte« Aufnahmen

Noch ärger ist es, wenn die Stimmung im Motiv selber künstlich korrigiert wird. Wenn das, was aus einer Szene mit der bloßen Einstellung nicht herauszusehen wäre, vom Regisseur in diese hineinarrangiert, hineindrapiert wird. Wenn das, was die Kamera entdecken soll, dem Motiv erst angeschminkt wird. Das ist der Kitsch. Denn die Kamera hört da auf, schöpferisch zu sein, und reproduziert bloß das für sie mit Absicht Hingestellte. Aber es ist das Wesen jeder Kunst, daß sie die Dinge in ihrer keuschen Unabsichtlichkeit ertappt. Den Ausdruck, den die Dinge *haben*, darf ihnen erst ihr Bild *geben*. Sie sich selber nicht.

Genauso unecht wirkt es, wenn zu merken ist, wie man dem Ausdruck mit künstlerischen Lichteffekten nachhelfen mußte. Wie Schminke und falsche Kulisse wirkt das Licht, an dem der Reflektor zu erkennen ist. Dann sehen wir, daß uns etwas vorgemacht wurde. Ein Vorbild, dessen Abbild die Aufnahme bloß ist, also keine Gestaltung der Kamera. Das ist der Kitsch, dem wir nicht glauben. Wir glauben der Einstellung alles und gar nichts dem Arrangement.

Gefährlich werden zuweilen die zu schönen, zu malerischen Bilder. Selbst dann, wenn sie nur durch Kameraeinstellung entstanden sind. Die abgerundete Komposition gibt ihnen etwas Statisches, Gemäldehaftes, gibt ihnen die absolute unwandelbare Gültigkeit eines besonderen Kunstwerkes und reißt sie aus dem Fluß der Bewegung. Solche Bilder umrahmen sich selbst und zerreißen den Film (Langes *Nibelungen*).

Thema con variazione

Problematisch wird dies, wenn ein Kunstwerk photographiert werden soll, das als Objekt bereits seinen gedeuteten Ausdruck hat. Also nicht Natur, die für den Künstler Rohstoff ist, sondern etwa Skulpturen oder Marionetten, in deren Physiognomie bereits ein anderer Künstler einen bestimmten Sinn gelegt hat. Da muß die Kamera entweder mechanisch reproduzieren, oder sie ändert durch ihre Einstellungen die Physiognomien und also ihren Sinn. Hier wird dann auch Kunst wie Natur, wie Rohstoff, behandelt. Es sei denn, daß die Kamera optische Variationen eines gegebenen optischen Eindrucks geben kann. »Thema con variazione«. So wie es in der Musik möglich ist, bereits Geformtes gleichsam weiterzudeuten.

Darin liegt auch das Geheimnis der Stilechtheit. Was nützt es, daß man Originalbauten aufnimmt, daß jeder Stuhl, jeder Kelch ein Originalstück ist? Original-Rokoko oder Original-Altindisch. Der Stil *des Bildes* entscheidet, nicht der Stil des Motivs. Der typischste Barockbau kann in der Aufnahme einen ganz unbarokken Charakter bekommen. Den Stil des Bildes aber gibt die Einstellung.

Das Abbild kann sogar einen ganz bestimmten anderen Stil bekommen als ihn das Vorbild hat. Auf den französischen Porzellanen aus dem XVIII. Jahrhundert, die nach französischen Mustern in China gemalt worden sind, sieht man Marquis und Marquisen, Rokoko-Schäfer und -Schäferinnen, die zwar ganz getreu nach Versailler Mode gekleidet sind und doch anmuten wie lauter Mandarine des Sonnenreichs. Das umgekehrte Beispiel des Meißner Porzellans ist auch bekannt. Urchinesische Muster haben da biederdeutschen Charakter bekommen. Denn nicht auf das Modell, sondern auf die Pinselführung kommt es an. Der schöne japanische Film *Im Schatten der Yoshiwara* von Kinugasa ist nicht darum so wunderbar stilecht, weil die Dekorationen und Kostüme echt sind, sondern weil jede Einstellung in ihrer Komposition und Schattierung die Linienführung, »die Zeichnung« der alten japanischen Holzschnitte hat.

Jeder Stil ist modern

Die lebendige Kamera wird auch die historischen Stile so zeigen, wie wir sie heute sehen. Ihre Einstellungen werden immer die Einstellung der Gegenwart zu der betreffenden Vergangenheit ergeben. Jeder wirklich erlebte historische Stil ist modern, weil ihn jede Generation anders erlebt. Die griechische Antike hat in den Augen ihrer Verehrer aus der italienischen Renaissance (und also auch auf ihren Bildern) anders ausgesehen als in den Augen Winckelmanns oder Canovas.

Dabei ist ein moderner Stil, wie etwa der im Film oft benützte »Expressionismus«, für die Kamera genauso nur ein Gegenstand, nur Motiv, wie irgendein historischer Stil. Es genügt nicht, daß der Architekt und Dekorateur expressionistisch arbeiten. Die Kamera muß es tun mit ihren Einstellungen, sonst bekommt der Film den gewünschten Stil sowenig wie die Wohnung eines plötzlich reichgewordenen Kleinbürgers, der sich »modern« eingerichtet hat.

Der Film beschleunigt das Stilbewußtsein

Die Kamera schafft also mit ihren Einstellungen den Stil im Film. Nicht nur die historischen Stile und nicht nur die »modernen« Stile kunstgewerblicher Phantasien. Auch der wirkliche, unbewußte Stil unserer Zeit, der historische Stil der Gegenwart, wird im Film zuerst offenbar werden. In anderen Künsten und in den Formen des Lebens wird er nicht bewußt. Denn jeder Stil bekommt nur aus der historischen Perspektive deutlich umrissenen Charakter. Oder aber aus der Perspektive der Kamerakunst, jener merkwürdigen Kunst, die reproduktiv und produktiv zugleich, reflektierend und schöpferisch zugleich ist. Wenn der Geist der Zeit sich in den Formen unseres Lebens und unserer Künste spiegelt, so *spiegelt sich in der Kamera diese Spiegelung* und wird so bewußt. Die Kamera schafft ja keine ursprünglichen Formen, sondern entdeckt und erlebt und deutet die vorhandenen. Sie findet ihren einheitlichen Charakter und ihre Gesetzlichkeit heraus. Darum kommen uns fünf Jahre alte Filme zuweilen schon historisch vor, weil im Film Zeitstil schneller sichtbar wird als in irgendeinem anderen Dokument der Geschichte.

Montage

Im Film genügt auch die bedeutungsvollste Einstellung nicht, um dem Bild seine ganze Bedeutung zu geben. Diese wird letzten Endes von der Position des Bildes zwischen den anderen Bildern entschieden. Vom Schnitt also, für den sich bezeichnenderweise der einzige französische Ausdruck unter den Fachausdrücken des Films, der Name »Montage« eingebürgert hat. Es ist die letzte Feinarbeit am Film.

Auch der Farbenfleck auf dem Gemälde, auch der Ton in der Melodie, auch das Wort im Satz bekommen ihre »Valeur«, ihre Funktion, ihren Sinn erst durch den Zusammenhang. Beim Filmbild aber ist dieser Realisationswert merkwürdiger. Denn Farbe, Ton und Wort haben allein für sich noch keine Bedeutung. Jedoch ein Bild ist ja selber bereits eine Darstellung (ein Gemälde), es kann selber schon eine Melodie haben und etwas aussagen wie ein Satz.

Wir sehen etwa ein Lächeln. Das hat einen ganz deutlichen Ausdruck für uns. Nun wird uns vorher der Anblick gezeigt, dem dieses Lächeln gelten könnte. Einmal das Lächeln des Geliebten. Einmal die Mündung eines drohenden Revolvers. Dasselbe Lächeln wird nicht nur den Sinn ändern, sondern wird darum auch anders aussehen.

Wir deuten auf alle Fälle, zwangsläufig, auch dann, wenn wir einen erklärenden Zusammenhang nicht kennen. Dann fällt das Bild eben in die zufällige Assoziationsreihe, die in uns gerade gegenwärtig ist. In diese wird das Bild gleichsam hineinmontiert und bekommt durch sie seine Bedeutung. Und zwar nicht bloß einen halbbewußten Charakter, wie vereinzelte Farben, Töne und Worte auch, sondern einen ganz konkret bestimmten Inhalt. In jenem Lächeln sehen wir, je nach dem vorangegangenen Bilde verschieden, aber immer eine ganz bestimmte Psychologie. Und sie ist sofort evident.

Bedeutungstendenz

Die Bilder sind also gleichsam mit einer Bedeutungstendenz geladen, die sich im Augenblick ihrer Berührung mit einem anderen Bild (gleich ob gesehen oder gedacht) auslöst. Sie wirken schon Bedeutung, bevor der konkrete Inhalt dieser Bedeutung bestimmt ist. Jenes Lächeln meint von vornherein etwas. Aber *was* es sei, wird die erste Assoziation entscheiden, zwangsläufig und im selben Augenblick.

Diese unaufhaltsame Assoziations- und Deutungswirkung der Bildnachbarschaft kommt im Film auch daher, daß bei einem *Werk* die Absicht von vornherein angenommen wird. Auch wenn der Bildschnitt ganz sinnlos und zufällig wäre. Man denkt sich etwas dabei, weil man annimmt, daß man sich etwas dabei gedacht haben mußte. Die Bilder kleben nicht nur als Zelluloidstückchen aneinander. Sie kleben auch inhaltlich durch die unaufhaltsame Induktion eines Beziehungsstromes. Dieser ist die Kraftquelle der Montage. Diese Kraft ist da und wirkt, ob man will oder nicht. Es kommt darauf an, sie bewußt zu gebrauchen.

Die dichtende Schere

Eine hübsche Geschichte soll ein Beispiel dafür geben, wie man mit dem Schnitt Sinn und Inhalt nicht nur schaffen, sondern auch ändern und umdichten kann. Bloß mit der Schere.

Eine skandinavische Filmverleihfirma wollte seinerzeit den *Potemkin*-Film kaufen. Doch die zuständige Zensurbehörde fand ihn zu aufreizend revolutionär. Der *Potemkin* war aber so berühmt und überall, wo er lief, ein so gutes Geschäft gewesen, daß die Kaufleute ihn sich nicht entgehen lassen wollten. Man versuchte also, den Film ein wenig »umzuschneiden«, um ihn der Zensur noch einmal vorlegen zu können. Man hatte an dem Bildmaterial gar nichts geändert, nicht einmal neue Titel hineingesetzt. Bloß die Bilder ein wenig umgruppiert. Und siehe da!

Bekanntlich beginnt der Film mit Szenen der Matrosenmißhandlung. Dann sollen die »Unzufriedenen« erschossen werden. Im letzten Augenblick meutert die Mannschaft. Revolte auf dem Schiff. Kämpfe in der Stadt. Zuletzt erscheint die Flotte, läßt aber das revoltierende Schiff passieren. So die Szenen- und Bilderfolge des Original-*Potemkin*.

Nach dem Schnitt der kühleren skandinavischen Schere sah der revolutionäre Film folgendermaßen aus:

Er begann, in medias res, gleich mit der Meuterei, also nach der Szene der verhinderten Hinrichtung. Von da an lief er aber unverändert bis zum Schluß, bis zum Erscheinen der Flotte. Nicht eines der aufreizenden revolutionären Bilder wurde weggeschnitten.

Was geschah denn da für die Zensur? Nur eine kleine Umgruppierung. Nur, daß der Film nicht mit dem Erscheinen der Flotte zu Ende war, sondern der weggeschnittene Anfang des Films ans Ende angehängt wurde. Nach der Meuterei also, nach dem Erscheinen der zaristischen Flotte stehen nun die Matrosen zitternd in Reih und Glied. Jetzt erst werden die Unzufriedenen gefesselt und vor die Gewehre gestellt. Jetzt erst wird Feuer kommandiert ... und der Film ist aus! Die Meuterei also ist unterdrückt worden, die Rebellen werden bestraft, die Ordnung ist wieder hergestellt. Den Film hätte die skandinavische Zensur ohne Bedenken durchlassen können.

Man kann Bilder nicht konjugieren

Warum ist Ähnliches bei einem Roman, bei einem Drama nicht möglich? Warum kann man Kapitel und Akte nicht einfach umtauschen? Weil mit der Sprache auch Vergangenheit und Zukunft mitgeteilt werden kann, also jeder Satz in den zeitlichen Ablauf der Fabel fest hineingewoben ist. Ein Bild aber kann nicht konjugiert werden wie ein Zeitwort. Es hat nur Gegenwart. Es gibt nicht selber seine zeitliche Position an. Die Stelle des Bildes im Film wird den Zeitpunkt des dargestellten Geschehens bestimmen.

Die produktive Montage

Von dem simplen Schnitt, der nur die Entwicklung der Begebenheiten verständlich machen soll, habe ich schon in »Der sichtbare Mensch« gesprochen. Zu bemerken wäre noch, daß es auch im rein erzählenden Schnitt eine bloß ordnende, also eigentlich unproduktive, und eine produktive Montage gibt. Wenn wir alles, was wir erfahren sollen, in den Bildern sehen, dann gibt die Montage von sich aus nichts hinzu. Sie ordnet nur die fertigen Bedeutungen, um den Ablauf der Handlung verständlich zu machen. Die tiefe Assoziations- und Deutungskraft der Montage ist nicht ausgewertet.

Produktiv wird die Montage, wenn wir durch sie etwas erfahren, was in den Bildern selbst gar nicht gezeigt wird. Ein ganz triviales Beispiel: Wir sehen jemanden aus einem Zimmer herauskommen. Dann sehen wir das Zimmer in Unordnung, mit Spuren eines Kampfes. Dann vielleicht eine Stuhllehne, von der Blut tropft. Wir haben weder den Kampf gesehen noch das Opfer, aber wir sind im Bild. Wir haben es erraten. Diese Montage-Technik des Erratenlassens und das Verständnis des Publikums dafür haben sich ungemein entwickelt. Wir haben gelernt, kleinste Zeichen miteinander in Beziehung zu bringen und zu kombinieren. Wir haben gelernt, der Assoziation so genaue Richtung zu geben, daß mit ihr auf ein Ziel hingezielt werden kann, so genau wie mit einem Gewehr.

Montage der Assoziation

Nicht nur Assoziation wecken, sondern Assoziationen darstellen kann die Montage. Also die Bilderreihe darstellen, die in uns aufsteigt, die Kette der Vorstellungen, die uns von einem Gedanken auf den anderen kommen läßt. Die innere Montage des Bewußtseins und Unterbewußtseins erscheint auf der Leinwand.

Man hat auch schon früher »Erinnerung« gezeigt. Es war meist nur eine naive und banale Form, die Vorgeschichte nachträglich mitzuteilen. Die Erinnerung der dargestellten Person ist in solchen Fällen der Vorwand für die Erinnerung des Autors. Darum hatte sie auch niemals den Charakter eines psychologischen Prozesses.

Aber in modernen Filmen werden Erinnerungen auch in ihrer psychologischen Assoziationsform gezeigt. (Jede Assoziation ist ja Erinnerung.) Die Psychoanalyse war ein gutes Vorstudium für die filmische Darstellung der inneren Vorstellungen. G. W. Pabst hat es zum erstenmal versucht, die *Geheimnisse einer Seele*, den Bildsymbolismus des Unterbewußtseins, im Film zu zeigen. Ermler zeigt die klinisch genaue Assoziationsreihe, durch die sein *Mann, der das Gedächtnis verlor*, wieder zu seinem Ichbewußtsein kommt.

Dieser innere Prozeß ist mit Worten – sei es mit Worten des Arztes, sei es mit Worten des Dichters – nie so anschaulich zu machen wie mit der Bildmontage. Vor allem weil der Montagerhythmus das *Originaltempo* des Assoziationsprozesses wiedergeben kann. (Das Lesen einer Beschreibung dauert um sehr vieles länger als das Perzipieren eines Bildes.) Auch verfälscht die Begrifflichkeit des Wortes den irrationellen, halluzinativen Charakter der sinnlichen Wahrnehmung.

Assoziation der Montage

In den eben genannten Filmen ist die Assoziation der dargestellte Stoff. Wir sehen, wie einer assoziiert. Aber die Montage kann uns zwingen, selber in einer bestimmten Richtung zu assoziieren. Nicht nur um Begebenheiten zu erraten, um übersprungene Handlungsmomente zu erraten, also etwas Gegenständliches, was wir nicht gesehen haben, aber hätten auch sehen können. Die Montage kann uns Gefühle, Bedeutungen, Gedanken assoziieren lassen, die uns *anschaulich werden, ohne selber sichtbar zu sein.*

Das Montagegleichnis

Es gab einmal einen Griffith-Film, in dem der gute Ruf und damit das Glück einer Frau durch eine Pressekampagne gefährdet wird. Der ungeheuere technische Apparat einer Weltzeitung erscheint mit seinen Maschinen wie ein Tankgeschwader, das zum Angriff geht. Rotationsmaschinen schleudern die Blätter. Wir denken an Geschosse. Weil das angsterfüllte Gesicht der Frau dazwischengeschnitten ist. Und weil wir daran denken, darum sieht es auch so aus. Der an sich neutrale technische Betrieb hat durch die Assoziationsmontage eine Physiognomie bekommen. Es rutschen auf dem laufenden Band Lawinen von Zeitungsballen ... auf die Frau zu, die in den Zwischenbildern wehrlos auf dem Boden liegend zu sehen ist. Das Gleichnis der Lawine, die ein Lebensglück verschütten wird, drängt sich uns auf. Die Montage suggeriert das Gleichnis.

Als der Panzerkreuzer Potemkin zu seinem letzten Kampf ausfährt, sehen wir, wie die Maschinen arbeiten. Wir blicken abwechselnd in rascher Montage in das Gesicht der Matrosen und in das Gesicht der Maschinen, das sie bekommen haben durch dieses betonte Nebeneinander. Denn das Nebeneinander bewirkt das Gleichnis. Kamerad Maschine kämpft mit. Das Tempo des Schwungrads wird zur Gebärde der Erregung, weil die dazwischenmontierten Gebärden der Matrosen ihr zum Gleichnis wurden.

Auch ein einzelnes Bild kann, wie schon ausgeführt wurde, durch die Einstellung symbolische Bedeutung bekommen. So eine Einstellung verhält sich zu der Bedeutungsüberstrahlung zweier Nachbarbilder wie die Metapher zum Gleichnis. Es gibt keinen so »toten« Gegenstand, der in solcher Assoziations-Montage nicht zu einer lebendigen Physiognomie erweckt werden könnte.

Undefinierbares, Irrationelles kann assoziiert werden durch Montagesuggestion. Manchmal genügt eine Landschaft, und sie deutet uns ein Gesicht. Wir wissen nicht wieso, aber sie gibt den Charakter an. – Frühlingswasser sprudeln und schäumen zwischen dem marschierenden Demonstrationszug in Pudowkins *Mutter.* Neue Lebenshoffnung leuchtet in den Wellen. Leuchtet in den Augen. – Lupu Pick hatte es schon vor vielen Jahren in seinem Film *Sylvester* als erster gewagt, Bilder eines wogenden Meeres, ohne jeden rationellen Fabelzusammenhang, zwischen die dramatischen Szenen zu schneiden. Sie sollten nur als rhythmisches Gleichnis wirken. (Lupu Pick war damit der erste Pionier des absoluten Films gewesen). – In Joe Mays *Heimkehr* erzählen sich zwei Gefangene in Sibirien von ihrem Heimweh. Nebelstreifen ziehen über die dunkle Steppe. – In Eisensteins *Kampf um die Erde* wird die Bauernwirtschaft geteilt, indem ein Haus zersägt wird. Die Säge fährt im Holz hin und her, hin und her. Die Frau sieht stumpfsinnig, brütend zu. Die Säge ganz groß, hin und her. Die Frau ganz groß. Im Kurzschnitt gerät sie fast unter die Säge. Ist es nicht, als würde die Säge mitten durch ihr Herz fahren? Durch die Montage wird dieses »als ob« dargestellt und suggeriert.

Gedankenmontage

Nicht nur Stimmung, Gefühlsschattierung, nicht nur andeutendes Gleichnis weckt die Assoziation der Montage. Sie provoziert Gedanken, eindeutig klare Gedanken. Sie formuliert Erkenntisse, Folgerungen, logische Urteile und Wertungen.

In Pudowkins *Letzten Tagen von St. Petersburg* sehen wir Bilder des Krieges nebeneinander: Börse – Schlachtfeld – Börse – Schlachtfeld. Kurse steigen – Soldaten fallen – Kurse steigen – Soldaten fallen ... Ein Gedanke wird hier anschaulich. Eine Erkenntnis wird durch dieses Nebeneinander erzwungen. Nicht eine irrationelle Stimmung, sondern eine ganz konkrete soziologische, eine marxistische Erkenntnis, die durch ihre Anschaulichkeit natürlich auch gefühlsbetont und agitativ wirkt.

Wenn Ermlers *Mann, der das Gedächtnis verlor,* in seiner Erinnerungsvision den Krieg sieht, so sieht er in jedem Kämpfenden, in jedem Leidenden, im Russen und im Deutschen, überall sich selbst. Wenn da zwei mit dem Bajonett aufeinander losgehen, so haben beide sein Gesicht. Und wenn sie dann plötzlich zögern, lächeln und einander die Hände reichen, so haben sie ineinander sich selber erkannt. Iwan hier und Iwan dort! Denn keine Fremden und keine Feinde standen einander gegenüber... Das wird in diesen Bildern offenbar. Dieser tiefe, schöne Gedanke hätte, in Worten formuliert, nie so erschütternd wirken können. Denn der Gedanke ist hier kein abstrakter Sinn, wie wenn man sagt: »Es waren alle Menschen wie du und ich.« Der Gedanke bekommt im Bildschnitt eine unheimlich sinnfällige Tatsächlichkeit. Wir *sehen* es, wie Iwan gegen Iwan das Bajonett zückt.

Montierte Essays

In solcher Gedankenmontage liegt die geistig höchste Sphäre, die der stumme Film erreicht hat. Eine Gruppe der jungen russischen Regisseure hat aus ihr bewußt eine besondere »Richtung« gemacht, die sich von allem Spielmäßigen und Poetischen abwenden und nur Erkenntnisse, Gedanken mitteilen soll. Montierte Essays sind es, die sie anstreben. Turin hat in seinem *Turksib*, in diesem Tatsachen-, d. h. »Kulturfilm« von dem Turkestan-Sibirischen Eisenbahnbau, in einem herrlichen, temperamentvollen Bildessay, ökonomische Probleme und das Kräftespiel sozialer Tendenzen dargestellt. Und S. M. Eisenstein spricht ernstlich davon, daß er »Das Kapital« von Karl Marx verfilmen will.

Rhythmische Wissenschaft

Das Merkwürdigste daran ist, daß diese Richtung wohl im *Inhaltlichen* der Fabel, der Poesie und jedweder »Kunst« ausweichen will, daß sie aber in der *Form* nicht auf die Kunst verzichtet, sondern im Gegenteil auf die rhythmischen, auf die rein musikalisch-dekorativen Wirkungen der Montage großes Gewicht legt. Das Irrationellste wird so zum Ausdruck des Intellektuellsten, Rhythmus wird zum Ausdruck wissenschaftlicher Gedanken. Das Zwischenglied der poetischen Erfindung fällt heraus.

Nur keine Ideogramme!

Diese mit genialer Entschlossenheit differenzierte Filmgattung des *Montage-Essays* hat eine Gefahr. Gedanken müssen nämlich deutlich sein, sonst sind sie keine. Aber nicht jeder Gedanke läßt sich bloß durch Assoziationsanregung übertragen. Doch eben darauf kommt es an, solange der Film noch eine »Kunst« bleiben und nicht bloß bewegte Darstellung von statistischen Tabellen und Ideogrammen werden soll.

Dieser hier so naheliegenden Gefahr der Hieroglyphenfilme verfallen die Russen am häufigsten. Wenn bei Eisenstein einmal die Statue des Zaren vom Sockel gerissen wird, so bedeutet das den Sturz des Zarismus. Die zerbrochenen Teile fügen sich wieder zusammen. Das bedeutet Restauration der bürgerlichen Macht usw. Das sind Zeichen, die etwas bedeuten, wie etwa das Kreuz oder das Paragraphenzeichen oder die Ideogramme der chinesischen Schrift.

Die Bilder sollen aber nicht Gedanken *bedeuten*, sondern Gedanken *gestalten und bewirken*, Gedanken also, die in uns als Folgerungen entstehen und nicht als Symbole, als Ideogramme im Bild bereits formuliert sind. Sonst ist die Montage nicht mehr produktiv. Sie wird zur Reproduktion gestellter Bilderrätsel. Nicht die Bilder des Filmstoffes werden symbolisch. Sondern fertige Symbolbilder werden gleichsam von außen her hineingemengt. Und wir bekommen Ideogramme und Abhandlungen in Hieroglyphen zu sehen. Mit solchen Formen greift der Film zurück auf die älteste, primitivste Form der Zeichenschrift. Dann sind unsere Schriftzeichen doch viel praktischer.

Rhythmus

Ich sagte vorhin, daß die russischen Regisseure der »Essayfilme« auf alle Kunstwerte des Films verzichten wollen, nur auf den Rhythmus nicht. Auch im Buch eines Gelehrten, mag der Inhalt auch reine Wissenschaft sein, bleibt der Stil Kunst. Der Stil des Films, der Rhythmus der Bildfolge ist zu einer ganz besonderen, wunderbar differenzierten Kunst geworden. Und nicht erst in den Gedankenfilmen.

Die Montage gibt den Atem der Erzählung. Da wird etwas breit und geruhsam vorgetragen, mit lang ausgespielten Szenenbildern. Oder es wird im Kurzschnitt hastig gejagt. Die Erregung des dramatischen Inhalts wird durch optische Bewegtheit auf den Zuschauer übertragen. Der Bildrhythmus wirkt als Vortragsgebärde, als die Gestikulation des Sprechers (d. h. des Zeigers). Das wurde schon immer so gemacht. Interessant aber ist, daß es möglich war, das Tempo des Kurzschnittes bis zu der Wirbelmontage der russischen Filme zu steigern. Bedingung dafür ist nämlich, daß wir diese kurzen Bildchen, die im Bruchteil einer Sekunde an uns vorbeifliegen, überhaupt perzipieren. Wir hätten vor zehn Jahren so einen jagenden russischen Kurzschnitt einfach mit den Augen noch nicht erfassen können. In einem verschwommenen grauen Streifen wäre er an uns vorbeigegangen. Wir haben auch schneller sehen gelernt.

Optische Musik

Das Tempo der Montage ist aber nicht immer nur Atem und Akzentuierung, sie ist nicht bloß eine Art Ausdrucksbewegung des dramatischen Inhalts. Montagerhythmus kann einen ganz eigenen, unabhängigen, gleichsam musikalischen Wert bekommen, der zum Inhalt nur noch eine entfernte und irrationelle Beziehung hat. Die Bilder einer Landschaft, Bilder von Gebäuden oder Gegenständen, die gar keinen dramatischen Inhalt haben, können durch die Montage einen optischen Rhythmus ergeben, der nicht weniger ausdrucksvoll ist als eben Musik. Was hat noch der Rhythmus in Walter Ruttmanns Berlin-Film in seinen raffinierten Perioden und Refrains mit den Straßenbahnen zu tun, die darin gezeigt werden? Was haben in Cavalcantis *Rien que les heures* die Straßenbilder von Montmartre mit den Legati und Staccati seiner Montage zu tun? Die Motive sind für den Rhythmus nur Medium: nur Licht, Schatten, Form, Bewegung. Keine Gegenstände mehr. Die optische Musik der Montage läuft in eigener Sphäre neben der Begrifflichkeit des Inhalts einher.

Und dennoch nicht ganz ohne Beziehung, und doch nicht ganz zufällig. Wenn es kein absoluter Film ist, dann sind die beiden Sphären trotzdem kontrapunktisch zueinander »komponiert«: reiner Rhythmus und reine Gegenständlichkeit. Sie scheinen einen tiefen, aber irrationellen Sinn voneinander zu bekommen. Wie etwa Melodie und Text. Die Verbindung geht nur durch das Unterbewußtsein.

Auch wenn es sich um Szenenbilder voll dramatischer Bewegung handelt, so kann die Bewegung *innerhalb* der Bilder und die Bewegung *der Bilder selbst* im Wechsel der Montage absichtlich verschiedene Rhythmen haben, die »nur« kontrapunktisch einander zugeordnet sind. Eine Landschaft, in der sich nichts rührt, kann sich im wilden Rhythmus der wechselnden Einstellungen bewegen. Dann wird der Montagerhythmus nicht Ausdruck des Gegenstandes, sondern lyrischer Ausdruck der Stimmung des Betrachters oder eines Regietemperamentes sein.

Dieser reine Montagerhythmus wurde in den Filmen einiger Russen, in den Filmen der französischen Avantgarde und in den Filmen der deutschen Avantgarde (Walter Ruttmann, Hans Richter) zu einer ganz bewußten Kunst mit fast systematischen Methoden entwickelt.

Er wurde, zumal bei den Russen, manchmal auch zur Gefahr. Rhythmus wurde auf Kosten der inhaltlichen Klarheit gestaltet. Das Optisch-Musikalische überwucherte und verwirrte das Dramatische.

Bewegung des Ornaments

Nicht nur die Länge der Bilder ergibt den Rhythmus. (Ob ein Bild lang oder kurz *wirkt*, hängt ja auch davon ab, was es darstellt.) Formen, Richtungen, Bewegungen werden zueinander komponiert. Es gibt Montage auf Formähnlichkeit oder Formgegensatz. (Ruttmann montierte einmal parallel gelegte Gasröhren mit schlanken Frauenbeinen zueinander.) Oder man läßt steile, schmale Türme und Fabrikschlote rhythmisch abwechseln mit breiten und massigen Gebilden. Oder es geht auf noch genauere Formähnlichkeit: rund zu rund, Wellenlinie zu Wellenlinie. Auf eine inhaltliche Beziehung kommt es dabei gar nicht an. Eisenstein hat an einer Stelle der *Generallinie* die Großaufnahme einer Grille mit einer Mähmaschine viermal hintereinander zusammenmontiert, nur weil sie »dieselbe Linie« hatten. Es wird dabei nach keinem anderen als nur nach ornamentalem Sinn gesucht. Montage zeigt die dargestellte Welt *auch* als bewegtes Ornament.

Richtungsmontage

Von dem Wechsel der Blickrichtungen in den Einstellungen habe ich schon gesprochen. Die Blickrichtung muß dabei auch nicht inhaltlich begründet sein. Sie muß nicht unbedingt dem Raum der Handlung, der Position der handelnden Personen entsprechen. Oft werden Bilder souverän in »ganz unbegründeten« Perspektiven gezeigt. Häuser stehen schräg, Landschaften wie auf der Kante, Köpfe beugen sich über uns. Diese Richtungen (Linien des dreidimensionalen Raumes) haben in der Montage »nur« eine ornamentale Bedeutung. Und auch die sonst inhaltlich begründeten Richtungen können so zueinander komponiert werden, daß sie von dem Raum des Spiels losgelöst, *auch* zu einem abstrakten Ornament zusammenschmelzen.

Der Zuschauer tanzt

Die Blickrichtung der Aufnahme wird aber zur Blickrichtung des Zuschauers. Wenn sie sich ändert, ändert der Zuschauer seine Position, auch wenn er sich nicht vom Flecke rührt. Er bewegt sich *innerlich*. Und wenn solche Richtungsmontage einen suggestiven Rhythmus hat, so suggeriert sie das Gefühl des Tanzes. Tanz ist das Ornament der Bewegung.

Ornamente der Bewegung

Auch Bewegungsbilder werden aneinandermontiert. Nach Tempogleichheit oder Tempogegensatz. Schnell zu schnell oder schnell zu langsam.

Der Rhythmus, der sich ergibt, braucht nicht unmittelbarer Ausdruck der dargestellten Begebenheit zu sein. Er kann nur, oder auch, einen rhythmischen Wert haben.

Die Richtungen der szenischen Bewegung werden rhythmisch-ornamental zueinander montiert. Bewegungen gleicher Richtung oder Gegenbewegungen oder diagonal sich kreuzende. – Ein Zug fährt von links nach rechts. Im nächsten Bild läuft ein Mann von links nach rechts. Im nächsten fließt ein Strom, im nächsten ziehen Wolken genau in derselben Richtung. – Oder Gegenbewegungen scheinen einander zu antworten, auch wenn diese ornamentale Beziehung mit dem Inhalt der Begebenheit gar nichts zu tun hat.

Denn der Film ist eine optische Kunst, und die »rein optischen« Werte gehören zu seinen besten Werten.

Kontrapunkt verschiedener Sphären

Das Eigenartige an den rhythmischen Gebilden der Montage ist, daß die Elemente der verschiedensten Sphären zueinander kontrapunktiert werden. Nicht, wie in der Musik, nur Melodie zu Melodie, nicht, wie in der Architektur, nur Form zu Form. In der Montage werden Tempi und Formen, Bewegungen und Richtungen und inhaltliche Akzente noch dazu aufeinander abgetönt und zu *einem* ornamentalen Bewegungsgebilde komponiert. Die Elemente gehören also fünf verschiedenen Sphären und Dimensionen an. Das, was in der Synthese entsteht, ist etwas Sechstes, ganz Neues und Besonderes. Ein rhythmisches Gebilde, das optisch erlebt wird und doch nicht sichtbar ist. Eisenstein nennt diese Wirkungen die »Obertöne der Montage«, die wie Quinten in der Musik für feine Ohren zuweilen hörbar werden, ohne zu klingen.

Montage ohne Schnitt

Das ist Bildfolge ohne scharfe Abgrenzung. Die Blende z. B. läßt Bilder langsam ins Dunkel versinken oder weich ineinander hinübertauchen. Die Bewegung des Bildwechsels, die doch eine Art Ausdrucksbewegung, gleichsam die Diktion des Vortrags ist, nimmt dadurch eine andere, eine besondere Form an. Es ist eine besondere Bildgebärde, die etwas Besonderes meint.

Abblenden

Abblenden ist wie wenn der Erzähler die Stimme nachdenklich leise verklingen läßt. Es ist wie aus dem Rhythmus fallen und versonnen nachblicken. Die Abblendung läßt einen innehalten wie die Gedankenstriche hinter dem Satz. Auch sie ist ein Zeichen dafür, daß man sich etwas dabei denken möge. Und das Bild bekommt eine »tiefere« Bedeutung, die es von vornherein gar nicht haben mußte. Ist es nicht, als wenn der harte Rahmen des Bildes sich öffnend die ahnungsvollen Schatten unbestimmter Zukunft hineinfluten ließe?

Die Geistigkeit der Blende

Die Blende bewirkt, daß man sich etwas *dabei* denkt. »Dabei«, d. h. etwas, was nicht im Bild enthalten ist. Diese Wirkung der Blende ist von jeher bekannt. Uns interessiert die Erklärung solcher Wirkung.

Beim Blenden wird die Arbeit der Kamera sichtbar. Es ist keine naiv objektive Darstellung des Gegenstandes mehr. Die Kamera wirft ganz von sich aus, aus ihrem eigenen Mechanismus, etwas ins Bild, was mit der tatsächlichen, natürlichen Erscheinung der Dinge nichts zu tun hat. Das Blenden ist ein rein subjektiver, also ein rein geistiger Ausdruck der Kamera. Darum hebt die Blende das Bild gleichsam aus dem natürlichen Raum und aus dem natürlichen Zeitablauf heraus, darum wirkt es *nicht wie gesehen, sondern wie gedacht*. Wenn im Film Erinnerungsbilder oder Visionen »auftauchen«, so pflegt man sie auf- und abblenden zu lassen.

Zeit

Darum kann man mit der Blende auch Zeit andeuten, die »inzwischen vergangen ist«. Wenn ein Schiff langsam am Horizont verschwindet, so hat diese Begebenheit eine eigene Zeitdauer. Wenn aber dieses Bild außerdem noch langsam abgeblendet wird, so denkt man eine andere, viel größere, unbestimmte Zeit noch hinzu. Denn auf dem Bild werden nun zwei Bewegungen sichtbar: die Bewegung des Motivs und die Bewegung des Bildes. Beide haben ihre Bedeutung: die Bewegung des Schiffes und die Bewegung der Blende. Die eine zeigt die reale Zeit an, die andere die gedachte, die epische Zeit.

Zeit ohne Bewegung

Auch sonst, wenn die Zeit mit Zwischenbildern dargestellt wird, kann ein regungsloses Zwischenbild mehr Zeit darstellen als ein bewegtes. Wenn nach einer bewegten dramatischen Szene eine ähnliche mit anderen Personen folgt und gleich darauf die Personen der ersten Szene wieder erscheinen, so wird es unwahrscheinlich sein, daß inzwischen Jahre vergangen sein sollen. Wenn aber das Zwischenbild einen regungslosen Gegenstand zeigte, einen Felsen, einen Baum, ein Gebäude, ein Ding ohne sichtbares Leben, dann kann inzwischen sehr viel Zeit verflossen sein.

Denn jede Bewegung hat ihre eigene reale Zeitdauer und kann darum nur diese darstellen. Jedoch ein regungsloser Gegenstand hat selber keine Ausdehnung in der Zeit, kann daher jede Zeit ausdrücken. Weil wir keine Bewegung sehen, an der die Zeit gemessen werden könnte, darum haben wir keinen kontrollierenden Maßstab. Weil es überhaupt nicht dauert, darum kann es ein Stück Ewigkeit sein.

Zeitüberblendung

Dasselbe Gesicht: einmal jung und gleich darauf alt. – Wenn diese beiden Bilder zueinander geschnitten sind, so ist es ein unlogischer Sprung. Wenn sie langsam ineinander überblenden, so *bedeutet* das vergangene Zeit. Wir *denken* uns diese Zeit. Durch die Blende ist aus der simplen Reihenfolge geistige Beziehung geworden. Weil die Blende eben etwas Unreales, Ungegenständliches ins Bild projiziert, darum wird sie zum Zeichen der rein subjektiven Akzente, zum Ausdruck des Innerlichen, des Gedanklichen.

Eine der poetischsten Zeitdarstellungen haben wir in Joe Mays *Heimkehr* gesehen. – Der Held flieht aus sibirischer Gefangenschaft. Nachher sehen wir ihn in seiner deutschen Vaterstadt ankommen. Dazwischen aber sehen wir ihn wandern. Nicht ihn, nur seine Füße in Großaufnahme. Sie gehen und gehen unaufhörlich. Die guten Soldatenstiefel überblenden in zerrissene, diese überblenden in schlechte Pantoffeln. Die marschierenden Füße bleiben immerfort im Bild. Aber die Pantoffeln überblenden in armselige Fußlappen und endlich in den nackten, verstaubten, wunden Fuß, der noch immerfort weiterwandert. Die reale Zeit dieses Wanderns im Bild dauert vielleicht drei Minuten. Man denkt sich Jahre dabei.

Die Zeit der Großaufnahme

Doch nur die Großaufnahme macht solche rasche Überblendungsfolge möglich. Wäre der ganze Mensch mit dem landschaftlichen Hintergrund zu sehen gewesen, so hätte zuviel räumliche Realität die irreale Verwandlung beschwert. Wären jene Füße in einem sichtbar wirklichen Raum gewandert, hätten Berge, Flüsse, Wälder sich fünfmal hintereinander verwandeln müssen, so hätte das als Trick, als Zauberei gewirkt. Und fünf Gegenden für die jahrelange Wanderschaft wären dann auch zuwenig gewesen. Doch die Gegenden, die wir hinter den Großaufnahmen der Füße *nicht* sehen, sind ohne Zahl. Die Zeit, die wir an dem durchmessenen Raum *nicht* messen können, ist ohne Maß.

Denn die Großaufnahme isoliert nicht nur, sie hebt den Gegenstand überhaupt aus dem Raum heraus. (Ich sagte es schon an anderer Stelle.) Das Bild, das nicht mehr raumgebunden ist, ist auch nicht zeitgebunden. In dieser eigenen, geistigen Dimension der Großaufnahme wird das Bild zum Begriff und kann sich wandeln wie der Gedanke. In der Weitaufnahme, in der Totale sind Dinge verwachsen mit der allgemeinen gegenständlichen Realität ihrer Umgebung, die ihre Gesetze hat. Wenn sich die Dinge da verwandeln, so wirkt es als Märchen und Traum. Jedoch bei den Verwandlungen einer Großaufnahme, die in keinem bestimmten Raum ist, fühlen wir auch keinen Widerspruch zu den Gesetzen des Raumes. Die Wanderschaft jener Füße ohne Umwelt ist nicht mit

Metermaß und Stoppuhr abzumessen. Sie bewegen sich in einer anderen, in einer geistigen Dimension.

»Das Liedhafte«

Diese Überblendungstechnik kann zuweilen die Zwischenbilder überflüssig machen. Man muß nicht die Szene einer anderen, einer Parallelhandlung dazwischenschieben, wenn der Held den Schauplatz wechseln soll, wie das früher immer gemacht wurde. Wenn ein Schauplatz in den anderen langsam überblendet, fühlen wir keinen Sprung. Beim Schnitt würde es heißen: Wie kommt der Mensch plötzlich dorthin? Bei der Überblendung aber verfolgen wir nicht passiv den realen Ablauf einer Begebenheit, sondern wir *denken* sie uns mit der souveränen Freiheit, wie wir eben denken. Dadurch können wir, wenn es not tut, dem unruhigen, zappeligen Hin und Her der Bilddiktion entgehen und in einem weichen Legato der Erzählung unseren Helden durch ihr Schicksal folgen. Solche Filme bekommen dann einen solistischen, einen »liedhaften« Charakter, wie Carl Mayer dies nannte.

Umgebung verwandelt sich

Doch die Verbindung zwischen den ineinander wechselnden Schauplätzen wird immer ein Mensch oder ein Gegenstand sein, der hier und dort derselbe bleibt. Groß und bedeutsam vor dem Apparat muß er dann stehen, damit die Umgebung gleichsam als unwesentlich von ihm verdunsten und einer anderen Platz machen kann. Die Schärfe der Premierplanaufnahme macht dann von vornherein einen Realitätsunterschied und hebt die Gestalt, auf die es ankommt, vorher schon aus dem Raum, der bald vor unseren Augen verschwinden wird. Dann bleibt ein Teil (in Großaufnahme) wie eine Insel übrig, während die Umgebung versinkt und eine andere auftaucht. In der Zwischenzeit kann sich das übriggebliebene Stück (das im Bilde bleibt) verwandeln und zu einem Teil des neuen Raumes werden, der noch nicht zu sehen ist.

In meinem Film *Narkose* (Regie Alfred Abel, Kamera Günther Krampf) haben wir es versucht, die Schauplätze durchwegs so zu verbinden: Der Held begibt sich auf eine längere Reise. Vorzimmer seiner Wohnung mit Gepäck. Die Blende schließt sich um den Koffer. Koffer in Großaufnahme. Überblendet in den Koffer, der nun in einem Netz schaukelt. Die Blende öffnet sich. Es ist das Gepäcknetz eines Eisenbahnwagens. –

Oder die Heldin steht auf der Straße, verlassen und verloren vor einem verschlossenen Tor. Die Blende schließt sich um die Hände. Großaufnahme der Hände, die ein weißes Taschentuch knüllen. Das Taschentuch überblendet in eine weiße Rose von ähnlicher Form. Noch eine und noch eine Rose kommt in Überblendung hinzu. (Die Bewegung der Hände bleibt ähnlich. Sie ordnen und binden den Strauß.) Dann öffnet sich die Blende und zeigt den neuen Raum: das Mädchen arbeitet in einem Blumenladen.

Raumwechsel ohne Ortswechsel

Das letzte, übriggebliebene Detailbild des verschwundenen Raumes überblendet zu dem ersten, gleichsam vorausgeschickten Detailbild des kommenden. Das weckt Erwartung. Man versucht zu erraten, wo man sich nun befindet!

Der besonders poetische, geistige Charakter solcher Überblendungen liegt aber darin, daß sich durch sie der Raumwechsel gleichsam ohne Ortswechsel vollzieht. Die Großaufnahme bleibt ja vor unseren Augen regungslos im Bild. Man ist plötzlich anderswo, ohne sich vom Fleck gerührt zu haben. Wie in Gedanken! Solche Überblendungen heben die Bilder simpler Wahrnehmung in die Sphäre geistiger Vision.

Darum meint die Überblendung immer eine tiefere Beziehung. Springt das Bild von einem Gesicht auf ein anderes, von einem Gegenstand auf einen anderen, so ist das einfach Reihenfolge. Wenn es überblendet, dann glauben wir, daß diese Menschen, diese Dinge etwas Besonderes miteinander zu tun haben. Daß ihre Bilder ineinander dringen, scheint uns ein Symbol für die innere Verbundenheit ihres Wesens, ihres Sinnes zu sein.

Formale Überblendung

Und wenn es nichts weiter ist, so betont und unterstreicht die Überblendung die formalen oder rhythmischen Verbindungen der Montage. – Ein Windmühlenrad dreht sich und überblendet in ein Roulette. – Das bleibende Bindeglied zwischen zwei Schauplätzen ist hier nicht der gleiche Gegenstand, sondern die gleiche Bewegung. – Jener schaukelnde Koffer im Netz (in *Narkose*) überblendet in ein schaukelndes Wickelkind im Netz. – Man fühlt eine irrationelle Beziehung, einen Bedeutungszusammenhang, ohne ihn deuten zu können. Aber er macht es überflüssig, den räumlichen und zeitlichen Zusammenhang pedantisch zu erklären.

Nichts wirkt im Film so öde, phrasenhaft, als der Mißbrauch der Überblendung, die den Anschein einer tieferen Bedeutung gibt, wo gar keine vorhanden ist.

Die Kamera panoramiert

Auch das ist Montage ohne Schnitt. Die Kamera wendet sich oder wandert und läßt die Bilder der gestreiften Objekte an uns vorbeiziehen. Diese Montage wird nicht erst auf dem Zelluloidband gemacht. Sie wird schon als Montage aufgenommen. Sie ist schon in den Motiven vorhanden oder gestellt. Die Auswahl macht es und der Rhythmus des Panoramierens, daß es doch produktive Montage ist.

Schauplätze, die überblenden, sagte ich, haben gar keine räumliche Beziehung zueinander. Dafür bekommt der panoramierte Schauplatz die äußerste räumliche Realität. Bei einer geschnittenen Szene – hier ein Kopf, dort ein Kopf, jetzt ein Tisch, jetzt eine Tür – folgern wir bloß aus dem Inhalt der Szene, daß diese Detailbilder sich im selben Raum befinden – oder wir *wissen* es bloß, weil uns vorher eine Totale gezeigt wurde. Wir erinnern uns daran. Aber wir *sehen* den gemeinsamen Raum nicht unmittelbar.

Die panoramierende Kamera hingegen läßt uns aus dem Raum gar nicht heraus. Der Raum bleibt immerfort im Bild und wird nur abgesucht, abgetastet nach seinen Objekten. Unser Blick durchmißt ihre Entfernung voneinander mit der Zeit, die die Kamera braucht, um von einem Gegenstand zum anderen zu kommen. Und wenn wir auch in Großaufnahmennähe zu einem Gegenstand kommen, so bringen wir doch das Wissen um seine Position im Raume mit.

Raumgefühl

Die bewegliche Kamera, der panoramierende und fahrende Apparat ließ uns zuerst den Raum wirklich erleben. Den Raum, der nicht zur Perspektive geworden ist, nicht zum Bild, das wir von außen betrachten, sondern der Raum bleibt, in dem wir uns mit der Kamera *selber* bewegen, dessen Entfernungen wir abschreiten und damit auch die Zeit erleben, die dazu notwendig ist.

Im *Johanna*-Film Dreyers erscheint der Raum, in dem die Inquisition abgehalten wird, kein einziges Mal als Totale im Bild. Wir *sehen* ihn nicht. Wir würden ja doch nur ein zweidimensionales, wenn auch perspektivisches Bild sehen. Aber die Kamera fährt an den Köpfen vorbei. Wir durchschreiten mit ihr den Raum und *fühlen* ihn.

Die Kontinuität des Raums

Im Pabst-Film *Liebe der Jeanne Ney* geht ein ängstlicher Wucherer nachts mit einer Taschenlampe durch seine Wohnung. Der Lichtschein kriecht die Wände entlang, von Gegenstand zu Gegenstand. Die Kamera panoramiert ihm nach. Zögernd, verweilend, erzitternd. Der Lichtschein tastet sich vorwärts wie ein nervöser Fühler. Jeder Schritt weiter im Raum ist neues Geheimnis, neue Möglichkeit und Erwartung. Schrittweise wird der Raum erlebt. Sekunde für Sekunde folgt ihm die Kamera in den Raum hinein.

Aber selbst in perspektivischer Verkürzung noch gibt die Zeit Realität dem Raum. – Kinugasa läßt in *Schatten der Yoshiwara* die Kamera wie den raschen Blick, von einem Gegenstand zum anderen herumwerfen. Aber der Zwischenraum wird doch nicht übersprungen. Die *Kontinuität* des Raumes wird nicht unterbrochen. Wir fühlen ihn. Nicht nur als Behälter, als Platz für die Gegenstände, sondern *ihn selber*, den Raum, unabhängig von den einzelnen Objekten.

Im Joe-May-Film *Asphalt* wird uns die Stube des Polizeiwachtmeisters gezeigt. Wir blicken mit dem Apparat von einem Gegenstand zum anderen. Von der Kommode zum Vogelbauer, zum gedeckten Tisch, dann zur Uhr und zuletzt erst zu dem Menschen, der in diesem Raume sitzt, wie mitabgezählt als Mitbewohner. Jeder Gegenstand zeigt in der Nahaufnahme seinen besonderen, intimen Charakter, und doch fühlen wir durch ihre abgetasteten Distanzen zugleich die Enge des Beisammenseins im kleinbürgerlichen Raum so beklemmend, wie es uns kein Totalbild fühlen lassen könnte. (Freilich ist es nur langweilig und ermüdend, den Raum so fühlen zu lassen, wenn er für die Handlung keine besondere Bedeutung hat.)

Wir sehen einen plötzlichen Ausdruckswechsel in Großaufnahme. Ein Lächeln oder einen Schreck. Der Betreffende hat etwas erblickt. Wir wissen noch nicht was. Und langsam panoramiert die Kamera in der Richtung seines Blicks, ganz langsam, den Zwischenraum abtastend, bis die Ursache des Ausdrucks im Bild erscheint.

Oder umgekehrt: In einem Dialogspiel panoramiert die Kamera hin und wieder von der Großaufnahme des einen zur Großaufnahme des anderen. Der eine tut etwas. Wie wird der andere reagieren? Wir erfahren es nicht sogleich. Die Kamera schwenkt langsam zu ihm hinüber und läßt uns erst raten.

Hier kann die natürliche Zeit auch gedehnt werden. Es wirkt nicht »unnatürlich«, denn es wird nicht als ein Stocken der Handlung, sondern als ein Ritardando des Vortrags empfunden.

Ein klassisches Beispiel: Chaplin als Soldat im Weltkrieg. Da steht er nun im Schützengraben mit den andern und wartet auf den Befehl zum Angriff. In schlotternder Angst, natürlich, mit peinlichen Versuchen, überlegene Haltung vorzutäuschen. (Denn es ist keine Kunst, tapfer zu sein, wenn man keine Angst hat. Aber so große Angst zu haben und dennoch ...) In seiner Aufregung also zerbricht er seinen Taschenspiegel. Da rücken die abergläubischen Kameraden von ihm ab. Denn er ist nun vom Pech gestempelt. Sie können im engen Schützengraben nicht sehr weit abrücken. Zwei, drei Schritte bloß. Aber die Kamera panoramiert diese Entfernung so langsam. Dehnt sie zu einer kleinen Unendlichkeit. Mit zager, halber Gebärde greift Chaplin nach den Kameraden. Aber sie scheinen so weit. Weil es so lange dauert, bis die Kamera, seinem Blick folgend, sich hinüberwendet. Er fühlt die Entfernung so groß. »Ist man denn so allein auf dieser Welt?« sagt dieser langsame Blick.

Man hat schon gewaltige Wüstenbilder, photographierte Unendlichkeit gesehen. Aber so mutterseelenallein stand noch nie einer im Raum. Diese drei Schritte Leere um Chaplin herum werden zu einer Wüste der hoffnungslosen Verlassenheit. Weil es so endlos lange zu dauern scheint – durch Panoramieren –, bis man seinen Nächsten erblickt. Die ganze Einsamkeit der Kreatur ist auf ihm.

Und das Mitfahren bei einem Wettrennen, bei einer Jagd! Meter für Meter schwindet die Entfernung. Man bleibt dabei und kostet es aus. Der Bruchteil einer Sekunde ist noch sichtbar. Die tatsächliche Entwicklung der Situation wird zur Montage.

Wieder *Die Liebe der Jeanne Ney*. Jeanne begegnet ihrem Geliebten nach langer Zeit zum erstenmal. Sie sehen einander schon, aber ein Gitter ist noch dazwischen. Ihr Auto fährt auf der einen, er läuft auf der anderen Seite. Die Kamera fährt mit und hat beide im Bild. Die Erregung des letzten Augenblicks wird so ausgedehnt in einem Bewegungscrescendo. Sie stürzen sich in die Arme. Aber nicht mit *einer* Geste, die nur eine Sekunde dauern würde. Sie stürzen sich in die Arme durch einen großen Raum hindurch. Der Raum wird zum Widerstand, zum Geschiedensein. Die Kamera, die ihn durchdringt, mißt die Spannung der Sehnsucht.

Subjektive Montage

Wenn die Kamera längere Zeit mit einer Gestalt mitgeht, so wird aus den vorbeiziehenden Bildern eine subjektive Montage jener Eindrücke, die der Betreffende hat. Als wenn der Regisseur da mit der Schere sich nicht einmischen wollte. Wie wenn der Dichter die Geschichte in Ichform erzählen läßt.

Die wirkliche Umgebung im realen Raum wird zur Montage dadurch, daß jemand an ihr vorbeizieht. Nicht die Bilder an dem Zuschauer, wie sonst, sondern der Zuschauer zieht an den Bildern vorbei. – Einer drängt sich taumelnd durch eine Masse. Einer wandert durch fremde Gegend oder schleicht durch unbekannte Räume. Die Kamera immer mit. Der Gang wird zum Montageerlebnis, und das Gehen selbst, das doch eine der charakteristischsten Ausdrucksbewegungen ist, bleibt in nächster Nähe immer im Bild. Vor der mitfahrenden Kamera wird der Gang eines Menschen zu einer seiner bedeutendsten Gebärden.

Traum

Wenn Schauplätze ineinander überblenden, so bekommen sie etwas Schwebendes, Geistiges, wie etwa Erinnerungsbilder. Immerhin bleiben sie eindeutige Räume, die voneinander zu unterscheiden sind. Nun geschieht aber in den Traumszenen von *Narkose* folgendes: Das Mädchen wird aus der Schulklasse gewiesen. Sie geht. Die Kamera geht mit. Das Mädchen tritt, ohne durch eine Tür zu gehen, direkt auf die Straße. Der Raum verändert sich, *ohne die Kontinuität verloren zu haben*, und wir sind anderswo, obwohl wir im selben Raum geblieben sind. (Wir sind ja Schritt und Tritt mitgegangen.) – Oder: Das Mädchen steht im Vestibül eines Theaters und wendet sich zum Gehen. Kamera geht mit. Sie tritt auf Schnee. Sie kommt an einem beschneiten Baum vorbei. Die Treppen und Säulen des Vestibüls sind aber auch noch zu sehen. Wir gehen mit dem Mädchen einige Schritte weiter. Sie steht auf einem verschneiten Hof. – Oder: Sie sitzt in ihrer Stube. Sie blickt auf und lächelt überrascht. Die Kamera panoramiert ihrem Blick nach, die Wand entlang, und die beleuchteten Fenster eines vornehmen Hauses kommen ins Bild. Die Kamera panoramiert die Wand herunter, und das Mädchen steht unten vor dem Haus auf der Straße.

Wenn die Verwandlung eines Raumes in einen anderen unwahrscheinlich ist, so wirkt es wie Märchen und Zauberei. Aber Traum ist anders. Im Traum verwandelt sich der Raum nicht in einen anderen, sondern er hat überhaupt keinen eindeutigen Charakter. Er ist gar nicht ein Raum. Gerade durch die reale Kontinuität des Panoramierens, dadurch, daß wir ihn durchschreiten, stellen wir seine Irrealität fest. Hier ist nicht nur die Montage phantastisch, sondern die Sache selbst. Nur die wandernde Kamera kann uns dieses Traumgefühl wiedergeben: irgendwo und doch zugleich anderswo zu sein.

Film auf der Bühne

Das ist auch ein Montageproblem. Wie kann man Bilder mit Lebendigem, wie Photographiertes mit Gebautem zusammenmontieren?

Verspätete Bedenken

Als Piscator in Berlin die ersten Versuche machte, da gab es noch Ästheten, die prinzipielle Bedenken hatten. Es war ihnen bange um die »Stileinheit der reinen Kunst«. Denn die einschlägige Ästhetik fordert von jeder Kunst die ungemischte Verwendung ausschließlich ureigenster Mittel.

Dieses Dogma von der Stoff- und Stileinheit in der Kunst ist kein ewiges Gesetz. Die bürgerliche Ästhetik griff darauf zurück, als sie kein einheitliches Weltbild mehr besaß. Die Stileinheit war für sie eine Art Weltanschauungsersatz. Sie wurde zur Illusion und zum Gleichnis eines einheitlichen Sinnes, den die bürgerliche Kultur nur noch in der Kunst sich vortäuschen konnte. Dieser arkadische Traum war die letzte Position einer verfallenden Kultur.

Trotz alledem ist es nicht zu leugnen, daß dieses Prinzip durch Jahrtausende und durch die verschiedensten sozialen Formen und Ideologien hindurch immer das wesentlichste Gestaltungsprinzip aller Künste geblieben ist. Die vielfältige Welt wurde auf *eine* Wahrnehmungsform reduziert. Sie war immer *nur* Farbe für die Maler, *nur* Form für die Bildhauer, *nur* Linie für die Zeichner, *nur* Ton für die Musiker. Die Dinge, die in der Wirklichkeit fremd und unüberbrückbar aneinander vorbei existieren, werden dadurch gleichsam auf einen Nenner gebracht. In der gleichen Stofflichkeit der Darstellung werden verborgene Beziehungen deutlich. Mit *einem* Sinn wahrgenommen, scheinen sie *einen* Sinn zu bekommen.

Aber gerade auf dem Theater gab es diese Stileinheit schon lange, schon seit dem bürgerlichen Theater überhaupt nicht mehr. Seitdem es Kulissen und Prospekte gibt, wurde auf der Bühne immer optische und akustische Gestaltung gemischt. Der Widerspruch zwischen der Bildhaftigkeit der Hintergründe und der Leibhaftigkeit des lebendigen Schauspielers, der Widerspruch zwischen dem perspektivisch gezeichneten Raum der Dekoration und dem real gebauten Raum der Bühne ist seit dreihundert Jahren vorhanden. Wo ist die Stileinheit, die hier zu wahren wäre? Die lebendige Kunst nimmt es nicht so genau wie die Ästhetik. (Was gar nicht gegen die Ästhetik spricht.) Jedenfalls kamen die Bedenken bei der Verwendung des Films auf der Bühne etwas zu spät.

Wo liegt der Widerspruch?

Was den Hintergrund, den Prospekt, betrifft, so hat der Film nur einen alten Widerspruch aufgelöst: den Widerspruch des bewegten Spiels zu dem starren Landschaftsgemälde dahinter. Wenn das Theater nicht bloß den abstrakten, geistigen Raum für das Wort geben, sondern die Illusion natürlicher Wirklichkeit vortäuschen will, so mögen auch am Horizont des Bühnenbildes die Wolken ziehen, die Wellen branden oder Fahrzeuge und Menschen wimmeln. Wie in der Wirklichkeit. Den Widerspruch des farbigen Vordergrundes zu dem schwarzweißen photographierten Hintergrund (der nie besonders gestört hat), wird es morgen, wenn der Farbfilm so weit ist, nicht mehr geben.

»Technische Probleme« gibt es in der Kunst überhaupt nicht. Es gibt vorübergehend noch ungelöste technische Schwierigkeiten. Nur Probleme, die mit keiner technischen Vollendung gelöst werden können, sind Probleme der Kunst. Der Film im *Vordergrund*, d. h. die Montage photographierter mit lebendigen Spielszenen, ist so ein Problem. Auch wenn der farbige und plastische Tonfilm die absolute Illusion der Wirklichkeit geben wird, auch wenn man den wirklichen Schauspieler von seinem sprechenden Bild nicht wird unterscheiden können, so wird immer noch der tiefe Widerspruch bleiben zwischen der fixierten, festgebauten Distanz zur Bühne und der vollkommen aufgehobenen, weil immer veränderlichen Distanz zum Filmbild. Vor der abgeschlossenen Welt der Bühne sitzen wir als Zuschauer außerhalb. Vom Film sind wir umgeben. Im Film sind wir als Teilnehmer optisch-perspektivisch identifiziert mit den Personen des Spiels. (Siehe Seite 14-15.) Die Unmöglichkeit der wechselnden Einstellungen zur Bühne wird diese immer als einen harten, ungelösten Kern in der Flut der Filmbilder empfinden lassen.

Der Tonfilm rettet das Theater

Es war eigentlich der Sturm gegen Rampe und Vorhang gewesen. Nicht das Theater hat den Film gebraucht, sondern der Film wollte sich das Wort erobern und drang ihm auf die Bühne nach, als ihm noch keine eigene Sprache gegeben war.

Der stumme Film hatte den sichtbaren Menschen (erst den *nur* sichtbaren) aus dem zu engen Rahmen, aus dem isolierten Raum der Bühne gelöst und ihn in die immer gegenwärtige Totalität seiner Umwelt gestellt. Das soll nun auch mit dem hörbaren Menschen geschehen. Es ist der Kunstwille der Zeit. Denn es ist das Wesen der sozialistischen Weltanschauung, daß in ihr kein Lebensdetail in sich abgeschlossen und isoliert betrachtet werden kann, weil es mit jeder Ader in den großen sozialen Zusammenhang verwoben ist. Durch das Bühnengerüst und durch den Film auf der Bühne wird die Isolation der Privatszenen durchbrochen und die gleichzeitige Umwelt wird gezeigt.

Aber nun ist der Tonfilm da. Und wozu den Film ins Theater tragen, wenn man das Theater in den Film tragen kann, wo es restlos und ohne Widerspruch aufgehen wird?

Jenes Theater, das Wirklichkeitsillusion anstrebte, das mit unvollkommenen Mitteln jene Wirkungen anstrebte, die der farbige Tonfilm in Bälde haben wird, jenes Theater ist durch den Tonfilm schon überholt. Aber das Theater wird gerade darum wieder Theater werden. Nicht Schauplatz, sondern Hörplatz geistiger Begebenheiten. Es wird zurückgedrängt auf seine reine Form, auf sein Wesen, das nicht visuelle (auch nicht akustische!), sondern geistige Gestaltung ist. In Amerika hat bereits der Tonfilm den Theatern ihr ganzes Repertoire weggespielt, jenes, das ja auch bisher nur ein primitives Tonfilmrepertoire gewesen ist. Die amerikanischen Theater müssen sich umstellen. Sie spielen bereits Shakespeare, Schiller, Ibsen. Der Tonfilm rettet das Theater.

Der Film entfesselte das Theater

Es ist ja bezeichnend, daß erst mit der Entwicklung des Films sich auch das Eigenleben der Bühne wieder entwickelt hat. Die Starrheit des unbewegten, unveränderlichen Bühnenraumes wird aufgelöst. Verwandlungen auf offener Szene: Drehbühne, Schiebebühne, bewegliche Dekorationen, Bühnengerüst ... Nein, nicht dem Film will die Bühne mit solchem lockeren, schnellen Szenenwechsel nachkommen. Im Gegenteil. Damit kam sie vom Film endgültig wieder ab und zu sich selber zurück. Denn indem die Bühne ihre Maschinerie bloßlegt und sie vor offenem Vorhang spielen läßt, entsagt sie radikal jedem Naturalismus, jeder Absicht, die Illusion einer Wirklichkeit zu geben. Weil sie darin mit dem Film nicht mehr konkurrieren konnte, hat sie es überhaupt aufgegeben, als treues Bild der Natur zu erscheinen. Der Zwang zur Wahrscheinlichkeit hatte die Bühne lange sich selbst verleugnen, sich kaschieren lassen und hat sie zum passiven, möglichst getreuen »Ort der Handlung« gemacht. Der Film aber hat das Theater wieder »entfesselt« (ein Wort Tairows), und nun spielt man nicht nur auf der Bühne, sondern die Bühne spielt selber mit als Mechanismus, als Spielinstrument, zeigt ausgelassen ihr Räderwerk, das seine eigenen rhythmischen und symbolischen Ausdrucksmöglichkeiten hat.

Trotz alledem kann der Film die Ausdrucksmöglichkeiten der Bühne wunderbar bereichern. Freilich nicht mit der größeren Illusion der Wirklichkeit (die verwirrt das Theater bloß), sondern im Gegenteil mit der Darstellung des ganz Ungegenständlichen, des Rein-Geistigen.

(Dies ist auch eine Vortheorie, und die folgenden Beispiele sind Vorschläge zu Experimenten, die noch nicht gemacht worden sind. In dem Drama, das ich jetzt schreibe, soll im Herbst 1930 der erste Versuch damit gemacht werden.)

Könnte nicht auf der Bühne einmal statt einem räumlichen Hintergrund der seelische Hintergrund der sprechenden Personen erscheinen? Könnte nicht gleichsam als optische Parallelhandlung in stummen Filmbildern sichtbar werden, was die Menschen verschweigen? Das, was in alten Stücken »beiseite« gesprochen oder in Monologen gesagt wurde, was etwa in den Dialogen des Schnitzlerschen »Fräulein Else« in Klammern steht, was man sich »unterdessen« denkt, und alles, was unformulierbar mitschwingt, also die inneren Bilder, ... könnten sie nicht hinten auf der Leinwand erscheinen, während die Personen vorne sprechen?

Wir würden dann vorne das Gesicht des Helden sehen, jenes, das er macht, weil er sich verstellt, und hinter ihm in Großaufnahme sein inneres Gesicht. Hier den wirklichen Menschen mit dem unwirklichen Ausdruck, dort sein Bild mit dem wirklichen. Der untere Boden einer doppelbödigen Psychologie, das Unterbewußtsein, könnte gleichsam als Schatten der Worte an die Wand projiziert werden.

Montage, Überblendung und Tricktechnik des absoluten Films geben die Möglichkeit, Gedanken, Symbolvorstellungen zu zeigen. Zwischen zwei Worten, in jagender Montage, die Assoziationsreihe der inneren Vorstellungen. Und wie könnte ein Schweigen ausgefüllt werden, wenn man sehen könnte, was in dem Schweigenden vorgeht! Es wäre wie eine lautlose Chorbegleitung zu einem stummen Solo.

Hier sehe ich die Zukunft des stummen, absoluten Films. Auf der Bühne!

In »Hoppla, wir leben!« bei Piscator klettern einmal die Gefangenen zum Gitterfenster hinauf. Auf der anderen Seite heben sich zwei Gewehre in Großaufnahme und zielen auf das Fenster. In der

Großaufnahme waren nur die Gewehre und keine Gendarmen zu sehen. Auch kein Gefängnishof oder sonst eine reale Situation. Es war nur der Extrakt einer Situation: die Bedeutung. Das wäre als Bühnenspiel nicht zu machen gewesen.

In der letzten Szene der Piscator-Inszenierung von »Rasputin« wartet die verlassene Zarin auf ihre Retter. Sie hört den Anmarsch von nahenden Truppen und hofft. Auf dem Vorderschleier erscheint das Bild eines roten Matrosenbataillons. Auf dem Schleier, also vor dem Bühnenbild, marschieren die durchsichtigen Riesenschatten eines Bataillons über die Gestalt der Zarin hinweg, die durch den Schleier hindurch klein und kläglich in ihrer leiblichen Wirklichkeit zu sehen ist. – Die Symbolkraft des Filmbildes kann der Bühne eine neue Dimension öffnen: die der geistigen Vorstellungen.

Masse

Das Theater ist aus der Massenekstase geboren. Es hat die Masse noch lange als Chor und Hintergrund des Protagonisten auf der Bühne symbolisiert. Massenszenen gehören zu den wesentlichsten Inhalten der dramatischen und szenischen Produktion. Sie waren immer die schwierigsten Aufgaben für die Regisseure. Daß sie auf der Guckkastenbühne niemals gelöst werden konnten, wurde uns erst bewußt, seitdem der Film uns das Gesicht der Masse wirklich gezeigt hat. Seitdem gibt uns selbst die größte Statisterie keinen Eindruck der Masse mehr. Viele Menschen (auch sehr viele Menschen) sind noch nicht jenes eigenlebige, eigengeistige Wesen, das Masse heißt. Um dieses zu zeigen, wird die Bühne den Film brauchen.

Auf der Bühne, so wie in der Darstellung jeder Kunst, war die Masse früher nur gestaltloses Chaos. Freundlich oder feindlich, häßlich oder schön – immer hatte das Bild der Masse in der Kunst etwas Blindes und kein Gesicht. Denn nur Isolierung gab Form, nur Scheidung gab Bewußtsein. Masse saugte beides auf. Sie erschien immer als Gesetz ohne Gedanken, als Bewegung ohne Gestalt. Und auf unseren Bühnen konnte sie gar nicht anders erscheinen.

Aber der Film, zumal der russische, hat uns die Masse anders gezeigt. Nicht nur den Auflauf, den sinnlosen Tumult, den zufälligen Haufen. Er hat uns die Masse als ein eigenes Gebilde gezeigt:

die *organische* Masse. Nicht die *organisierte*, die in jedem strammstehenden Soldatenregiment zu sehen ist, sondern die Masse, die zu einem Organismus, zu einem Kollektiv-Lebewesen geworden ist, mit eigenem Geist und eigenem Herzen. Diese Massenbilder haben keine kunstgewerblich dekorative Komposition (wie etwa der Arbeitermarsch im Fritz-Lang-Film *Metropolis*). Diese Massen haben eine *Physiognomie*, so ausdrucksvoll, wie es nur ein Gesicht sein kann: eine Massenphysiognomie. Ihre Bewegungen sind Gebärden. Massengebärden.

Der Demonstrationszug im Pudowkin-Film *Die Mutter*: fünfzig Köpfe zusammengedrängt in einem Bildkader. Die einzelnen Gesichter merkt man gar nicht. Auf der ganzen Bildfläche erscheint *ein* Lächeln, *ein* Leuchten der gemeinsamen, frohen Hoffnung. – In »Hoppla, wir leben!« erscheint der Held einmal in der Masse mitmarschierend. Nur er hat noch ein isoliertes, in sich verschlossenes Gesicht. Wie ein unverdauter harter Kern ist sein Ausdruck noch in dem Gesamtausdruck zu fühlen. Und man sieht, wie sich seine Physiognomie allmählich lockert und löst, wie der Massenausdruck auch sein Gesicht allmählich überstrahlt. Der Massenausdruck, der nicht an einem oder dem anderen besonders erkenntlich ist, sondern über allen Gesichtern als Gemeinsames liegt. Und dies ist das Wesentliche. Nicht wie einer in der Menge verschwindet, sondern wie die Masse *in dem einzelnen* erscheint, das wird sichtbar.

Die szenische Gestaltung *dieser* Masse ist aus historisch-ideologischen Gründen fällig. Eine dumpfe, amorphe Menge kann die Bühne auch mit ihrer Statisterie darstellen. Wenn sie die Masse als geistiges Gebilde zeigen will, wird sie den Film (auch den Tonfilm) nicht entbehren können. Denn Massenphysiognomie und Massengebärde muß erkannt und herausgesehen werden – durch die Einstellung.

Die Flucht vor der Fabel

So reich ist nun der Film an eigenen, rein optischen Ausdrucksmitteln geworden, daß die Tendenz immer stärker wurde, auf alle anderen Ausdrucksmittel zu verzichten. Vor allem also auf das Literarische, auf die epische Fabel. Kameraeinstellung und Montagetechnik haben bereits solche Gestaltungskraft, daß sie an den Rohstoff des Lebens unmittelbar herangehen können und ihn nicht erst vorgebildet, in einer Dichtung vorgeformt zu suchen brauchen. Die Kamera will überhaupt von einer ganz anderen Seite an das Leben heran. Sie will nicht Romane illustrieren, sondern selber dichten auf ihre eigene Art. *Nicht in der Begebenheit, sondern in der Erscheinung* sucht sie ihren Stoff, nicht in der Erzählung, sondern im Bildrhythmus schafft sie ihre Form. (Auch die moderne Malerei hat sich immer mehr vom »literarischen Inhalt« freigemacht, um womöglich keine Begebenheit, sondern reine Erscheinung zu gestalten.)

Wahrheit ohne Wirklichkeit

Diese separatistische Tendenz zur »reinen« Form, die nicht mehr Mittel sein will, um »etwas anderes« darzustellen, ist ein Entwicklungsgesetz jeder Kunst in der bürgerlichen Zeit. Jede Kunst gelangte dabei zu dem dialektischen Umschlagspunkt, wo die Mittel den Zweck und die Formen den Inhalt zu bestimmen begonnen haben. Jede gelangte auch bis zur letzten logischen Konsequenz: zur Form, die sich selber Inhalt ist. Also zum Nichts.

Denn dieser Entwicklungsweg ist logisch. Darum gerät er bald in die Gefahrenzone der reinen, also formalen Logik, wo letzte Konsequenzen Wahrheiten produzieren, denen keine Wirklichkeit mehr entspricht. Alles stimmt, wie etwa bei den Formeln der absoluten Geometrie. Es bezieht sich bloß in keiner Weise mehr auf einen Lebenssinn. Doch die Gefahren dieser autonomen Entwicklung hinderten den Film nicht daran, gerade auf diesem Wege seine fruchtbarsten Werte zu finden.

Flucht nach zwei Richtungen

Fabel ist konstruierter Lebensstoff. Die Flucht vor der Fabel führt nach zwei Richtungen, deren Endpunkte sind: auf der einen Seite unkonstruierter, roher Lebensstoff, auf der anderen Seite reine Konstruktion ohne Lebensinhalte. Auf der einen Seite bloße Reportage, Natur- und Sachfilme. Auf der anderen Seite Bildspiele von Impressionen und die Formspiele der abstrakten Filme. Der letzte Schritt, der hier wie dort aus dem Bereich der Kunst hinausführt, kommt auf der einen Seite zum Stoff ohne Form, auf der anderen Seite zur Form ohne Stoff.

Dazwischen aber liegt ein großes Gebiet der reinen Filmkunst, die uns jene Welt zeigt, die eben nur zu zeigen und gar nicht zu erzählen ist.

Der Film ohne Helden

Das war der erste Schritt, von der pointierten Anekdote loszukommen. Da gibt es wohl noch erfundene Begebenheiten mit konstruiertem Zusammenhang, es gibt noch eine erdichtete Handlung mit konsequenter Linie, es gibt noch eine Fabel. Aber indem die Handlung nicht an einzelne Hauptfiguren gebunden ist, hat sie auch keinen künstlich geschnürten Knoten in einem intriganten Konflikt. Nicht ein dünner Faden wird zu Maschen gebunden. Die Fabel wird so breit, daß ihre Konturen verschwinden. Sie ist darum unauffällig, fast unsichtbar. Das Leben, das nicht in einer Richtung eines einzelnen, schmalen Schicksalswegs, sondern im Querschnitt betrachtet wird, erscheint nicht mehr als das Leben eines Bestimmten, den wir nicht kennen, sondern es erscheint als das Leben schlechthin im allgemeinen, das wir ja kennen, und das uns darum nicht ausgedacht, nicht künstlich konstruiert vorkommt.

Querschnittfilm

Ein deutlicher Typus des heldenlosen Films ist der Querschnittfilm. Ich wollte einen Versuch damit machen im *Abenteuer eines Zehnmarkscheines*. Im Manuskript dieses Films gab es keine durchgehenden Hauptfiguren. Der Zehnmarkschein geht da von Hand zu Hand und gibt Schicksal weiter wie eine Ansteckung. Der Weg der Banknote ergibt die einzige Linie der Ereignisse, die einander ins Rollen bringen, ohne innere Beziehung zueinander zu haben. Die Menschen gehen wohl immer wieder aneinander vorbei wie im Nebel und ahnen nicht, daß sie einander Ursache und Schicksal wurden. (So war es im Manuskript, das nicht gedreht, sondern vollkommen verdreht wurde und im Film eine »durchgespielte« süße Liebeshandlung bekommen hat.)

Die Szenen so eines Querschnittfilms sind natürlich auch ausgedacht und ihre Folge genau erwogen. Aber sie erscheinen nicht als Fortsetzung, sondern als bloße Reihenfolge, ohne Steigerung und Kulmination, gleichwertig in ihrem horizontalen Nebeneinander. Darum wirkt es unkonstruiert. Es ist, als könnten genauso mehr oder auch weniger Szenen gezeigt werden. Es scheint ohne vorgefaßten Plan, unabsichtlich geschaut, von der Kamera aufgelesen und nicht erst literarisch vorarrangiert zu sein. Es hat die Glaubwürdigkeit des Zufalls.

Massenfilm

Eine zusammenhängende Handlung mit Aufbau und Steigerung und doch ohne Helden hat der Massenfilm. Das deutlichste Beispiel ist Eisensteins *Zehn Tage, die die Welt erschütterten.* Ein soziales Geschehen, aus dem kein privates Schicksal hervortritt, in dem nur Massen gegen Massen stehen. Die Darstellung dieses Kampfes ist natürlich auch ausgedacht und inszeniert. Aber die Massen als Gegenspieler haben ihren prägnanten Klassencharakter in Physiognomie und Massengebärde. Und darin liegt das Unliterarische. Denn eine Einzelfigur kann man erfinden, aber Klassencharakter kann nicht ausgedacht, kann nicht gedichtet sein. Klassencharakter ist eine soziale Tatsache, die nicht nur innerhalb einer Spielhandlung Gültigkeit hat. Sie kann nur als unmittelbare Wirklichkeit von der Kamera erfaßt und, wie Originalaufnahmen der Natur, in eine konstruierte Begebenheitsfolge hineinkomponiert – aber nicht erfunden werden.

Die Atome sind sich gleich

Querschnittfilm und Massenfilm sind Übergänge zum Tatsachenfilm, obwohl in ihnen jede einzelne Szene erfunden ist. Weil nicht die Bestandteile den Charakter der literarischen Erfindung geben, sondern ihre Komposition in eine Form. Denn die Elemente der

Natur und die eines künstlichen Baus sind dieselben. Der Stein ist im Berg und in der Kathedrale gleicherweise Stein. Die Atome jedes Kunstgebildes sind Realitäten. Soll also die Begebenheitsfolge eines Films den Charakter der willkürlich erfundenen Fabel verlieren und die Allgemeingültigkeit der Wirklichkeit bekommen, so wird es vergeblich sein, ihren Rahmen so weit ausdehnen zu wollen, bis sie eine Totalität umfaßt. Nur durch die Atomisierung führt der Weg zur Totalität. Ein Möbelstück muß zerschlagen, es muß erst zu Holz werden, damit es dem Wald wieder verwandt werde.

Darum kann die große Masse nur mit den kleinsten Szenen dargestellt werden. Denn keine fortlaufende Fabel ist breit genug, um sie zu umfassen. Aber Moleküle sind keine Bruchstücke mehr. Sie isolieren und lösen sich aus jedem Handlungszusammenhang und sind Substanz der Wirklichkeit überhaupt. Eine halbe Säule ist ein Torso. Ein Steinsplitter ist es nicht.

Zwei zusammenhängende Szenen geben schon eine bestimmte Handlungsrichtung, die auf eine besondere Begebenheit hinweist – also nicht mehr auf das Ganze. Aber bloß ein Mann, der seine Pfeife stopft, und einer, der das Gewehr ladet, und einer, der sich über einen Verwundeten beugt, und zwei, die schlafen usw. hängen nicht zusammen in einer Fabel. Sie hängen zusammen im Ganzen, im sozialen Dasein der Masse.

Eisenstein über den Gedankenfilm

Als Erfindungen ohne Fabel sind wohl auch jene Filmessays gedacht, von denen ich schon sprach. Eisenstein verkündet den Gedankenfilm, der keine Geschichten und Schicksale darstellt, weder private noch soziale, sondern nur Gedanken gestaltet. Rein Abstraktes soll auf rein sinnlichem Weg vermittelt werden: Intellektuelles durch Bildwirkung.

Eisenstein möge selber das Wort dazu ergreifen. Am 17. Februar 1930 hielt er einen Vortrag in Paris an der Sorbonne über die Prinzipien des russischen Films und sagte unter anderem: »Wir sind bei der Vollendung der größten Aufgabe unserer Kunst angelangt und das ist, mit Bildern abstrakte Ideen zu filmen, indem wir sie auf irgendeine Weise konkretisieren. Nicht in Anekdoten und Geschichten eingekleidet. Unmittelbar im Bild oder in der Bildkombination suchen wir das Mittel, Gefühlsreaktionen zu erregen, die vorausberechnet sind. Diese Gefühlsbewegungen wecken dann die Gedanken. Vom Bild zur Empfindung, von der Empfindung zur These. Das ist der Weg.

Ohne Zweifel riskiert man mit dieser Methode, symbolistisch zu werden. Man möge aber bedenken, daß der Film die einzige konkrete und zugleich dynamische Kunst ist, die Gedankengänge auslösen kann. Der Gedankengang ist selber Bewegung und kann darum durch die statischen Künste nicht wirklich geleitet werden in seiner Entwicklung. Ich glaube, daß die Aufgabe der intellektuellen Anregung (l'excitation intellectuelle) mit dem Film zu erfüllen ist. Das wäre übrigens die historische Mission der Kunst unserer Zeit. Denn wir leiden unter dem grauenhaften Dualismus, der zwischen dem Gedanken, der rein philosophischen Spekulation, und dem Gefühl, der Emotion, besteht.

In uralten Zeiten, in den magisch-religiösen Zeiten, war die Wissenschaft Erkenntnis und Gefühl zugleich gewesen. Das hat sich in einen Dualismus geschieden. Auf der einen Seite die reine Emotion, auf der anderen Seite haben wir die spekulative Philosophie. Wir müssen jetzt, ohne auf das primitiv-religiöse Stadium zurückzukehren – wieder eine ähnliche Synthese der beiden Elemente versuchen. Ich glaube, daß nur der Film diese große Synthese schaffen kann: die Intellektualität auf ihre vitalen Quellen, auf Konkretion und Emotion zurückzuführen. Das ist die Aufgabe, der wir uns weihen. Das wird der Ausgangspunkt meines neuen Filmes sein, der unseren Arbeitern und Bauern das dialektische Denken beibringen soll. Der Film wird heißen: ›Das Kapital von Marx!‹«

Eine gewaltige, wenn auch etwas zu voreilige Konzeption. Ich habe vor sieben Jahren im »Sichtbaren Menschen« nur von der visuellen Kultur gesprochen, die, durch die Erfindung der Buchpresse, von der begrifflichen Kultur verdrängt, durch den Film wieder neu erstehen wird. Eisenstein greift bis auf die magischen Urzeiten zurück, um die Analogie für jene Einheit des geistigen Erlebens zu finden, die er mit dem Film wiederherstellen will.

Einheit des spekulativen Denkens und des unbewußten Gefühls? Eine Einheit gibt es jedoch nur in einem Stadium – wie in dem magischen –, in dem eine gesonderte und unterschiedliche Zweiheit dieser Kategorien gar nicht vorhanden ist. Diese Einheit ist nicht zu kleben oder zu mischen. Wenn die Idee einer Einheit *im Gegensatz zu einem Gespaltensein* auftaucht, so ist sie schon unmöglich. Die Einheit als unproblematische, einzige Selbstverständlichkeit wird kaum mit dem Film herzustellen sein. Mit keiner Kunst. Eine vollkommene Veränderung der zivilisierten Menschheit in einer vollkommen umgestalteten Gesellschaft wäre Vorbedingung dafür, daß diese Einheit in einem ganz anders gearteten Bewußtsein der Menschen zuerst entstehe, um sich dann in der Kunst zu dokumentieren. Und dann würde das wahrscheinlich nicht nur lokal in einer Kunst geschehen.

Und das historisch-dialektische Denken als Gefühlsemotion? Ich glaube, Marx hätte Bedenken! Ich fürchte, dieses Gefühl würde nicht ausreichen, um komplizierte sozial-ökonomische Erscheinungen zu analysieren. Auch müßte man das Denken zuweilen zu sehr vereinfachen, um es noch photographieren zu können.

Was den methodischen Weg »vom Bild zum Gefühl und vom Gefühl zum Gedanken« betrifft, so möchte ich nur noch bemerken, daß der erste Schritt vielleicht noch berechnet werden kann, aber daß der zweite, vom Film aus, kaum mehr zu lenken und zu kontrollieren ist. Das Bild soll nur ein Gefühl wecken. Der Gedanke soll dann ohne unmittelbare Einwirkung des Bildes, automatisch aus der Empfindung entstehen. Man wird sich dabei abenteuerlicher Überraschungen gewärtigen müssen. Denn das vom Bild erweckte Gefühl wird sich mit den im Zuschauer bereits vorhandenen Zufallsstimmungen vereinen. Das Assoziationsergebnis ist nicht abzusehen. Und es wird sein wie bei der emotionalen Wirkung der Musik. Eine kriegerische Marschmelodie kann die Kämpfer auf beiden Seiten der Barrikade begeistern. Es hängt eben vom Text ab.

Doch die Gedankenmontage hat ja die Möglichkeit, nicht nur durch das Gefühl zu wirken. Und daß Eisenstein sogar bei seinen intellektuellen Filmen es so sehr auf das Gefühl abgesehen hat, verrät den Künstler, der nicht das Rationelle ins Emotionale, sondern das Emotionelle noch in das rein wissenschaftliche Denken hineintragen möchte. Immerhin! Schon die Denkbarkeit einer so gewaltigen Konzeption, einer so ungeheuren Perspektive ist ein historisches Dokument von der entscheidend historischen Bedeutung des Films.

Dichten, ohne zu erfinden

Man kann auch dichten, ohne zu erfinden. Jeder gute Reisefilm, ethnograpische oder geographische »Kulturfilm« enthält eine fortlaufende Begebenheitsfolge, also eine planmäßig komponierte Fabel, wenn auch die einzelnen Szenen nicht erfunden, gestellt und inszeniert, sondern wirklich erfahren sind. Doch die Reise selbst ist ausgedacht. Der Vagabund sieht, was der Zufall ihm zuträgt. Aber der Reisende hat eine vorgefaßte Idee wie ein Dichter, und sein Weg ist die Form seines Werkes. Sein Reiseplan ist ein Montageplan der Wirklichkeit, und in der Montage des Films wird noch der Rest von Zufälligem ausgeschaltet. Hier ist die Dualität zwischen Stoff und Form restlos aufgehoben. Nicht nur die Darstellung, sondern schon die ursprüngliche Wahrnehmung ist filmisch.

Lebenskunst

Die große Lebenskunst des Reisens hat im Film ihre Objektivierung gefunden. Das Leben wird zum Erlebnis, ohne daß an der Erfahrungsmaterie geändert wird. Durch die Gruppierung erscheint der tiefere Sinn. Dieser Sinn muß nicht nur wissenschaftliche Erkenntnis sein. Reisen ist auch ein Gefühlserlebnis von tiefster Bedeutung. Denn in der Begegnung mit fremden Welten erklingt etwas schmerzlich-sehnsüchtig im Menschen, was sonst immer rauh übertönt wird: ein dunkles Heimweh. Eine Ahnung, daß der Mensch nicht nur ein soziales, sondern auch ein kosmisches Wesen ist. Reisende sind Dichter dieses Gefühls. Es läßt sich in keiner Beschreibung so mitteilen wie in einem Reisefilm.

Ist der Südseefilm *Moana* nicht ein Traum des verlorenen Paradieses? Ist der herrliche Südpolexpeditionsfilm Shackletons nicht ein heroisches Heldenlied vom Menschen, der die Grenzen seiner ihm als Heimat bestimmten Natur überschritten hat und Aug' in Aug' dem finstern Weltall gegenübersteht, jenseits der Lebensgrenze, an dem einzigen Punkt, wo es keinen Klassenkampf mehr, sondern nur noch einen Naturkampf gibt?

Es hat sich auch eine Zwischenform ausgebildet: der »Kulturfilm« mit einem Protagonisten. Das Leben einer Person wird als repräsentativ für die darzustellende Wirklichkeit, als Leitmotiv durch den Film verfolgt. Das Leben erscheint in der Form eines Einzelschicksals und formt sich zu einer Erzählung. Der Inhalt ist nicht erfunden, nur die Form. Es ist eine Art Mosaikkunst der Wirklichkeitsmontage. Der Film von *Nanuk, dem Eskimo* war schon so gewesen und auch der von *Moana, dem Südseeinsulaner.* Aber das Meisterwerk dieser Art ist *Chang.*

In diesem Film wird der Kampf einer indischen Siedlerfamilie mit dem Urwald, der Kampf eines Dorfes mit einer wilden Elefantenherde zu einem kunstvoll konstruierten Drama. Ein Drama, das nicht nur eine Fabel, nicht nur einen auf Spannungssteigerung bedachten Bau, sondern sogar ein Stilprinzip hat, das nur dem antiken griechischen Drama zu vergleichen ist. Denn zwischen die Bilder der Kämpfe unten auf der Erde sind da Bilder von Affenherden montiert, die hoch in den Baumwipfeln zuschauen. Wie Bilder der Tribüne während eines Sportwettkampfes. Die Kämpfe der Menschen sind mit einer Pantomime des aufgeregten Affenchors begleitet. Eine groteske Variante des Chors der griechischen Tragödie. Ein *optischer Resonanzboden* wird dadurch geschaffen. Die animalischen Gebärden solchen Mitgefühls geben dem menschlichen Gefühl naturhaft elementare Wucht. Wie das Volk dem Ringen der Könige, so sieht hier die Natur dem Ringen der Stärksten zu.

Das ist nicht gespielt, und keine Szene ist erfunden. Aber es war ein Dichter, der der Wirklichkeit diese Bedeutung gab mit der Montage, die Dichtung ist.

Kinoauge

Das war die Idee des Russen Dsiga Wertow: Reisefilme zu machen, die nicht in unbekannte Ferne, sondern in die unbekannte Nähe führen. Szenen unseres Alltags zu belauschen mit der Kamera, mit dem *Kinoauge.* Kleinste Szenen werden bedeutsam dadurch, daß sie, herausgehoben aus der Kontinuität und isoliert, unsere ganze Aufmerksamkeit anziehen. Sie werden zum Beispiel. Pars pro toto: »So ist das Leben«. – Ein Kind spielt, ein Liebespaar küßt sich auf einer Bank, ein Chauffeur streitet mit einem Fahrgast. – Wir gucken gewissermaßen immer durchs Schlüsselloch, und eine Erregung der Intimität ist dabei, Dinge zu sehen, die auf uns nicht vorbereitet sind.

Die Reise in die Nähe hat keine Marschroute, also keine Form. Sie ergibt keine zusammenhängende Begebenheitsfolge und keine Fabel, und doch ist sie Dichtung, ein dichterisches Erlebnis, das uns im Bild erscheint. Denn es werden uns doch keine wissenschaftlichen Erkenntnisse mitgeteilt, sondern Impressionen. Das, was einen so berührt, wenn er durch die Straßen geht, einen, der Augen, Nerven und Herz hat. Der Dichter, der uns hier mit der Kamera führen muß, ist kein Epiker. Eher ein Lyriker, der optische Notizen und Skizzen macht. Wenn er sie zusammenstellt in der Montage, soll trotzdem ein Lebensbild, eine Lebensstimmung entstehen. Solche Filme haben zwar keine Fabel, aber sie haben einen Helden. Es ist eben »der Mann mit der Kamera«, wie Wertows repräsentativster Film heißt. Ein Mann, mit seiner Kamera und seiner Sensibilität. Er selber ist nicht zu sehen. Aber alles, was er sieht, zeigt ihn. Alles, was ihn berührt, läßt seine Rührung fühlen. Das ist der lyrische Film. Walt Whitman hätte so mit der Kamera herumziehen können oder Peter Altenberg. Ohne die Absicht, etwas zu Ende zu führen oder auch nur zu Ende zu denken, überläßt sich der Dichter den simultanen Eindrücken der Welt, die gar keinen objektiven Zusammenhang haben, sondern nur den subjektiven Zusammenhang der einzelnen Erscheinungen mit ihm. Es ist *seine* Welt. Und der Wirklichkeitsfilm, in dem sie erscheint, ist eine der subjektivsten Ausdrucksformen überhaupt.

Tagebuch und Autobiographie

Eindrücke und Erlebnisse eines Menschen fortlaufend im Film festgehalten. Keine konstruierte Fabel und doch Erlebnisfolge, in der Schicksal erscheint. Eine Persönlichkeit, die nur durch ihre Art zu sehen sichtbar wird. Ist das nicht die Möglichkeit für ein Filmtagebuch, für eine Filmautobiographie? Eine Gattung, die Filmamateure schaffen sollten und die dieselbe große dokumentarische Bedeutung haben könnte, wie sie geschriebene Tagebücher und Selbstbiographien haben.

Zwanzig, dreißig Jahre lang immer die Kamera dabei haben! Nicht nur bei schönem und interessantem Anblick, sondern auch bei Kummer und Erregung. So wie das Tagebuch! Der Lebensweg als Montage. Die Bilder eines solchen Tagebuches wären inhaltlich mit einer einzelnen Person verbunden und doch viel weniger subjektiv als die Impressionen eines »Kinoauge-Films«. Denn sie hätten den objektiven, fortlaufenden Zusammenhang der äußeren Lebensnotwendigkeiten.

Wochenschau

Ein Tagebuch der Zeit könnte man die Wochenschaufilme nennen. Sie geben scheinbar unkonstruierte, unpersönliche Wirklichkeit. Also keinen lyrischen Spaziergang und kein privates Schicksal, sondern Reportage. Und doch ist auch das nicht einfach sachliche Wirklichkeit, was wir zu sehen bekommen. Sensation und Aktualität bestimmen Auswahl und Zusammenstellung, und das ist schon ein Gesichtspunkt, der gewisse Formen schafft. Die Wochenschaubilder sind Dokumente des historischen Bewußtseins jener kleinbürgerlichen Massen, für die sie vornehmlich gemacht werden.

Tagebuch der Zeit? Was werden die Historiker aus diesen Sport-, Parade- und Katastrophenaufnahmen erfahren über die Ereignisse, die historisch entscheidend waren? Die sozialen Gewalten haben keine sichtbare Gestalt. Kann man den Young-Plan, die Rationalisierung, den Lohnabbau photographieren? Kann man ihre ökonomische Ursache und Bedeutung im Bild erfassen? Höchstens letzte Auswirkungen, Symptome an der Peripherie. Die Wochenschau zeigt die Grenze des Films an. Nein, die Bilder selbst werden für die Historiker keine dokumentarische Bedeutung haben. Um so mehr das Prinzip ihrer Auswahl.

Ansichten mit Ansichten

Ökonomische und politische Kräfte haben keine sichtbare Gestalt, und man kann sie nicht für eine Wochenschau einfach photographieren. Und dennoch sind sie optisch darzustellen. In der Montage eines wirklich guten Kulturfilms erscheinen sie in den Dingen, die sie bewegen, so wie der Wind sichtbar wird in der Bewegung der Bäume. Ich spreche nicht von jenen Bilderserien, die wie Illustrationen eines Katalogs bloß Ansichten einer Gegend oder eines Betriebs vorführen. Eine solche Reihe von Bildern kann wohl auch lehrreich sein, aber ist noch kein Film. Nur wenn die vielen Ansichten des Gegenstandes eine Ansicht des Betrachters enthalten, wenn durch die Montage der Wirklichkeitsbilder eine Deutung und Erklärung geschieht, nur dann werden sie zu einem Werk.

Der deutsche Kulturfilm *Schanghai*. Er zeigt nicht nur Glanz und Elend der Chinesenstadt. Er zeigt ihre funktionelle Beziehung zueinander. Er zeigt die Klassengegensätze und die Ausbeutung. Die Montage wird zu einer systematischen Darlegung, die dem Zuschauer eine soziale Erkenntnis aufzwingt. Jedoch eine soziale Erkenntnis zwingt zur Stellungnahme. Sie *ist bereits* Stellungnahme, wenn sie Erkenntnis geworden ist. Vor solchen Tatsachenfilmen werden die Zuschauer zu Augenzeugen. Sie werden gleichsam aufgerufen. Denn jeder Hinweis wirkt als Gebärde des Zeigens. Jeder Anblick enthält die natürliche menschliche Reaktion darauf. Denn zuerst machte doch das Motiv Eindruck und wurde *darum* erst photographiert. Eine Emotion war Ursache des Bildes. Jedes Bild weist auf seinen Anlaß hin. In den Bildern des Leidens ist das Mitleid, in den Bildern des Unrechts ist die Empörung drin.

Das ist das herbe, sachliche Pathos der guten Tatsachenfilme. Sie können schmerzliche Rührung, wilden Haß, sie können Zärtlichkeit und Begeisterung ausdrücken. Wenn sie das nicht tun, so sind es eben Bilderbogen, keine Filme.

Ist *Turksib*, der Kulturfilm Turins vom Turkestan-Sibirischen Eisenbahnbau, nicht ein pathetisches Heldenlied vom siegreichen Vormarsch der Menschheit? Wirtschaftliche Probleme werden zu dramatischen Konflikten von äußerster Spannung. – Turkestan hat kein Brot. Sibirien hat keine Wolle. Eine weglose Wüste liegt zwischen den beiden. Aber es muß Verbindung geschaffen werden! Es geht um Leben und Gedeihen und Weiterentwicklung von vielen Millionen Menschen. Und nun der heroische Kampf der Arbeit um eine zivilisatorische Idee. Der Kampf der Technik gegen Naturgewalten, der Kampf des Geistes gegen den dumpfen Widerstand uralter Tradition. Waffen des Intellekts, Waffen der Aufklärung und der Organisation. Sturmangriff auf den Schlaf der Natur und der Menschen. Wie heiße Reiterattacken sieht sich das an.

Die Gesinnung und die Anteilnahme werden hier sichtbar durch Bildeinstellung und Montage. (Denn sie sind auch Elemente dieser Wirklichkeit.) Die Bilder zeigen nur kleine Szenen aus dem primitiven agrarischen Leben und Momente der technischen Arbeit an einem Eisenbahnbau. In der Montage aber erscheint das Große, das Unsichtbare: der ungeheure soziale Wille einer gewaltigen sozialen Idee. Der historische Kampf um die menschliche Entwicklung. Nicht nur die konkreten Dinge, sondern auch die gestaltlosen Kräfte werden sichtbar. Jene Wirklichkeit, die nicht auf den ersten Blick zu erkennen ist.

Erst für den zweiten, für den tieferen Blick, für den, der in den Dingen auch das Gesetz wahrnimmt, erscheint in den bloßen Tatsachen die Wirklichkeit. Einzelbilder geben bloß Tatsachen. Wirklichkeit, das ist Erkenntnis und Sinn und kann nur als Zusammenhang in der Montage erscheinen.

Kriegsfilme

So einen Kriegsfilm müßte man machen! Einen, der auch die unsichtbaren politischen und wirtschaftlichen Gewalten des Hintergrundes zeigt. Der Ufa-Kriegsfilm hat aber nur eine negative Montage. Nichtzeigen ist die Absicht gewesen, und das Resultat ist eine romantisch-idyllische Bildfolge geworden, die den Krieg als gemütliche Landpartie erscheinen läßt.

Wie anders ist der französische Kriegsfilm *Pour la paix du monde!* Vertriebsfirma: die Organisation der Kriegskrüppel, namens »Les Gueules Cassées«. Regisseur (der das Material der Kriegsarchive montiert hat): ihr Vorsitzender Colonel Picard. Soziale und ökonomische Hintergründe werden auch in diesem Film nicht gezeigt. Es sind bloß Tatsachen. Aber mit der visuellen Einstellung von Menschen, die an diesen Tatsachen zugrunde gegangen sind. Von der ideologischen Bedeutung will ich an dieser Stelle noch gar nicht sprechen. Aber rein optisch haben diese Tatsachenbilder ein so ungeheures Pathos, eine so tiefe Gefühlsbetontheit, wie sie es ein Kunstgebilde kaum haben kann. Denn sie sind von den Betroffenen gesehen und gezeigt. Den Film haben Kriegskrüppel gemacht. Der Entsetzte ist es, der hier das Entsetzliche sieht, der Leidende das Quälende, der Bedrohte das Drohende, der Sterbende sieht das Tödliche. (Der Film konnte in Deutschland nicht vorgeführt werden!)

Da panoramiert einmal die Kamera über ein stilles, ein still gewordenes Schlachtfeld. Eine Mondlandschaft von Granattrichtern mit endlosen Schützengräben, die dunkel bis an den Rand gefüllt sind mit Leichen. Eine weite Landschaft, in der sich kein

Leben mehr rührt. Nicht ein Baum, nicht ein Grashalm. Nur die regungslosen Kanäle des Todes, voll mit dunklem Menschenschlamm. Und der Apparat panoramiert lange. Immer dasselbe: Leichen, Leichen, Leichen... Diese obstinate Monotonie, die nicht locker läßt, ist wie ein Geheul. – Da gibt es eine Aufnahme: ein ganzes, von Giftgas erblindetes Regiment wird durch das brennende Brügge getrieben. Getrieben, wie eine Schafherde. Denn zusammengedrängt und richtungslos taumeln diese Hunderte von Blinden immer wieder in die Flammen hinein, zwischen stürzenden Balken, im Rauch. Eine dantesque Vision, von einem Augenzeugen aufgenommen, damit wir zu Augenzeugen werden. – Da ist ein Handgranatenangriff aus unmittelbarer Nähe zu sehen. Und ein Fliegerkampf, zweitausend Meter hoch, vom kämpfenden Flugzeug aus photographiert.

Gegenwart

Dieser französische Kriegsfilm ist den sechs Kameraleuten gewidmet, die während der Aufnahmen umgekommen sind. Hier liegt das Entscheidende. Diese Art Bilder unterscheidet sich von jeder Art geschriebener Darstellung, von Erzählung, historischem Bericht, Reportage usw. Es ist nämlich gar keine Darstellung. In der Photographie der Wirklichkeit wird die Begebenheit selbst, in ihrer noch unabgeschlossenen Gegenwart sichtbar.

Wenn einer von seinen Kämpfen erzählt, so hat er sie bereits überstanden. Auch die getreueste und lebendigste Darstellung ist bloß Erinnerung. Und waren es auch die größten Gefahren, sie sind nicht mehr gefährlich.

Die Darstellung durch die Kamera ist anders. Sie ist nicht nachher gemacht. Wir sehen die Situation im Augenblick, da der Kameramann noch dabei ist, und wissen nicht, ob er sie überleben wird. Bevor der Filmstreifen nicht ganz abgelaufen ist, können wir nicht wissen, ob er überhaupt zu Ende laufen wird.

Dieses distanzlose Dabeisein, diese Gegenwart als Augenzeuge gibt Wirklichkeitsfilmen eine Spannkraft, die kein Werk der künstlerischen Phantasie haben kann.

Wer einmal bei einem Feldtelephon gelegen ist und eine Meldung abgehört hat, den atemlos keuchenden Bericht über den Hergang eines Nahkampfes, der weiß, was ich meine. Dieser keuchende Atem gibt der Darstellung einen »Stil«, den kein Erzähler haben kann. Und solche Telephonmeldung wurde manchmal mitten im Satz abgebrochen. Die Stille wurde deutlich wie ein Todesschrei.

Eine der Aufnahmen im französischen Kriegsfilm bricht plötzlich so ab. Sie wird unscharf, wacklig, verschwommen. Wie der Blick gebrochener Augen. Dann Dunkelheit. Der Regisseur hat diese »verdorbene« Stelle nicht weggeschnitten. Man sieht da den Kameramann für sein Bild sterben.

Kurbelndes Bewußtsein

Das Bemerkenswerte an solchen Aufnahmen ist nicht der Heroismus, den sie bezeugen. Von Männern, die dem Tod fest ins Auge sahen, haben wir schon oft gehört. Das Besondere, das Neuartige hier ist, daß diese Männer dem Tode durch das Objektiv des Kurbelkastens ins Angesicht schauten. (Nicht etwa nur die Kameraleute der Kriegsaufnahmen.)

Hat nicht der Südpolarforscher Kapitän Scott fast sein eigenes Sterben gekurbelt, als hätte er noch seinen Todesschrei in ein Grammophon hineingeschrien? Und Shackleton, hoffnungslos treibend auf den Eisschollen?

Das ist eine neue Form des menschlichen Bewußtseins, die ihm durch die Kamera gegeben ward. Denn solange diese Männer das Bewußtsein nicht verlieren, so lange blickt ihr Auge durchs Objektiv und macht sich im Bild die Situation gegenwärtig. Geistesgegenwart wird zur Bildgegenwart. – Shackletons letzte Hoffnung, das Schiff, zerbricht unter den Eismassen ... Das wird gekurbelt ... Sie treiben auf der Eisscholle, und die Eisscholle schmilzt unter ihren Füßen ... Das wird gekurbelt. –

Wie der Kapitän auf der Kommandobrücke, wie der Funker am Marconi-Apparat, bleibt der Kameramann auf seinem Posten bis zuletzt. Denn die Kamera ist der Halt. Sie ist eine Form der Selbstbesinnung. Der innere Prozeß des Sich-Rechenschaft-Gebens hat sich nach außen verlegt. Der »klare Blick« wird mechanisch fixiert, damit man ihn länger behalte. Die Selbstkontrolle des Bewußtseins war früher eine innere Bildfolge gewesen, nun wird sie als Filmrolle in den Apparat gespannt, mechanisch funktionierend und auch für andere sichtbar. Dabei hat die Maschine den Vorteil, daß sie keine Nerven hat und schwerer zu verwirren ist. Der psychologische Prozeß kehrt sich um. Man kurbelt nicht, solange man bei Bewußtsein ist, sondern man ist so lange bei Bewußtsein, als man kurbelt.

Naturfilme

Was zwischen Menschen geschieht, kann immer erfunden und inszeniert sein. Wenn es sich um tatsächliche Begebenheiten handelt, so tut man gut, es uns zu sagen. Denn aus dem Bild selbst ist es niemals unbedingt zwingenderweise ersichtlich. Es kann alle Zeichen der Echtheit, der unnachahmlichen Wirklichkeit haben, und es könnte doch täuschend gutes Spiel, wunderbare Regie sein. Das ist denkbar. Kein zwischenmenschliches Szenenbild enthält den absoluten Beweis dafür, daß es unmöglich ein Spiel gewesen sein konnte.

Solche absolute Evidenz der Wirklichkeit haben nur Naturfilme. Pflanzen und Tiere spielen dem Regisseur nichts vor. Und weil solche belauschten Szenen gar nicht erfunden sein können, darum haben sie etwas fast metaphysisch Beruhigendes für den Menschen, dem vor der unkontrollierbaren Allmacht seiner Phantasie bange wird.

Dabei wirken gute Naturaufnahmen immer phantastisch. Viele der herrlichen Ufa-Kulturfilme sind wie seltsame, zuweilen unheimliche Märchen. Denn *was* wir sehen, mag Natur sein, aber *daß* wir es sehen, ist ganz und gar unnatürlich. Daß wir bei der Liebesidylle des Stachelschweins oder bei dem grauenhaften Drama des Schlangenkampfes so ganz nahe und unbemerkt dabei sind, ist erregend wie das Eindringen in ein für den Menschen verbotenes Reich. Wir fühlen uns selber unsichtbar, und das ist das Märchenhafte dabei.

In den bescheidenen Meisterwerken der Ufa-Kulturfilme offenbart sich eine merkwürdige und wunderbare Kunst. Denn dieses gehört zum Zeichen und zum Wesen jeder darstellenden Kunst: die absolute Souveränität des Betrachtens, dem das Objekt restlos ausgeliefert ist. Die Kamera scheint in diesen Filmen so ohne Widerstand zu arbeiten, wie es sonst nur die Phantasie kann.

Der absolute Film

Ich muß wiederholen: »Kameraeinstellung und Montagetechnik haben solche Gestaltungskraft erreicht, daß sie an den Rohstoff des Lebens, an die Tatsachenwirklichkeit unmittelbar herangehen können und sie nicht erst literarisch vorgebildet in einer Erzählung vorgeformt zu suchen brauchen.« Die bloße Erscheinung wird im Bild so bedeutsam, daß die Wirklichkeit keiner poetischen Gestaltung bedarf. Daher die Tendenz, vom epischen Spielfilm abzukommen und unkonstruierte, nackte Existenz zu zeigen: Urtatbestand. Es ist der Wille ... nein, nicht der Wille, sondern der Traum (Wunschtraum oder Angsttraum?) von der absoluten, objektiven, unpersönlichen Sachlichkeit.

Man kommt von sich nicht los

Aber wir haben gesehen, daß alle Formen der Tatsachenfilme doch irgendeine subjektive Konstruktion haben. Die Wahrnehmungen sind doch immer irgendwie geordnet. Sie bekommen doch immer Zusammenhang und Form in dem Gefüge einer Begebenheit oder eines persönlichen Erlebnisses, einer Stimmung, einer Idee, eines historischen Zeitbewußtseins etc. Die Bilder mögen bloße Wahrnehmungen des reinen Objekts sein. Das allgegenwärtige Formprinzip kommt vom Subjekt.

Gibt es nun gar keine Möglichkeit, von sich loszukommen? Gibt es keine reine Objektivität? Ist eine reine Anschauung der bloßen Existenz unmöglich? Können wir die Dinge nicht einfach sehen, wie sie sind?

Ein Ding allein

Doch. Es gibt Filme, die gar keine Begebenheit darstellen. Weder eine erfundene noch eine, die als persönliches Schicksal erlebt ist. Es gibt Filme, die einfach ein Ding zeigen, und sie wollen uns damit auch gar keine Erkenntnis mitteilen. Das Ding ist losgelöst von jedem Begebenheitszusammenhang und losgelöst von jedweder Beziehung. Es ist einfach ein Ding allein. Und das Bild, in dem es erscheint, weist nicht über sich hinaus, weder nach einem anderen Ding noch nach einer Bedeutung.

Und siehe: Hier schlägt die Tendenz in ihr Gegenteil um. Das reine Objekt wird zur reinen Erscheinung. Die bloße Tatsache wird zum bloßen Bild. Die in sich ruhende Realität wird zur Impression. Also der Wirklichkeitsfilm bis zu seiner letzten Konsequenz geführt, ergibt sein Gegenteil: den absoluten Film.

Die Beispiele machen es klar. Wir haben herrliche Wirklichkeitsfilme dieser Art. Hier das Meisterwerk Basses: *Markt am Wittenbergplatz*. Man sieht nur Dinge ohne weitere Bedeutung: Stände werden aufgebaut, Körbe mit Früchten gefüllt, Menschen kaufen, Menschen verkaufen, und Blumen und Tiere und Waren und Abfälle sind da. Aber kein Zauberwunder wirkt so heftig überraschend wie das freudige Erkennen: Es ist tatsächlich so! Das alles bedeutet nichts. Weder eine besondere Erkenntnis noch eine Aktualität, noch eine bestimmte lyrische Stimmung. Man schaut nur, was die Wimper hält. Die Dinge sind einfach da, und das sinnliche Empfinden des bloßen Daseins wird bis zum Rauschgefühl gesteigert. Es ist nicht Schönheit und nicht etwas Geistiges, was uns erfreut und erfrischt, wenn wir so herrlich photographiert sehen, wie ein altes Marktweib sich in der Nase bohrt oder ein Pferd den Kopf in einen Wasserscheffel steckt oder die feuchten Trauben in der Sonne blinken. Es ist das bloße Lebensgefühl. Angeregt von der augenfällig und auffällig gewordenen Existenz.

Dieser Markt ist ein »rein optisches Erlebnis«. Aber immerhin erscheint er noch als eine Begebenheit, die in einem bestimmten Raum und in einer bestimmten Zeit sich ereignet hat. Dieses Gefühl der Raum- und Zeitbestimmtheit gibt den dargestellten Dingen noch eine bildjenseitige Realität. Sie wirken noch als Tatsachen, von denen die Bilder uns bloß Mitteilung machen. Ihre objektive Existenz ist noch nicht aufgesaugt, nicht restlos zum Bildeindruck geworden.

Nur Eindrücke – keine Sache

Die schönen Wirklichkeitsfilme des Holländers Ivens vermitteln uns keine Realitäten mehr. Sie weisen nicht auf ein Objekt hin, das man auch selber sehen könnte. Denn nur auf den dargestellten optischen Eindruck, nicht auf die Tatsache kommt es hier an. Das Ding wird wesenlos, weil seine Erscheinung so wesentlich wird. Das Bild selbst ist die erlebte Wirklichkeit. Und die *nur* visuell erlebte Wirklichkeit, das ist der absolute Film.

Der *Regen*, den uns Ivens zeigt, ist kein bestimmter Regen, der einmal irgendwo gefallen ist. Keine Raum- und Zeitvorstellung hält diese Impressionen zusammen. Es ist herrlich belauscht und im Bild erfaßt, wie *es aussieht*, wenn vom ersten, leisen Regenschauer der stille Teich eine Gänsehaut bekommt, wenn ein einsamer Tropfen an der Fensterscheibe seinen Weg nach unten sucht, wenn im nassen Asphalt das Leben der Stadt sich spiegelt. – Wie es aussieht. Es sind tausend Eindrücke – nicht eine Sache. Doch nur diese Impressionen haben ja Bedeutung für uns. Die Sache an sich interessiert uns gar nicht. Was solche Bilder darstellen wollen, ist kein Tatbestand, sondern ein bestimmter optischer Eindruck, also ein Bild. Das Bild selbst ist die Wirklichkeit, die wir erleben, und es gibt kein Dahinter, keine bildjenseitige, konkrete Gegenständlichkeit.

Und selbst wenn es ein einziger Gegenstand wie *Die Brücke* ist, den uns Ivens in einer raschen Montage von siebenhundert Bildern zeigt. Der Gegenstand zerstäubt gleichsam in seine Bilder. Gerade die Möglichkeit in siebenhundert Einstellungen so grundverschiedene optische Eindrücke zu zeigen, nimmt dieser Brücke von Rotterdam die Eindeutigkeit eines zweckhaften konkreten Gegenstandes. Das sind Impressionen, über die keine Lastzüge fahren können. Diese Brücke ist nur als Bild erlebt, und jedes Bild hat einen Ausdruck, einen Charakter, der mit der effektiven Funktion, mit dem tatsächlichen Sinn dieses Baus nichts zu tun hat.

Keine Begebenheit – kein Kausalzusammenhang

Nun ist es gerade das Ding allein, das bloße, in sich ruhende Dasein, das so restlos vom Bilde aufgesaugt werden kann. In einer Begebenheitsfolge ist nämlich immer etwas, was bildjenseitig bleibt und auch im Film nie reine Gestalt, reine Erscheinung werden kann: das ist der Kausalzusammenhang. Jedes Stadium der Begebenheit kann als Bildeindruck erscheinen. Der kausale Zusammenhang bleibt jenseits, als eine Tatsache, von der wir wissen, die wir aber im Bild nicht sehn. Jedoch ein Ding allein ist herausgehoben aus Zeit und Raum, wie ich es schon einmal sagte. Und auch aus jeder Kausalität. Es wird bloße Erscheinung, nicht anders wie eine Vision. Hier sind wir in der Sphäre des absoluten Films.

Schein der Außenwelt

Basses Markt oder die Ivens-Filme sind Bilder, die ihre eigene Bedeutung, ihre eigene Existenz haben. Sie sind nicht nur Abbilder, die ein konkretes Objekt meinen. Doch sie haben, eben als Bilder, selber eine eigene konkrete Existenz. Ich möchte sagen: Sie sind zwar nicht gegenständlich, aber sie sind wesenhaft. Gewiß sind sie nur Erscheinungen. Aber Erscheinungen, die in der Außenwelt erscheinen, die objektiv vorhanden sind. Sie haben nicht den Charakter von Traumbildern oder Visionen, sie sind nicht wie Bilder, die in der Erinnerung oder im Unterbewußten durcheinanderfluten. Es sind nicht flüchtige Eindrücke, die hängengeblieben sind, sondern existente, prägnante Gestalten, denen die Kamera mit zäher objektiver Konzentration nachgespürt hat.

Innere Tatsachen

Walter Ruttmanns Film *Berlin* ist anders. In seinen Bildern erscheinen keine eigenlebigen Gestalten von wesenhafter Prägnanz, sondern nur Impressionen von Gestalten: Bilder der Bilder. Schwebend, überblendend, ineinanderflutend verwischen sich die Konturen, und es löst sich auch die Konkretheit der Bildgestalt auf. Straßenbahnen und Jazzkapellen, Milchwagen und Frauenbeine, Straßengedränge und Maschinen – das alles wirbelt wie im Halbschlaf vorbei, geistert wie aus dem Unterbewußten hervor. Kein Bild hat seine besondere Bedeutsamkeit, seine besondere Tiefe, sein besonderes Geheimnis. Nicht auf die vielen einzelnen Bilder, nicht auf die vielen einzelnen Gestalten kommt es hier an, sondern auf das Ganze, auf die *eine* Impression, die in der Montage erscheint.

Die Kamera ist gleichsam nach innen gekehrt und erfaßt nicht die Erscheinungen der Außenwelt, sondern ihre Spiegelung im Bewußtsein. Nicht das Ding selbst, sondern seine Aufnahme in der Psyche wird von der Kamera aufgenommen.

Der Spiegel zeigt sich selbst

Aber jedes Spiegelbild bekommt den Charakter des Spiegels. Es mögen die verschiedensten Gestalten etwa im Wasser zu sehen sein, Berge und Häuser, Menschen und Maschinen, sie bekommen dieselbe Substanz, die des Wassers. Letzten Endes wird in solchen Spiegelbildern immer das Wasser dargestellt.

Und was sich auch in der Seele spiegeln mag, hat die Substanz, den Charakter der Seele. Nicht Dinge und nicht Gestalten erscheinen in solchen Bildern. Der Spiegel selbst ist es letzten Endes, der in ihnen erscheint. Die Psyche wird mit ihren Eindrücken ausgedrückt, im Rhythmus der Bildimpressionen.

Und siehe: aus den eigenlebigen Bildern werden wieder Abbilder, die ein bildjenseitiges Objekt meinen. Es werden wieder Tatsachen dargestellt. Bloß nicht Tatsachen der Außenwelt, sondern Tatsachen des Inneren, der Psyche.

Ruttmanns *Berlin*-Film könnte kaum einem neu angekommenen Reisenden als Wegweiser dienen. Eher dem Scheidenden als Erinnerungsbild, das das letzte Stimmungsresultat seiner Eindrükke enthält: den Charakter der Stadt. Dieser Charakter aber erscheint in keinem Einzelbild als Gestalt. Er ist bildjenseitig. Er erscheint nur im Assoziationsrhythmus der Montage.

Der absolute Film als Mittel

Karl Grune hat schon seinerzeit in der *Straße* die optischen Impressionen einer Großstadtnacht gestaltet.

Es waren die Bilder einer fiebernden, sehnsüchtigen Seele. In Kinugasas *Schatten der Yoshiwara* sieht der eben Geblendete noch die Vision des festlichen Tumultes. Die Bilder entströmen seinen Augen wie Blut und haben keine feste Gestalt mehr. Auch Träume wurden schon oft so dargestellt. Oft wurde der absolute Film auf diese Weise in einzelnen Teilen eines Spielfilms angewandt. Oft wurde die Psychologie eines Menschen nicht nur in ihren physiognomischen und gestischen Auswirkungen, sondern, neben solcher Darstellungsart, auch durch unmittelbare Abbildung der inneren Vorstellungen gezeigt. Auch Pabst in *Geheimnisse einer Seele*, auch Ermler im *Mann, der das Gedächtnis verlor* verwenden so mitunter den absoluten Film als ein Mittel zu innerer Charakterisierung.

Aber der absolute Film will eigene Kunstgattung, eine eigene Weltsicht sein. Nicht das Psychische in der Welt, sondern die Welt im Psychischen soll aufgezeigt werden. Nicht die Seele, wie sie als Gebärde oder Wort oder Handlung, also gleichsam in unvollkommener Übersetzung, erscheint, sondern die Dinge, wie sie in der Seele erscheinen. Der absolute Film begnügt sich nicht mit dem geringen Rest, der auf Umwegen an die Körperoberfläche gelangt. Er begnügt sich auch nicht mit der Seele im Gesicht. Er will die Gesichte in der Seele zeigen. Denn die Bildgestaltung des Films ist heute soweit, daß sie an die psychischen und geistigen Tatsachen direkt herankann, genauso wie die Wirklichkeitsfilme an die gegenständliche Welt. Und wie der Wirklichkeitsfilm keine konstruierte Fabel braucht, so braucht sie auch der absolute Film nicht. Das Psychische, das Geistige erscheint ihm nicht erst in einer bestimmten Handlungsweise des Menschen. Nicht auf die Psychologie der Begebenheiten, sondern auf die Begebenheit der Psychologie kommt es an.

Ruttmanns *Berlin*, Cavalcantis *Montmartre*, die wunderbaren schwankenden Landschaften Man Rays oder Renoirs, wie Herbstnebelphantasien, sind mit den geschlossenen Augen der Erinnerung gesehen. Keine Realität, kein Raum, keine Zeit, keine Kausalität gelten. Die absolute psychische Vorstellung kennt nur die Gesetze der Assoziation. Sie erscheinen im absoluten Film.

Hans Richter hat es versucht, Ereignisse wie die Inflation auf diese Weise als reine Erscheinung, als Impression zu gestalten. Ein Alptraum von Visionen sollte es werden: Banknotenhaufen, leere Warenstände, ausgehungerte Gesichter, irre Blicke, Börsentumulte, Sektgelage, Selbstmorde, Kurse, Geld, Geld, Geld. Keine fortlaufenden Begebenheiten, keine ausgespielte Szene. Nicht Erzählung, nur Erscheinung. Und zwar innere Erscheinung: Eindruck und Assoziation. Absoluter Film.

Die Bilder dieser Filme haben trotzdem noch einen thematischen Zusammenhang. Sie berichten über etwas, was nicht nur im Bilde lebt. Berlin gibt es, und die Inflation gab es auch als Wirklichkeit. Bloß die kausale Kontinuität der Wirklichkeit und die logische Folge der Erscheinungen fehlen vollends in diesen Filmen. Die Bilder sind nicht logisch, sondern psychologisch miteinander verbunden.

Logik ist nur Mittel, Psychologie nur Zweck

Die Logik ist nur ein Mittel, um irgend etwas verständlich darzustellen. Nicht die Logik selbst ist das Thema, das dargestellt werden soll. Nur ihr Resultat interessiert uns in der Kunst, nicht die rationelle Gesetzmäßigkeit ihrer Funktion, die uns ganz unpersönlich und mechanisch erscheint. Logik ist das Gerüst, das einen Zweck hat, aber kein Zweck ist. Hingegen bei der psychologischen Darstellung wird auch die Psychologie selber dargestellt. Nicht nur das *Was* ist ein Dokument, vielmehr noch das *Wie*. Selbst wenn in der psychischen Assoziations-Montage noch die Reflexe einer bestimmten Tatsache oder eines bestimmten Ereignisses erscheinen, so erscheint zugleich auch der psychische Prozeß der Assoziation als innere Tatsache, als gleichwertiges inneres Ereignis. Seine irrationelle Gesetzmäßigkeit wird zum Thema, das uns interessiert, weil es individuell ist und wohl Gesetze, aber keine kodifizierbaren Regeln hat. Darum kann er nur in der Kunst, nur in Dichtung und Film dargestellt werden. Besser im Film. Denn am Wort haftet das Begriffliche. Das Bild hingegen ist reine, irrationelle Vorstellung. Darum sind Zwischentexte bei solchen Filmen undenkbar. Oder sie müßten »sinnlos«, rein emotional wirken.

Surrealistische Filme

In Filmen wie *Berlin* oder *Inflation* sind das Thema und der psychische Prozeß, in dem es erscheint, noch gleichwertige Inhalte. Aber in den surrealistischen Filmen der französischen Avantgarde verschiebt sich der Schwerpunkt. Der psychische Prozeß selbst wird zum alleinigen Inhalt, zum alleinigen Thema. *Nicht ein äußerer Tatbestand, sondern ein innerer Zustand wird gezeigt.* Ein Zustand, der aus gewissen Bildhalluzinationen besteht. Die Bilder sind keine Darstellungen von Erscheinungen, sondern sie sind die Erscheinungen selber. Weinen etwa ist ein Ausdruck des Schmerzes und nicht der Schmerz selber. Aber das Bildgewoge der inneren Vorstellungen ist nicht ein Ausdruck, es ist die Substanz der Psyche. Man sieht nicht die Bilder einer Begebenheit, sondern die Begebenheit besteht darin, daß man Bilder sieht.

Was fällt Ihnen dazu ein?

Was ist in dem Film *Der Sturz des Hauses Usher* von Epstein dargestellt? Gemeint ist die Ballade von Poe. Aber als Begebenheit wird sie uns nicht klar. Unter konturlosen Gewölben, über unbestimmte Treppen, durch endlose Türen irren nachtwandlerisch tragische Schatten. Bleiche Gesichter, wie schwebende Masken, und verirrte Hände, die nach Unsichtbarem greifen. Es ist wie die Bildessenz der dunklen Ballade. Unverständlich, aber unheimlich wirkend. Nicht die Begebenheit erscheint, sondern die Reaktion einer Psyche. Nicht das Gedicht, sondern die Flut der Vorstellungen, die es entfesselt.

Der *Seestern* heißt ein Film von Man Ray. Da wird auf keine Begebenheit hingewiesen. Ein Ding, eine Gestalt, ein Begriff, »der Seestern« hat die inneren Schleusen dem Assoziationsprozeß geöffnet – und schwebende Landschaften im Dunst der Sehnsucht, erotische Visionen von schmerzlicher Unbestimmtheit und seltsames Kaleidoskopspiel von nur halb erkennbaren Formen ziehen vorbei, aus einander erwachsend, in irrationaler Notwendigkeit.

Das Thema ist nicht Inhalt, sondern nur erster Anstoß für diese Bildfolgen. Wie bei der Beichte des Psychoanalysierten, wenn der Analytiker ihn fragt: »Was fällt Ihnen dazu ein?« Dieses »dazu« ist der Inhalt. Und in dieser Dazugehörigkeit liegt auch der innere Zusammenhang der Bilder. Einen anderen haben sie nicht. Kein konstruktiver, sondern ein organisch-funktioneller Zusammenhang gibt dem Film die Form, die durch das auslösende Motiv bestimmt wird.

Un chien andalou

Ein Rasiermesser wird geschliffen. Das ist das auslösende Motiv. Ein junger Mann schleift sein Rasiermesser im ersten, ganz nüchtern-realistischen Bild eines Films, der *Ein andalusischer Hund* heißt. Was nun diesem jungen Herrn zu dem Rasiermesserschleifen einfällt, was dem Regisseur Luis Buñuel dazu einfällt und in diesem merkwürdigsten und genialsten Film des Surrealismus zu sehen ist, das will ich erzählen. Um die Unerzählbarkeit solcher Unterbewußtseinsbilder zu beweisen.

Balkonfenster. Ein junger Mann schleift sein Rasiermesser. Abendhimmel. Vollmond. Ein schmaler Wolkenstreifen durchschneidet wie eine Klinge die Mondscheibe. Der junge Mann betrachtet Mond und Wolke. Dann seine Klinge. Etwas versonnen. Ein Auge erscheint an Stelle des Mondes. Ganz groß und rund wie der Mond. Die Rasierklinge setzt an. Durchschneidet den Augapfel. Das Auge rinnt aus. Wie eine große Träne rinnt es langsam an einer Frauenwange herunter. Ein Mann in seltsamer Kleidung radelt auf der leeren Straße. Er hat ein Kästchen an der Brust hängen. Er stürzt vom Rad. Liegt regungslos. Eine Frau im Fenster. Sieht den Mann unten liegen. Sie wendet sich ins Zimmer. Sieht die seltsamen Kleidungsstücke des Mannes auf dem Bett. Sie tritt näher. Die Kleidungsstücke füllen sich mit dem Körper des Mannes. Er blickt sie an. Unten auf der Straße öffnet jemand das Kästchen. Eine abgehackte Hand. Menschen umringen und betrachten sie, seltsam, geheimnisvoll. Ein Polizist will die Hand in das Kästchen zurücklegen. Sie läßt sich nicht. Die Hand immer wieder auf dem Pflaster. Weithin sichtbar. Der Mann und die Frau am Fenster sehen die Hand unten. Dann Liebeskampf der beiden, gieriges Jagen durch Zimmer. Die Frau klemmt die Hand des Mannes in der Türe ein. Groß die Hand, die, wie abgehackt, nach ihr greift. Eine blutige Wunde mitten in der Handfläche. Ein Schwarm von Ameisen kriecht aus der offenen Wunde. Grauenhaft. Die Frau hat sich zurückgezogen, aber die Tür öffnet sich doch nicht. Die Hand greift mit zuckenden Fingern nach ihr. Auflauf auf der Straße. Die abgehackte Hand liegt auf dem Asphalt. Ein bleiches, geistesabwesendes Mädchen starrt auf die Hand. Polizeimann legt die Hand in das Kästchen, gibt dieses dem Mädchen. Das Mädchen mit dem Kästchen, regungslos, starrt die Straße entlang. Ein Auto. Sie wird überfahren. Der Mann liegt wieder auf dem Bett. Ein anderer, der genauso aussieht wie er, kommt. Der Mann auf dem Bett hat jetzt das Kästchen. Der andere reißt es ihm aus der Hand. Das Kästchen fliegt zurück auf die Straße. Mit der abgehackten Hand ist nichts anzufangen. Die beiden Männer, mit seltsamen Gebärden, voll unheimlicher Angst. Der eine hat plötzlich einen Tennisschläger, der sich in einen Revolver verwandelt. Er schießt den anderen nieder. Park. Verborgene Gestalten. Schüsse. Seltsame Menschen lachen. Die Zimmertüre öffnet sich und zwei Jesuiten treten ein, sie ziehen an Seilen ein Klavier hinter sich her. Langsam, ernst, unbeirrbar, ohne den Blick zu heben, ziehen sie durch das Zimmer. Auf das Klavier ist der Kadaver eines geschlachteten Pferdes gebunden, hinten hängt noch eine Eselsleiche daran.

Wie Schlepper ein Boot, ziehen die Jesuiten das alles langsam durchs Zimmer und verschwinden. Der Mann wendet sich zur Frau mit einer Miene, als wäre ihm nun daraufhin alles klargeworden ...

Seelensegmente?

Soll ich noch weiter erzählen? Das alles hat gar keinen Sinn. Nur Bedeutung. Bedeutungen, die man auch nicht versteht, bloß zu fühlen bekommt. (Denn Sinn, das wäre schon etwas Konstruiertes.)

Die Flucht vor der erfundenen, konstruierten, literarischen Fabel führt auch hier zu einem Rohstoff. Zum unkonstruierten Rohstoff der Seele: zum Unterbewußtsein. Gewiß ergibt so eine Assoziationsreihe keine Handlung. *Aber sie stellt auch keine Seele dar.* Denn ein isolierter psychischer Prozeß, selbst wenn alles haargenau stimmt, ist nicht so eindeutig individuell, daß ein Charakterbild in ihm sichtbar werden könnte. Der Mensch besteht nämlich nicht nur aus Unterbewußtsein. Und ein Ausschnitt seines psychischen Gewebes repräsentiert ihn ebensowenig, wie ein Segment seiner Haut unter dem Mikroskop ein Bild seines Äußeren gibt.

Außerdem müßten hier noch die Assoziationsbeziehungen der Farben hinzukommen. Und die der Töne. Außerdem sind diese inneren Vorstellungen nicht eindeutig optischer Art. Man kann vieles einwenden.

Man kann vieles einwenden. Trotz alledem. Wenn der surrealistische Film sich nicht als besondere Gattung selbständig machen wollte (das kommt auch von der ästhetisch-theoretischen Pedanterie, die immer nur ein einziges Gesetz gelten lassen will), wenn der Assoziationsfilm angewendet würde bei Filmen, die *ganze* Menschen gestalten wollen, so könnte er eine Tiefendimension öffnen, könnte die Menschen durchscheinend machen. (Nicht ganz durchsichtig, denn dann sind sie nicht zu sehen.) Er könnte irrationelle Beziehungen mitschwingen lassen, wie es keine literarische Dichtung vermag.

Injektion durchs Auge

Aber wenn die Pedanten des absoluten Films ganz verstockt konsequent sind, dann kommt es ihnen gar nicht auf die Darstellung, sondern auf die Herstellung einer Psychologie an.

Das ist kein Wortspiel. Das erste bezweckt das Bild einer Psyche, das wir sehen und zur Kenntnis nehmen sollen. Das zweite bezweckt eine psychische Wirkung, die in *uns* entstehen soll.

Dr. Sachs machte auf eine deutliche unterbewußte Symbolhandlung in einem Lubitsch-Film aufmerksam. Eine erotisch erregte Frau spricht da mit dem Mann und knöpft ihm inzwischen unbewußt die Weste auf und zieht seine Krawatte heraus. Sehr plastisch photographiert. Die Frau knöpft auf und nimmt heraus. Aber Lubitsch wollte mit dieser Symbolhandlung die erotische Erregung einer seiner Figuren darstellen. Wenn ähnliche Symbolbilder in einem absolut absoluten Film vorkommen, so wollen sie die Emotion nicht darstellen, sondern im Zuschauer *direkt bewirken.* Es ist eigentlich ein Suggestionsverfahren. In solchen Filmen liegt gar nicht die Absicht einer bestimmten eigenen Gestalt. Sie geben uns nur eine Injektion durchs Auge. Ist das noch Kunst? Die Beantwortung dieser Doktorfrage würde uns dem Verständnis der Sache selbst keinen Schritt näherbringen.

Objektivation innerer Bilder

Man könnte sagen: Diese Assoziationsbilder, diese Suggestionsbilder sind ja im Atelier inszeniert und gestellt, also genausolche Erfindungen wie die literarischen Fabeln. Nein, nicht genausolche.

Die literarische Fabel wird im Atelier als Realität gespielt und wird nur durch die Einstellung und Optik der Kamera zum Bild. Was im Atelier gestellt und inszeniert ist, muß eine dinghaft konkrete Begebenheit darstellen. Die Aufnahme gibt dann eine visuelle Impression davon. Die Motive der surrealistischen Filme hingegen sind keine Realitäten. Sie sind schon als Motive Bilder. Bilder unserer Phantasie, unserer inneren Vorstellung. Keine Abbilder also, sondern Bilder, die primäre Realitäten sind. Sie werden schon vor der Kamera als Bilder aufgebaut, einer inneren Vision nachmodelliert. Das Modell ist bloß die erste Phase der Bildgestaltung, die durch die Optik der Kamera vollendet wird. Das Ganze ist die Objektivation innerer Vorstellungen.

Metaphern und Gleichnisse

Sie sind zuweilen wie Metaphern, Gleichnisse, Symbole hellsichtiger Dichter. (Also keine lehrhaften Parallelen, keine logischen Allegorien und Ideogramme, wie sie bei doktrinären russischen Regisseuren manchmal vorkommen.) McPherson, Herausgeber des »Close Up«, erzählt zum Beispiel von einem Film des Robert Herring: »Eine Pyramide aus Pappkarton und ein schlaffes, verabschiedetes Spielzeugkamel aus Stoff geben satirisch gefärbt die Vorstellung der Sahara. Ein halbausgestopftes Kamel in seltsamer Ecke hinter einem Wandschirm wird zur Vollendung des pathetischen Ausdrucks.«

Dieses halbausgestopfte Kamel ist bereits als Motiv kein Gegenstand, sondern visionärer Bildausdruck, der auf dem Filmstreifen bloß präzisiert und festgehalten wird.

Die optische Technik der Kamera

Die Kamera hat viele rein optisch-technische Mittel, um die konkrete Gegenständlichkeit des Motivs in eine subjektive Vision zu verwandeln. Überblendung, Zeitlupe, Zeitraffer, Softfocus, Schleier, Zerrlinse, Trickaufnahme usw. und alle Wunder der Schüfftanschen Spiegeltechnik. Solche Trickbilder zeigen nicht nur den Gegenstand, sondern auch die Verwandlung seiner Gestalt in unserem Geiste. Nicht nur das, was mit dem Ding geschieht, sondern auch das, was gleichzeitig in uns geschieht.

In diesen Verwandlungen offenbart sich unsere psychische Apparatur. Wenn man etwa überblenden, verzerren, ineinanderkopieren könnte, ohne dieses mit einem bestimmten Bilde zu tun, wenn man also die Technik gleichsam leerlaufen lassen könnte, dann würde diese »Technik an sich« den Geist an sich darstellen.

Bedeutung des Tricks

Aber derselbe technische Trick kann die verschiedensten Bedeutungen haben. Ein Mensch etwa überblendet in einen Baum. Das kann eine Szene aus einem Märchenfilm sein: Dann ist es ein Wunder. Das kann einfach Schauplatzwechsel in einem ganz naturalistischen Film sein: Dann ist es gedankliche Beziehung zwischen zwei Objekten. Es kann Assoziation zweier Vorstellungen in einem surrealistischen Film sein: Dann ist es ein irrationeller Prozeß des Unterbewußtseins. Aber es kann auch bloß reines Formspiel einer optischen Groteske sein.

Im Märchen stellt die Verwandlung einen Vorgang dar, der ganz konkret real, bloß nicht natürlich ist. In der unterbewußten Assoziationsverwandlung erscheint hingegen [die Verwandlung als] ein Vorgang, der ganz natürlich, bloß nicht konkret gegenständlich ist. Wenn drittens in einem naturalistischen Film ein Gegenstand sich in einen anderen verwandelt, so erscheint darin eine logische Beziehung, ein Sinn. In der Groteske, viertens, erscheint in solcher Verzweiflung gerade der Widersinn.

Jeder optische Trick kann diese vier verschiedenen (und noch viel mehr) Bedeutungen haben. Es hängt vom Zusammenhang ab, in den er gestellt ist. Das Ganze gibt dem Teil die Bedeutung. Das ist das Wesen jeder Gestalt – nicht nur in der Kunst! –, daß das Ganze als Bestimmung von vornherein da ist.

Absolute Bilder

Wie deformiert auch ein Gesicht im Wasser oder in einem Zerrspiegel erscheinen mag, so bleibt es doch Naturgestalt, die sich nach natürlichen Gesetzen verwandelt hat. Auch wenn der Zerrspiegel Seele heißt.

Eine Maske aber ist kein verzerrtes Gesicht. Es ist keine Zweiheit in ihr, keine Spannung zwischen einer ursprünglichen, objektiven Gestalt und der subjektiven Spiegelung.

Marionetten und Silhouetten sind von vornherein Kunstformen. Es sind absolute Bilder. Die Kamera hat mit ihrer optischen Gestaltung nichts zu tun. Der Film ist dabei nur eine Technik, die fertigen Formen zu bewegen. Er vermag durch die Montage ihrem Spiel wohl auch einen Rhythmus zu geben, der mit Schnüren und Stäbchen nicht zu schaffen wäre. Aber die künstlerische Schöpfung geschieht jedenfalls nicht durch die Kamera. Nicht Leben wird hier geformt, sondern fertige Formen werden lebendig durch eine Technik.

Das war auch eine Flucht vor der Literatur, die zu diesen artistisch stilisierten Filmen führte. Denn die entzückenden Puppenfilme von Starewitsch, die zarten, schönen Silhouettenfilme der Lore Reiniger haben wohl auch eine Fabel. Aber keine literarische. Denn die Erfindung beginnt nicht erst bei der Geschichte, sondern schon bei der visuellen Erscheinung dieser Wesen. Schon wie sie aussehen ist Märchen. Nicht die Handlung bestimmt den Märchencharakter, sondern die Form der Gestalten. Visuelle Phantasie ist die bewegende Kraft. Jene anderen Welten, in die uns Starewitsch im *Standhaften Zinnsoldaten* oder Lotte Reiniger in *Prinz Achmed* führen, sind vor allem andere Formwelten. Sie liegen schon jenseits jeder Verzauberung. Denn es sind keine Wunder, die in *unsere* Welt einbrechen. Es ist eine in sich geschlossene, andere Gesetzmäßigkeit einer *anderen* Welt.

Darum muß die Fabel solcher Märchen sich logisch aus der ursprünglichen visuellen Märchenerscheinung entwickeln. Es wäre unecht und bloß artistische Spielerei, wenn man Menschenschicksale mit Puppen darstellen wollte. Hingegen, wenn die Porzellanrivalin zu Boden fällt und in hundert Stücke zerbricht, wenn dem Bleisoldaten im Feuer ein Bein schmilzt, so sind das eben Puppenschicksale.

Die Gewalt, die eine Silhouette verwandelt, ist nicht Psychologie und nicht Optik, sondern die Schere. Die Geschichte entsteht aus der Form. Das ist das Unliterarische daran. Das ist, wenn man es sehr streng nimmt, der wirklich absolute Film. Denn die Abenteuer lebendig gewordener Formen ergeben die Handlung. Diese hat eine strenge, aber höchst merkwürdige Kausalität. Nicht die Gesetze der Natur – weder der äußeren, noch der inneren – bestimmen hier Ursache und Wirkung. Nur die reinen Formgesetze. Wenn eine Silhouette die andere mit einem Pinsel angreift und ihr einen Buckel malt, so hat diese eben einen Buckel bekommen. Wenn eine Menschensilhouette mit einer Scherensilhouette aus der Silhouette eines Steines die eines Menschen schneidet und dadurch einen gleichwertigen Partner bekommt, so ist eigentlich kein Wunder geschehen. Denn es war kausalnotwendig und überzeugend nach den Gesetzen *der Formen* geschehen. Gesetze der Natur gelten in dieser Sphäre nicht.

Grotesken

Das ist das Geheimnis der wirklichen Filmgrotesken, daß sich die *Erscheinung vom Gegenstand loslöst* und, unabhängig geworden von jedem inhaltlichen Sinn, ein spukhaftes Eigenleben führt. *Vormittagsspuk* nennt Hans Richter seine optische Groteske. Wenn da sechs Herren die Hüte davonfliegen und wie ein Vogelschwarm in der Luft kreisen und sich nicht einfangen lassen, wenn diese Herren schleichend hinter einem Laternenpfahl wie hinter einer Mauer verschwinden, wenn sich dann die offene Landschaft mitten öffnet wie eine Tür und sich die Leutchen durch die Spalte zwängen, dann hat das alles gar keinen Sinn und beabsichtigt auch nichts weiter als die Komik des Widersinns, der grade durch die Loslösung der Erscheinung vom Gegenstand, durch die Eigengesetzlichkeit des absoluten Bildes entsteht.

Grotesker Inhalt

Das sind die eigentlichen optischen Filmgrotesken, wenn man es sehr streng nimmt. Denn die amerikanischen Grotesken wurden es ja nicht erst durch die Kameratechnik. Auch die burleske Phantastik von Ernö Metzners *Überfall* (eine phantastische Burleske ist es auch, daß dieser köstliche Film von der Zensur verboten ist), auch die reizende Ironie in Ivor Montagus *Pfiffe in der Nacht* liegen ja im Inhalt der Bilder, in Handlung und Spiel. Es sind keine absoluten Filme, denn das rein Optische spielt dabei keine größere Rolle als bei jedem guten Spielfilm. Die Kamera nimmt nur auf. Sie greift nicht ein in die Ereignisse. Es können märchenhafte Phantasien sein. Ein Sturmwind etwa hebt alle Leute in die Luft, und in den Wolken treiben sie ihr Spiel weiter, ohne etwas zu merken. Das hat aber der Sturmwind getan. Es ist also inhaltlich begründet. Es ist nicht einfach ein Spiel der Kamera ohne weiteren Vorwand. Die Technik des Films wird gleichsam nur ausgenutzt, um eine phantastische Begebenheit darzustellen. Es sind keine Begebenheiten, die sich mit dem Bilde selbst ereignen.

Groteske Bilder

Und doch hatten die amerikanischen Grotesken schon etwas von der Eigengesetzlichkeit des absoluten Bildes. Die Technik des Films gab nicht nur die Möglichkeit, ihre »Handlungen« darzustellen, sie gab auch das Tempo und den Stil dieser Handlungen an. Denn es war das Tempo des Zeitraffers, in dem das tolle Rennen der typischen Verfolgungen vor sich ging. Auch in dem unpsychologischen, rein mechanischen Wirrwarr äußerten sich gleichsam Laune und Übermut der Technik, die mit ihren Geschöpfen treiben kann, was sie will, weil diese doch keine eigene Schwere, keine eigene Gesetzmäßigkeit haben.

Bilder kann man nicht töten

Auch das Ungefährliche der Ereignisse kam daher, daß es ja doch nur Bilder waren. Wir hatten keine Angst, wenn einer auf den Schienen lag und der Zug kam. Denn was kann einem Bild passieren, wenn es von einem Bild überfahren wird? Es wird flach. Dann kommt ein anderer und pustet den Flachgewordenen auf. Etwas zu eifrig, denn er wird doppelt so dick, als er gewesen ist.

Diese Gefahrlosigkeit ist das absolut Bildhafte solcher Grotesken gewesen. Denn in jedem noch so komischen Märchen gibt es die Möglichkeit, daß ein Mensch umkommt, ein Ding zugrunde geht. Aber Bilder können höchstens ausradiert oder abgeblendet oder überkopiert – aber niemals getötet werden.

Überraschung hat keine Steigerungslinie

Übrigens lag es an dem Unpsychologisch-Mechanischen dieser amerikanischen Grotesken, daß sie nur sehr selten über einen Akt auszudehnen waren. Denn das Mechanische ist eigentlich unvariabel. So wild auch das Herumrennen und Raufen in diesen Filmen gewesen ist, eine innere Bewegung hatten sie nicht. Ihr Witz lag in der überraschenden Plötzlichkeit, mit der eine schwierige Situation auf mechanische Weise gelöst wurde. Doch gerade die groteske Plötzlichkeit läßt keine allmähliche Entwicklung und Anspannung der Situation zu. Nur Erwartung und Folgerung können den Elementen einer Handlung eine Richtung, eine Steigerungslinie geben, die wie ein Gerüst den Bau einer größeren

Fabel zusammenhalten muß. Aber folgern und erwarten kann man nur dort, wo es eine natürliche Kausalität gibt. Was Menschen und Tieren und sonstigen Dingen widerfahren kann, das ahnen wir sogar in einem Märchen. Was aber mit den Linien einer Zeichnung alles geschehen kann, das ist wirklich nicht vorauszusehen.

»La P'tite Lili«

Vorher muß ich doch noch erwähnen, wie Cavalcanti dieser entzückenden Groteske von vornherein den Charakter des absoluten Bildes gegeben hat. Die Bilder von *La P'tite Lili* erscheinen wie auf Sackleinwand projiziert. Es sind unstilisierte Photographien von lebendigen Menschen und wirklichen Straßen. Aber das überall und immer durchscheinende Gewebe der Sackleinwand gibt allem eine homogene Substanz, so wie sie die Welt der Puppen oder Silhouetten hat. Hier ist alles Sackleinwand, wie dort alles schwarze Fläche ist. Und diese immer sichtbare Substanz ist nicht die Substanz des Lebens, sondern die eines Bildes. Und das gibt dem Bild noch einen merkwürdig ironischen Stil. Denn die Trivialität der Kolportage wird in dem ordinären Gewebe fühlbar, das als Wesen und Grundlage, als Geist des Ganzen erscheint.

Felix, der Kater, und Oswald, das Kaninchen

Eine alte chinesische Legende erzählt von einem alten chinesischen Maler, der eine Landschaft gemalt hatte. Ein schönes Tal und ferne Berge. Dem alten Maler gefiel das Tal so gut, daß er hineinging in das Bild, hinter den Bergen verschwand und nie mehr wiederkehrte.

Das war ein sehr simpler Fall. Der alte Chinese hat mit seinem Pinsel einfach Wirklichkeit geschaffen. Denn so war der Glaube: Was etwas zu sein scheint, das ist es auch. Also kein Bild mehr, sondern Wirklichkeit, in die man eingehen kann und die festgefügt und endgültig ist.

Nicht so einfach ist die Sache mit »Felix, dem Kater« oder mit »Oswald, dem Kaninchen«, diesen merkwürdigsten und prägnantesten Erscheinungen, die je einem Genie erschienen sind. – Denn das ist der amerikanische Zeichner Pat Sullivan gewiß. – Er hat eine besondere Welt geschaffen, die der allmächtige Zeichenstift bewegt. Eine Welt, deren Substanz die Linie ist und deren Grenzen nur die Grenzen der Graphik sind. Aus diesen Bildern wird keine natürliche Wirklichkeit, in die der Zeichner eingehen könnte. In dieser Welt leben nur gezeichnete Wesen. Jedoch ihre Linien sind nicht bloß Darstellungen ihrer Erscheinung, sondern sie sind ihre reale Substanz. Es wird nicht aus dem Schein ein Sein, wie bei dem alten Chinesen, es wird nicht etwas anderes, was kein Bild mehr ist. Es wird nicht aus Kunst Natur. Hier gibt es zwischen Schein und Sein überhaupt keinen Unterschied. Wenn sich der Schweif des Felix zusammenrollt und so aussieht wie ein Rad, dann kann er ihn auch alsogleich als Fahrrad benützen. Was braucht das erst Wirklichkeit zu werden? Einem gezeichneten Kater genügt ein gezeichnetes Rad. In dieser Welt geschehen keine Wunder. Es gibt nur Linie, und wie die aussieht, so funktioniert sie.

Dem Felix reißt bei einem Abenteuer der Schweif ab. Er grübelt: Was nun? Die bange Frage wächst als Fragezeichen aus seinem Kopf. Felix betrachtet das schön geschweifte Fragezeichen. Er greift danach und steckt es sich hinten an. Alles ist wieder in Ordnung.

Linie ist Linie, und alles ist möglich, was gezeichnet werden kann. Und eine tiefe, geheimnisvolle Affinität offenbart sich zwischen den graphischen Formen. Weil zwischen Schein und Sein kein Unterschied ist, wird Ähnlichkeit zur Identität. Das sind absolute Bilder. Das ist absoluter Film.

Mobilisierte Zeichnung

Die Kamera hat dabei sehr wenig zu tun. Einstellungen gibt es bei Zeichnungen nicht, und der Montagerhythmus spielt auch eine minimale Rolle. Was ist dennoch das Filmisch-Schöpferische an diesen genialen Grotesken?

Marionetten und Wajangsilhouetten konnten auch mit Schnüren und Stäben bewegt werden. Der Film brachte da nur einen technischen Fortschritt. Aber die Linie der Zeichnung hat der Film zuerst mobil gemacht. Formen, die nicht sind, sondern *werden*, Formen, die sich ereignen, konnte uns nur der Film zeigen und öffnete damit eine ganz neue Dimension der Phantasie.

Der abstrakte Film

In den Zeichenfilmen bedeuten die Formen irgend etwas. Sie haben eine Ähnlichkeit, und das ist ihr Sinn. Aber der schwedische Maler Viking Eggeling hat 1917 den abstrakten Film erfunden. Die Bewegung von Formen, die nicht aussehen wie irgendein Ding, sondern reine abstrakte Formen sind, die nur ihren eigenen Sinn, ihre eigene Bedeutung haben. Aber haben sie dann noch einen Sinn und eine Bedeutung?

Eggeling hat unter den Pedanten der Kunsttheorie Schule gemacht. Es wurden Filme verfertigt, in denen sich nur Linien und Flächen bewegen und der Wechsel von »Lichtformen« zum »plastischen Rhythmus« wird.

Man könnte sie für bewegte Ornamente nehmen. Aber das Wesen des Ornamentes ist, daß es angewendet wird, daß irgend etwas damit verziert oder charakterisiert wird.

Titelschrift

Werden nicht auch Wirkungen des abstrakten Films benützt, wenn man mit der Form der Aufschriften einen bestimmten visuellen Eindruck machen will? Die Wirkung eines Ausrufs, eines Schreies wird suggeriert durch die schnell anwachsende Crescendoschrift. Langsam abblendende Schrift wirkt wie das abblendende Bild, wie mit einem bedeutsamen Gedankenstrich dahinter. Sind das nicht Gebärden, die eine Gleichniskraft haben? Buchstaben, die heftig auf uns zustürzen, attackieren unser Auge wie der Schrei unser Ohr. Und die »Charakterschrift«, die man heute schon bei jedem Film benützt, damit die Kontinuität des rein visuellen Ausdrucks nicht ganz abreißt bei den Titeln, die Charakterschrift ist ja auch das Bild einer Gebärde. Die Graphologen können es bezeugen. Lebendige Schriftzeichen sind die graphischen Spuren einer emotionellen Bewegung. Sie sind nicht abstrakt. Es sind unmittelbare Abbilder eines inneren Zustandes. Also absoluter Film – kein abstrakter.

Die Theoretiker des abstrakten Films würden auch gegen jedwede Anwendung protestieren. Sie ließen ihre Werke nur mit der Musik vergleichen.

Optische Musik also, die nicht etwas bedeutet, sondern selber unmittelbar materialisierte Bedeutung ist.

Falsche Analogie der Musik

Das ist eine oberflächliche und falsche Analogie der Schnelltheoretiker. Denn »abstrakt« ist ein korrelativer Begriff. Abstraktion kann es nur dort geben, wo es auch Konkretes gibt. Also: weil ein konkretes Ding dreieckig sein kann, darum ist es möglich, die Form des Dreiecks auch zu abstrahieren. Aber wovon sind die Melodien, die Formen der Musik abstrahiert? Gibt es da eine entsprechende Konkretheit? Gibt es etwas, *was* diese Formen hat? Können die Formen der Musik gefüllt werden mit einer konkreten Substanz, mit einer anderen, als die sie schon selber hat?

Musik ist nicht abstrakt

Musik ist nämlich gar nicht abstrakt. Ebensowenig wie die Architektur, mit der sie trotz des Widerspruchs zwischen Bewegung und Starrheit mit mehr Recht verglichen wird. Die Töne der Skala sind das konkrete Material, aus dem die musikalischen Konstruktionen gebaut werden. Diese Töne sind nicht Abstraktionen, sondern sinnfällige, natürliche Fakten. Es gibt Menschen und Instrumente, die solche Töne von sich geben. Gibt es aber etwas, was Dreiecke, Kreise und Gerade von sich gibt?

Allerdings kann man Musik auch in der Partitur lesen. Aber die Partitur ist nicht die Musik selbst, sondern ihre Abstraktion. Die Möglichkeit solcher Abstraktion aber ist der Beweis für die Konkretheit der eigentlichen Musik. Der Grundriß ist eine Abstraktion, die Architektur ist es nicht.

Zeit und Form

Noch etwas wäre da zu bedenken. Ich will es einstweilen nur als Frage aufwerfen. Können Formen, die verschwinden, die wir nicht mehr vor Augen haben, mit den Formen, die wir sehen, korrespondieren und eine Konstruktion bilden? Ich habe in diesem Buche darüber gesprochen, daß die Melodie wohl dauert und doch keine Ausdehnung in der Zeit hat, weil der erste Ton noch gegenwärtig ist, als der letzte die Melodie beendet. Er ist gegenwärtig eben in der Melodie, die als Form gegenwärtig ist. Ich sagte, daß die Linien einer Physiognomie eigentlich keine Ausdehnung im Raume haben. Weil jede Linie in der anderen gegenwärtig ist. Aber diese Linien sind auch tatsächlich gleichzeitig zu sehen. Die gleichzeitige Sichtbarkeit macht es möglich, sie zu einer Bedeutung zu verschmelzen, die nicht im Raume, sondern in einer eigenen Dimension zu sein scheint. Haben aber Formen eine solche zeitlich nachwirkende Potenz wie die Töne?

Die Größe der abstrakten Formen

Und noch eine Bemerkung: Eine gute Aufnahme vom Montblanc, auf einer Postkarte, kann mir den Eindruck von Größe vermitteln, und eine Turmaufnahme den Eindruck von schwindelnder Höhe machen. Aber ein Kreis und ein Viereck wirken immer nur gerade so groß, wie sie in Wirklichkeit sind. Der Effekt ist nichts weniger als gewaltig.

Form ist Überwindung

Trotz alledem ist es denkbar, daß das Spiel rhythmisch bewegter, abstrakter Formen ein Vergnügen bereiten kann. Dann ist es auch gewiß ein ästhetischer Genuß, denn was für ein Genuß könnte es sonst sein? Aber sicherlich verliert in dieser Abstraktion die Form ihre tiefere Bedeutung, die: ein Sieg über chaotische Materie zu sein. Die Spannkraft der wirklichen Kunstformen liegt gerade darin, daß irgend *etwas* geformt und damit überwunden und gelöst ist. Formen spannen sich wie Zügel und sind Macht über einen Widerstand. Das ist das große Pathos der Formen, die *etwas* formen. Und dann sind sie wie der Sinn, der nur so lange einer ist, bis er einer Sache innewohnt. Ein Sinn, der nicht der Sinn von etwas ist, ist kein Sinn.

Der abstrakte Film ist aus der Theorie geboren, und zwar parthenogenetisch. So etwas ist nie gesund. Außerdem ist es immer eine dilettantische Theorie, die so ängstlich an Dogmen und Kategorien festhält. Solcher Respekt vor dem einmal formulierten ästhetischen Gesetz ist wie die Ehrfurcht des unsicheren Untertanen. Aber an neue Erscheinungen kann man nur mit neuen Theorien herangehen. Und diese beginnen immer mit dem Gefühl in den Fingerspitzen.

Immerhin haben der abstrakte Film und seine Theorie eine Bedeutung, wenn sie eine so ausführliche Auseinandersetzung provozieren. Die abstrakten Filme haben als Studioexperimente volle Berechtigung. Selbst wo sie nur eine Unmöglichkeit beweisen, haben sie eine Aufgabe erfüllt. Denn überall, wo ein Absurdum wirklich nachgewiesen wird, wird eine Grenze abgesteckt und damit auch ein Weg markiert, auf dem man weitergehen kann. Die Vorsichtigen, die immer erst nachher kommen und nichts riskieren, bringen uns nicht weiter.

Farbenfilm und andere Möglichkeiten

Vor sieben Jahren gab es schon farbige Aufnahmen einfacher Motive. Da war ein gelbes Kornfeld unter blauem Himmel wogend im Wind. Da schwamm ein rotlackiertes Boot und spiegelte sich in grünem Wasser. Es war schön und aufregend als technische Sensation. Man konnte wieder etwas Neues. Aber noch nicht ganz gut. Vor sieben Jahren schrieb ich in »Der sichtbare Mensch«:

»Die technischen Mängel stimmen mich gar nicht skeptisch. Im Gegenteil. Der Gedanke an den vollkommenen Farbenfilm ist es, der mir Sorgen macht. Denn Naturtreue ist nicht immer von Vorteil für die Kunst. Es wird niemand behaupten, daß die Figuren eines Panoptikums künstlerischer seien als weiße Marmorstatuen. In der Reduktion besteht ja eigentlich die Kunst. Vielleicht war gerade im homogenen Grau des farblosen Films die Möglichkeit eines künstlerischen Stils gegeben.«

»Doch wir können trotz unserer ästhetischen Bedenken darauf vertrauen, daß der Gebrauch der Farben noch nicht zur unbedingten sklavischen Nachahmung der Natur verpflichtet. (Die gewöhnliche Photographie ist ja auch keine mechanische Wiedergabe mehr.) Ist einmal die Kinematographie bis zur farbigen Naturtreue gelangt, dann wird sie der Natur, auf einer höheren Stufe der Kunst, auch wieder untreu werden.«

Mein Irrtum

Was ich da vor sieben Jahren geschrieben habe, ist ganz falsch. Ich war damals von den herkömmlichen ästhetischen Begriffen noch nicht ganz losgekommen und hatte, in diesem Fall, die Gestaltungsprinzipien der bildenden Kunst auf den Film angewendet. Darum meinte ich, daß »künstlerischer Stil« und genaue Wiedergabe der Natur sich widersprechen müßten.

Beim Film stimmt aber das gar nicht. Denn das subjektive Erlebnis, die geistige Gestaltung, dokumentiert sich im Film nicht durch die Veränderung der Form des Motivs, sondern durch die Montage. Die bildende Kunst bildet die einzelne Erscheinung. Der Film aber *bildet ihre Beziehung* zueinander und den Rhythmus ihrer Bewegung. Ich habe ja nachgewiesen, daß der Film, selbst wenn er sich die größte Mühe gibt, sachlich genau »die Wirklichkeit so wie sie ist« wiederzugeben, doch immer eine von innen gestaltete Form bekommt durch die Montage.

Bewegungsgestalt

Also auch die genaueste Naturwiedergabe des vollendeten Farbenfilms kann der künstlerischen Gestaltung des Films nicht hinderlich sein. Der Film braucht der Natur nicht bei der Wiedergabe der einzelnen Bilder untreu zu werden. Er wird es ja zur Genüge in der Montage. Die künstlerische Gestalt eines Filmwerkes ist die Komposition zeitlich nacheinander wirkender Eindrücke. Sie ist eine rhythmische Form: eine Bewegungsgestalt.

Darum dürfen auch in der Farbe nicht die Einzelbilder bereits »gestaltet« werden, weil sie sonst zu abgeschlossenen Gestalten, zu Gemälden werden, die nicht zueinander hinüberleiten. Die eine Bewegungsgestalt zerbröckelt dann in tausend stehende Bilder.

Bewegung der Farben

Hingegen wird die genaue Farbenphotographie im Film eine erneute Erlebnissphäre für die Kunst erschließen. Diese Erlebnissphäre ist groß und wunderbar, wirkt bis in unser Innerstes, und keine Kunst hat sie noch bisher erfaßt. Am wenigsten die Malerei. Es ist die Bewegung der Farben.

Warum wirkt ein gemalter Sonnenuntergang fast immer kitschig? Weil etwas in erstarrter Pose erscheint, was seinem Wesen nach Wechsel und Bewegung ist. Denn Sonnenuntergang, das ist nicht Bild, sondern Ereignis. Wenn die Sonne sinkend den Horizont durchbricht und ferne Farben steigen, die schon jenseits unserer Landschaft sind. Wenn jenes golddurchwirkte blasse Grün zu leuchten beginnt, da es bei uns schon dämmert, wie ein anderer Himmel über einem anderen Land. Wenn dann lila und rotgoldene Physiognomien wechseln in unaufhörlich aufgeregter Bewegung. Das ist eine Farbenballade, die uns nur der Film, der Farbenfilm, wiedergeben kann.

Und auch das Erröten eines Kindes wird uns nie ein Maler zeigen. So wie er nur die Blässe eines Gesichtes malen kann, aber nicht das Erbleichen. Auch das Farbenspiel des Wellenspiels nicht. Auch nicht das rote Flackern des Feuerscheins auf braunen Gesichtern.

Der Farbenfilm, der einmal mit seinen Großaufnahmen auch die feinste Farbenbewegung verfolgen wird, wird uns eine neue Welt entdecken, von der wir heute noch nicht wissen, daß wir sie in der Wirklichkeit alle Tage sehen.

Farbenmontage

Ganz neue Probleme und Möglichkeiten wird dem Film freilich die Farbenmontage bringen. Denn die Beziehungen der Formen, wenn sie in der Farbe sich nicht unterscheiden, sind ganz andere. Die Ähnlichkeit der Konturen im Grau ist auffälliger. Mancher Schnitt und manche Überblendung, die von der Ähnlichkeit oder von dem Kontrast der bloßen Form angeregt war, würde sinnlos und falsch in einem Film wirken, wo die Farbe den entscheidenden Charakter dem Gegenstande gibt.

Man fühlt irgendeine Beziehung, wenn in einem farblosen Film eine geballte und drohende Faust etwa überblendet in eine große Rose, die sich auf ihrem Stengel wiegt. Der graue Umriß zeigt hier und dort eine Keule. Der Farbenunterschied würde jede Beziehung zerreißen.

Hingegen würden besondere Beziehungen der Farben in der Montage offenbar werden. Farbenähnlichkeiten und Farbenkontraste werden noch tiefere Verbindung zwischen Bildern schaffen als die formalen. Und nicht nur dekorative Verbindung. Farben haben große Symbolkraft, Farben bewirken Assoziationen und emotionale Suggestion. Ungeheure Möglichkeiten für den Farbenfilm, der kommen wird.

Die Farbenkontinuität

Der farblose Film hat ein Gesetz der formalen Kontinuität, das darin besteht, daß etwa ein ganz kleines Bild mit einem ganz großen nur im Ausnahmefall aneinandergeschnitten werden darf, weil es sonst einen visuellen Ruck gibt, einen »Sprung«, wie das im Fachjargon heißt. Es wirkt meistens wie ein Holpern im Fluß der Bilder, wie ein Klebefehler des Films.

Es wird bestimmt Farben geben, die aus demselben Grund sich nicht werden aneinanderschneiden lassen, weil sie rein optisch nicht genügend korrespondieren und ihr plötzlicher Wechsel brutal und unorganisch wirken muß. Eine optische Kontinuität muß nämlich die Montage auch dann haben, wenn der Inhalt der nacheinander folgenden Szenen gar nichts miteinander zu tun hat. Denn wenn auch eine Szene nicht die Fortsetzung der anderen ist, so ist sie doch die Fortsetzung des Films, der als optisches Werk aus einem Guß, aus einem Fluß sein soll.

Tiefenperspektiven

Und damit hängt das schwierigste Montageproblem zusammen, das die zukünftige Entwicklung des visuellen Films bringen wird. Schon jetzt zeigen die farbigen Aufnahmen Tiefenperspektiven, die die farblose Photographie nicht gehabt hat. Der Hintergrund des Bildes wird viel tiefer, wenn zu der perspektivischen Zeichnung auch noch die perspektivische Wirkung der Farbenvaleurs hinzukommt. Und die Dinge am Horizont, die ganz klein und unscharf in der Grauphotographie in einem Nebel verschwimmen, die werden, durch ihre Farben unterschieden, noch immer sichtbar sein. In der Grauphotographie ist die Ferne eigentlich bloß ein negativer Eindruck: nämlich das, was man nicht mehr sieht. In der Farbenphotographie *sehen* wir, daß etwas sehr weit ist.

Ein Gewinn, der Schwierigkeiten machen wird. Denn das gleichmäßige, leichte Fluten der Bilder ohne Stockung, ohne »Sprung« war vielleicht dadurch bedingt, daß sie keine wirkliche Tiefe hatten, daß sie auf eine Ebene gebracht waren. Beim Farbenfilm wird der Blick oft in eine Tiefe stürzen wie in eine Versenkung und wird nicht so leicht ohne Ruck in der nächsten Sekunde wieder loszureißen sein. Schattenbilder und Impressionen wirbeln leicht vorbei, aber mit den wirklichen Tiefen wird der Montagerhythmus optische Lasten zu tragen haben.

Die Kamera wird wohl in den Raum, der sich vor ihr öffnet, hineinfahren müssen und so der frontalen Richtung der Montagebewegung eine Tiefenrichtung geben. Die Kamera wird die Tiefen, die sie zeigt, nicht überspringen, sondern sie wird sie zum Premierplan machen, indem sie heranfährt.

Plastische Bilder im Kurzschnitt

Schwieriger wird dasselbe Problem bei dem stereoskopischen, bei dem plastischen Film werden.

Man sollte nur Möglichkeiten und niemals Unmöglichkeiten

prophezeien. Aber hier scheint mir der Widerspruch unlösbar. Der extreme Fall macht ihn klar. Denkt euch einen farbigen, plastischen Tonfilm, also die absolute Illusion leibhaftiger Wesen und Dinge im Wirbel des russischen Kurzschnittes vorbeiflitzen. Der massiv-reale Eindruck der Gestalten muß die souveräne Leichtigkeit des Bildwechsels hemmen.

Aber darin liegt doch gerade das Wesen, die herrliche künstlerische Gestaltungskraft der Montage. Die Bilder bewegen sich jetzt im Rhythmus unseres Denkens und unserer Phantasie. Die vorgetäuschte Realität des plastischen Films wird die Montage zwingen, sich dem Rhythmus der gegenständlichen Wirklichkeit anzupassen. Und dann sind wir wieder beim Theater.

Erweiterung des Bildkaders

Man hat auch schon Experimente gemacht, das Blickfeld der Kamera zu vergrößern. Die Kamera macht es möglich, mehr in ein Bild aufzunehmen, als der Mensch mit einem *Blick* erfassen kann. Was ist der Gewinn dabei? Der Zuschauer muß sich im Bilde selber umsehen, so wie er sich in der Wirklichkeit umsehen muß. Er sucht sich dadurch gewissermaßen selber die Bildausschnitte, da er doch das Ganze mit einemmal nicht übersehen kann. Also nicht mehr der Regisseur führt sein Auge. Aus der genau vorbestimmten visuellen Suggestion wird ein Zufallserlebnis.

Man möge sich ein Theaterstück oder ein Hörspiel vorstellen, in dem mehr gesprochen wird, als man auf einmal hören kann, und das Publikum hörte die Sätze gleichsam nach Auswahl, in der Reihenfolge, wie es gerade von rechts nach links oder umgekehrt horcht. Eine bestimmte Form, die ein bestimmtes Erlebnis des Künstlers ausdrückt, wird so kaum entstehen. Da hört die Kunst auf.

Erweiterung der Projektionsfläche

Man hat auch versucht, wie Abel Gance in seinem *Napoleon*-Film, die Projektionsfläche zu vergrößern. Die Bildkader sind nicht größer als das Blickfeld, aber es werden zwei oder drei Bilder gleichzeitig neben- oder übereinander projiziert. Ein Simultaneismus im wortwörtlichen Sinn. Im mittleren Bilde etwa eine tumultuöse Sitzung des Konvents und auf beiden Seiten marschierende

Truppen der revolutionären Armee. Möglichkeiten monumentaler Wirkung. Möglichkeiten für Gedankenkontrapunkt.

Wenn die Bildfolge der Montage der Tonfolge der Melodie entspricht, so ist diese Bildgleichzeitigkeit wie ein Akkord. Es sind Handlungsakkorde oder auch Impressionsakkorde, die inhaltlich und auch formal zusammenkomponiert werden müssen. Das hat natürlich seine Gesetze, die mindestens so differenziert sind wie die der Montage. Aber es sind noch keine Filme da, die man daraufhin analysieren könnte.

Was mich eigentlich wundert, ist, daß die Russen diese Ausdrucksmöglichkeit für historisch-soziale Beziehungen in der visuellen Gleichzeitigkeit nicht verwendet haben. Die Erklärung dafür wird wohl die sein, daß das Nacheinander der Bilder in der Montage nicht unbedingt ein zeitliches Nacheinander der Begebenheiten bedeutet. Die Bildfolge drückt genauso auch das räumliche Nebeneinander gleichzeitiger Ereignisse aus. Um einen Querschnitt simultaner Erscheinungen zu geben, ist also diese Bildgleichzeitigkeit nicht notwendig. Hingegen müßte das Publikum auch in diesem Fall hin und her gucken, und sein Eindruck würde nicht unbedingt nach der rhythmischen Absicht des blickführenden Regisseurs entstehen.

Tonfilm

In den letzten vier, fünf Jahren hatte der stumme Film erst richtigen Anlauf zu großer Entwicklung genommen. Nun hat ein neuer Anfang, der Tonfilm, diese auf halbem Wege aufgehalten. Die Kamera hatte eben erst Nerven und Phantasie bekommen. Einstellungstechnik und Montage waren gerade soweit, den stofflichen Widerstand der primitiven Gegenständlichkeit ganz zu überwinden. Der stumme Film war auf dem Wege, eine psychologische Differenziertheit, eine geistige Gestaltungskraft zu erreichen, die kaum je eine andere Kunst gehabt hat. Da brach die technische Erfindung des Tonfilms wie eine Katastrophe ein. Diese ganze reiche Kultur des visuellen Ausdrucks, die ich bis jetzt beschrieben habe, ist gefährdet. Die noch unentwickelte neue Technik hat in der Verkoppelung die alte, bereits hochentwickelte auf ein ganz primitives Stadium zurückgeworfen. Und mit dem Niveau des Ausdrucks mußte sich auch das Niveau des Inhalts senken.

Geschichte geht weiter

Aber in der Geschichte gibt es nur Krisen, keine Tragödien. Denn die Geschichte geht weiter. Es ist ein neuer Weg, der hier einen alten verstellt hat. Auch in der Wirtschaft hat jede große technische Erfindung erst Krisen und Katastrophen verursacht. Es war trotzdem immer ein Fortschritt gewesen. Auch in der Kunst erschien jede Maschine zuerst als das seelenlose, ungeistige Prinzip. Aber der Mensch assimiliert sich die Maschine allmählich zu seinem Organ. Sie wird zu seinen Fingerspitzen. Spricht heute noch jemand von der »unkünstlerischen Photographie«? Die Tonkamera wird auch bald soweit sein. Denkt an die Anfänge der Kinematographie, und ihr werdet zuversichtlich sein.

Erst der Löffel, dann die Suppe

Die technische Möglichkeit ist die wirksamste Inspiration. Sie ist die Muse selbst. Nicht die Maler haben die ersten Farben erfunden und nicht die Bildhauer den Hammer und den Meißel. Auch der Kinematograph war schon längst dagewesen, bevor man auf die Idee kam, ihn als Gestaltungsmittel für eine besondere Kunst zu verwenden. In der Kunst sind zuerst die Mittel da. Das Gefühl, das nach Worten sucht, wurde erst von Worten gesucht und geweckt.

Denn die Entwicklung ist dialektisch. Die technische Erfindung bringt die Idee einer neuen Kunst. Ist die Idee aber einmal da, so entwickelt sie sich im widerstandslosen Raum der Phantasie und Theorie sehr schnell und inspiriert nun ihrerseits die Technik, gibt ihr Richtung und stellt ihr bestimmte Aufgaben.

Warum wirken die ersten Tonfilme so widerlich kitschig auf uns? Weil wir sie schon an dem eigenen Maßstab ihrer Möglichkeiten messen. Weil wir schon eine Vorstellung von einer hohen Tonfilmkunst haben. Unser Widerwille bedeutet keine Ablehnung, sondern eine Forderung.

Forderung

Die Forderung, die wir an den Tonfilm stellen, legitimiert ihn als eine neue und bedeutende Kunst. Dies ist die Forderung: nicht bloß den stummen Film zu ergänzen und ihn naturähnlicher zu machen, sondern an die Natur von einer ganz anderen Seite heranzugehen. Die Forderung ist, eine neue Sphäre des Erlebens zu erschließen. Wir verlangen noch keine technische Vollendung der Darstellung, aber bereits den *neuen Gegenstand* der Darstellung.

Denn wenn der Tonfilm nur sprechen, singen und musizieren wollte, wie es das Theater schon seit Jahrhunderten tut, dann würde er noch in seiner höchsten technischen Vollendung nur ein Reproduktions- und Vervielfältigungsverfahren bleiben und niemals eine neue Kunst werden. Aber eine neue Entdeckung in der Kunst *ent*-deckt etwas, was bislang *ver*-deckt gewesen ist. Verdeckt vor unseren Augen. Oder vor unseren Ohren.

Das hat auch der visuelle Film getan, als er zu einer Kunst geworden ist. Er zeigte uns das Gesicht der Dinge, das Mienenspiel der Natur, die Mikrodramatik der Physiognomien und die Massengebärden. Er deckte uns in der Montage die Beziehungen der Gestalten zueinander auf und den psychischen Rhythmus der Assoziation.

Die akustische Umwelt

Der Tonfilm wird unsere akustische Umwelt entdecken. Die Stimmen der Dinge, die intime Sprache der Natur. Alles, was außerhalb des menschlichen Dialogs noch mitspricht, noch zu uns spricht in der großen Lebenskonversation und unser Denken und Fühlen ununterbrochen tief beeinflußt. Vom Brausen der Brandung, vom Getöse der Fabrik bis zur monotonen Melodie des Herbstregens an den dunklen Fensterscheiben und dem Knarren des Fußbodens in der einsamen Stube. Sensitive lyrische Dichter haben diese bedeutungsvollen Stimmen, die uns begleiten, oft beschrieben. Der Tonfilm wird sie darstellen, er wird sie wieder ertönen lassen. Und die Empfindlichkeit der Membran wird unsere Sensibilität steigern.

Die Entdeckung des Geräusches

Wir haben bisher die Laute des Lebensbetriebes nur als wirres Geräusch, als chaotischen Lärm vernommen, so wie der unmusikalische Mensch ein Orchester hört. Er hört bestenfalls die lauteste, die führende Melodie heraus. Der Rest verwischt sich ihm in gestaltloses Getöse. Der Tonfilm wird uns tiefer hineinhorchen lehren. Er wird uns lehren, die Partitur des vielstimmigen Lebensorchesters zu lesen. Wir werden die besonderen Stimmcharaktere der einzelnen Dinge als Offenbarungen besonderen Lebens erkennen. Es heißt: »Kunst ist Erlösung vom Chaos«. Nun, der Tonfilm kann und wird uns einmal die Erlösung vom Chaos des Lärms bringen, weil er ihn als Ausdruck erfassen wird: als Bedeutung und Sinn.

Bedingung der Tonfilmkunst

Erst wenn der Tonfilm das Geräusch in seine Elemente zerlegen kann, erst wenn er die intimen Einzellaute herausheben und mit *Tongroßaufnahmen* uns nahebringen kann, erst wenn er diese Elemente in der Montage vorbedacht zu einer Gesamtwirkung komponieren kann, dann erst wird der Tonfilm zur neuen Kunst werden. Erst wenn der Regisseur unser Ohr so wird führen können, wie er beim stummen Film unser Auge führt, wenn er so hervorheben, hinweisen, betonen wird, dann wird er das Geräusch der Welt nicht als tote Tonmasse über sich ergehen lassen müssen, sondern er wird hineingreifen und gestalten. Dann wird der Mensch an der Tonkamera mit den Stimmen der Dinge selber sprechen.

Das unzulängliche Hörspiel

Hat denn das Radio nicht das alles schon gemacht? Gestaltet denn das Hörspiel nicht diese akustische Welt? Nein. Das Hörspiel beschreibt sie bloß mit akustischen Illustrationen. Denn wir kennen die intimen Laute der Dinge und der Natur so wenig, daß wir sie, ohne zugleich ihr Bild zu sehen, gar nicht erkennen. Im Hörspiel muß immer gesagt werden, was wir hören. Es ist also eigentlich eine epische oder dramatische Darstellung mit akustischen Illustrationen. Es ist immer ein Sprecher dabei, der uns den akustischen Eindruck vermittelt. Im Tonfilm stehen wir ihm ohne Vermittlung gegenüber. Der akustische Eindruck braucht uns nicht erklärt zu werden. Wir identifizieren ihn selber, weil wir sehen, woher der Ton kommt.

Das ungebildete Ohr

Es gibt kaum Dinge, die ein halbwegs zivilisierter Mensch nicht sofort erkennen und unterscheiden kann, wenn er sie einmal gesehen hat. Aber die wenigsten Töne wird er mit Bestimmtheit wiedererkennen, wenn er keinen Anhaltspunkt hat. Der Jäger wird im Wald, der Arbeiter in seiner Fabrik die Laute unterscheiden. Aber eine allgemeine akustische Bildung haben wir nicht.

Durch den Tonfilm wird unser Ohr differenzieren lernen. So wie wir durch den stummen Film sehen gelernt haben. Wir werden lernen, auch akustisch zu assoziieren und akustisch zu folgern. Es ist wahrscheinlich, daß für das am Tonfilm gebildete Ohr einmal Hörspiele gemacht werden können, die keinen erklärenden Sprecher mehr brauchen werden. Denken wir an den russischen Gutsbesitzer, der den Fairbanks-Film nicht verstanden hat. Die Tonfilme und Hörspiele, die in fünf Jahren jedes Kind verstehen wird, könnten wir heute gar nicht perzipieren.

Denn das liegt nicht etwa an der Unzulänglichkeit unseres Gehörs. Es ist einfach Unbildung. Dr. Erdmann behauptet in einem Aufsatz über den Tonfilm, daß unser Gehörapparat feiner zu arbeiten gewohnt ist als unser Auge. Die Zahl der von jedermann klar unterscheidbaren Ton- und Klangnuancen geht in die Tausende.

Unser akustischer Sprachschatz ist viel reicher als der nämliche auf dem Gebiet der Farb- und Helligkeitswerte.

Es ist jedoch ein Unterschied zwischen der Differenzierung des Tones und dem Erkennen seiner Quelle. Ich kann genau hören, daß es ein verschiedener Ton ist, ohne zu wissen, was für ein Ton es ist. Dr. Erdmann führt auch gleich ein Beispiel dafür an. Er sagt: »Man kann das unklare Gewirr von Stimmen einer Menge in den verschiedensten Stärkegraden zu Gehör bringen. Jedoch eine Unterscheidung zwischen dem Ton einer freudig erregten und einer gereizt aufgeregten Menge wird nur unvollkommen gelingen.«

Dieser große Unterschied zwischen unserer optischen und akustischen Bildung wird wohl auch daran liegen, daß wir sehr oft sehen, ohne zu hören. Zum Beispiel Bilder. Hingegen sind wir nicht daran gewöhnt, Naturlaute zu hören, ohne etwas zu sehen.

Ton und Raum

Nicht aus der Unvollkommenheit der Aufnahme- und Wiedergabeapparatur, nicht aus der technischen Unvollkommenheit der Tonkamera und der Lautsprecheranlage entstehen die eigentlichen Probleme des Tonfilms, sondern aus der Ungeschultheit unseres Gehörs. Die Technik wird sehr bald so weit sein, daß jeder Ton rein und genau erklingen wird. Trotzdem kann es noch lange dauern, bis wir lernen werden, ihn zu identifizieren und zu lokalisieren. Und selbst diese Entwicklung unseres Gehörs dürfte seine psychologischen Grenzen haben.

Der Ton wirft keine Schatten

Töne werfen nämlich keine Schatten. Darum sind sie nicht raumbildend. Die Dinge, die ich im Raume sehe, sehe ich entweder nebeneinander, oder sie decken einander. Optische Eindrücke vermischen sich nicht. Erklingen jedoch mehrere Töne auf einmal, so verschmelzen sie zu einem Gesamtgeräusch. Ich höre kein Rechts und Links und kein Vorn und Hinten, ich höre keine Ausdehnung und keine Richtung des Raumes. Man braucht schon ein seltenes, absolutes Gehör dazu, um die einzelnen Töne wahrzunehmen. Aber ihren Ort im gemeinsamen Raum können wir auch dann noch nicht bestimmen. (Heute noch nicht.)

Daß der Ton nicht raumbildend ist, macht das reine Hörspiel unmöglich. Ohne Schauplatz (beschrieben oder im Bild gezeigt) entsteht nie ein Hörplatz für die Begebenheit.

Lokalisierung des Tons

Darum ist der Ton auch so schwer zu lokalisieren. Wenn nur drei Menschen in gleicher Entfernung im Bild erscheinen und eine Stimme ertönt, so ist es fast unmöglich, festzustellen, wer von den dreien spricht. Es sei denn, daß der Betreffende mit auffallender Gestikulation seine Rede begleitet. Denn man kann dem Ton nicht genaue Richtung geben. Der Lautsprecher ist kein Lautwerfer, und man kann mit ihm nicht zielen wie mit dem Scheinwerfer. Der Ton hat keine geraden Strahlen.

Ein Gegenstand hat verschiedene Seiten, und sein Bild zeigt uns, aus welcher Richtung er aufgenommen wurde. Der Ton hat keine verschiedenen Seiten. Seine Aufnahme zeigt uns nicht durch die Einstellung an, von welcher Richtung er gehört wurde. (Von dem Problem der Toneinstellung wird noch zu sprechen sein.)

In einem amerikanischen Kurztonfilm treten zwei Clowns auf, zwei Vogelstimmenimitatoren. Die akustische Wiedergabe ihres Zwitscherns und Pfeifens ist schlechthin vollendet. Aber es ist weder inhaltlich noch im Timbre verschieden. Wenn sie sich also gegenüberstehen, weiß man nie, wer gerade pfeift, und darum werden die Töne bald überhaupt unpersönlich. Sie scheinen weder von dem einen noch von dem anderen zu kommen. Sie lösen sich ganz vom Bild. Es pfeift. Und das klingt wie die Begleitmusik zu einer stummen Szene.

Der Ton bleibt nicht hängen

Wenn ein Ton mit charakteristischem Timbre in einer Großaufnahme oder mit einer auffallenden Gebärde ansetzt, so werden wir ihn lokalisieren. Wir *sehen*, woher der Ton kommt, *darum* hören wir ihn auch dorther. Der Ton bekommt eine Richtung. Sagen wir mal: er kommt von jenem Mann in der linken Ecke. Geht nun jener Mann quer durch den Bildraum in die rechte Ecke hinüber, so *folgt* ihm der *Ton nicht*. Jener Mann kann den Mund aufreißen und gestikulieren, soviel er will. Wir hören den Ton eine Zeitlang weiterhin von dort, wohin wir ihn einmal lokalisiert haben: aus der linken Ecke. – Der Ton bleibt nicht hängen am Bild. Der akustische Eindruck rutscht vom optischen ab.

Das kommt daher, daß die Richtung nicht im akustischen Eindruck selbst als unmittelbare Wahrnehmung enthalten ist, sondern durch logische Folgerung in den Eindruck hineingelegt wird. Dieser Bewußtseinsprozeß hinkt natürlich immer etwas nach. Es dauert immer eine Weile, bis wir unser Hören nach unserem Sehen orientieren. In der Zwischenzeit entsteht eine verwirrende und unbehagliche Auflösung des optisch-akustischen Gesamtbildes. Wir hören lauter Bauchredner.

Aus dieser technischen Not hat Erich von Stroheim genialerweise eine künstlerische Tugend gemacht, als er zum Helden seines ersten Tonfilms einen Bauchredner mit seiner Puppe wählte.

Tonperspektive

Unsere Unsicherheit in der akustischen Perspektive liegt gewiß zum größten Teil nur an der Ungeschultheit unseres Gehörs. Wir können hören, wie ein Ton sich im Raume nähert oder entfernt, auch wenn wir die Tonquelle, also den Gegenstand, nicht sehen. Denn der Ton wird lauter und deutlicher, oder er wird allmählich leiser und verschwommener. Wenn sich aber der Ton nicht bewegt und wir auch die Tonquelle dazu nicht sehen, so werden wir sehr oft nicht feststellen können, ob jener leise Ton der schwache Widerhall eines fernen, lauten Schreies oder ob es ein nahes Flüstern ist. Obwohl leise und laut bestimmt nicht nur quantitative, sondern auch qualitative Unterschiede des Toncharakters sind. Unterschiede, die wir gewiß bald hören und erkennen werden.

Theorie spart Geld

Bis wir soweit sind, muß der Tonfilm auch in seiner künstlerischen Gestaltung mit der Unzulänglichkeit unseres Gehörs rechnen. Es sind Probleme, die zu lösen sind, wenn nur erst theoretisch festgestellt ist, *was* zu lösen ist. Theorie erspart Erfahrung und erspart damit viel Zeit, Mühe und Geld.

Der Raumcharakter des Tons

Eigentlich ist es merkwürdig, daß der Ton nicht raumbildend ist, daß er so wenig Perspektive und Richtung bestimmen kann, denn er hat viel mehr Raumcharakter als die visuelle Erscheinung. Derselbe Ton derselben Stimme klingt anders in einem Keller, anders unter einer hohen Kuppel, anders auf dem Wasser, anders auf der Straße. Der Ton ist überhaupt vom Raum nicht zu abstrahieren. Er wird immer einen bestimmten Raumcharakter haben, je nachdem, wo er klingt. Es ist nur eine Sache der Gehörbildung, daß wir den Raumcharakter bald in jedem Ton erkennen. Wir können jetzt schon mit mehr Wahrscheinlichkeit von dem Timbre eines Tons auf den Raum schließen, als von der Belichtung eines Gegenstandes.

Aber der Charakter des Raumes, den wir assoziieren, genügt nicht, um uns in ihm zu orientieren. Was hilft es, wenn ein Blinder weiß, daß er in einem Walde oder in einem Stiegenhaus steht. Er wagt sich doch nicht zu rühren, denn er weiß nicht, *wo* er an einen Baum stoßen oder *wo* er über eine Treppe stürzen wird. Wir hören wohl den Raum, aber die *Position* des Tones im Raume können wir nicht hören. Wenn zwei Stimmen im selben Raume zugleich erklingen, wird ihre räumliche Beziehung zueinander nicht klar. Wenn wir nicht sehen.

Die Wunder des Mikrophons

Wenn wir aber, wie im Tonfilm, auch sehen, dann wird uns eine Wirklichkeit dargestellt, die noch niemals in einer Kunst dargestellt worden ist. Das ist der wirkliche, der *Raumton*, der im Timbre noch die Atmosphäre seines Ursprungs enthält.

Jeder Ton, den uns bisher eine Kunst vermittelt hat, ob vom Konzertpodium, ob von der geschlossenen oder der Freilichtbühne, jeder Ton war verfälscht oder denaturalisiert. Denn er klang im Raum seiner Wiedergabe und hatte den Klang seines Ursprungs verloren. Visuell kann uns die Bühne auch eine Waldstimmung vorzaubern, akustisch kann sie es nicht. Der Ton auf der Bühne klingt nie wie im Wald. Denn die akustische Wirkung wird vom tatsächlichen Raum bestimmt. Und selbst wenn auf der Bühne mit irgendwelchen technischen Mitteln das Originaltimbre eines Lautes hergestellt wird, so verändert sich der akustische Eindruck im Zuschauerraum doch vollends.

Das Wunder des Mikrophons aber ist, daß es den Ton mit seinem Originaltimbre festhalten und fixieren kann und in jedem Raum mit dem Originaltimbre wiedergibt. Genauso wie die Kamera. Denn wenn ein Gegenstand etwa von rechts aufgenommen ist, dann sehen wir ihn im Bild von rechts, auch wenn wir auf der linken Seite des Zuschauerraums sitzen. Wie unser Auge mit dem Objektiv, so wird unser Ohr mit der Membran identifiziert. Beim Tonfilm geschieht nicht nur optisch, sondern auch akustisch jene Aufhebung der Distanz zwischen Zuschauer und dargestelltem Werk, von deren entscheidender Bedeutung ich schon gesprochen habe. Auch als Zuhörer haben wir das Bewußtsein, uns mitten im Raum der dargestellten Begebenheiten zu befinden.

Warum das nur im Tonfilm und nicht auch im Hörspiel möglich ist, habe ich auch schon gesagt. Weil trotz des Lokaltimbres der Töne wir, ohne Bild und ohne Beschreibung eines Sprechers, uns im Raum nicht orientieren, ihn uns also auch nicht genau vorstellen können.

Die Stille

Und auch die Stille wird der Tonfilm unter allen Künsten zum erstenmal darstellen können. Die Stille, das tiefste und bedeutendste Menschenerlebnis, das keine stumme Kunst, nicht Bild und Skulptur noch der stumme Film gestaltet hat. Am ehesten noch manchmal die Musik, wenn es schien, als würden innere Klänge in der Tiefe des Schweigens hörbar.

Keine nur visuelle Kunst konnte die Stille darstellen, weil sie kein Zustand, sondern ein Ereignis ist. Ein Ereignis für den Menschen. Eine Begegnung.

Stille hat nur dort Bedeutung, wo es auch laut sein könnte. Wo eine Absicht dabei ist. Wo entweder die Dinge plötzlich verstummen oder der Mensch in die Stille eintritt wie in ein anderes Land. Dann wird sie zur großen dramatischen Begebenheit. Dann ist sie ein nach innen gekehrter Schrei, ein gellendes Schweigen. Nichts weniger ist sie als neutrale Ruhe. Solche Stille ist eine negative Detonation. Verhaltener Atem. Wie wenn im Zirkus beim Todessprung plötzlich die Musik aufhört. Aber dann muß es vorher noch laut gewesen sein. Darum ist die Stille nur im Tonfilm darzustellen.

Stille und Einsamkeit

Kein Hörspiel kann Stille darstellen. Denn wenn im Hörspiel die Töne verstummen, so hört das Spiel überhaupt auf. Es ist nicht Stille da, sondern gar nichts. Wenn wir aber die Dinge schweigen *sehen*, dann wird die eintretende Stille zu einer dramatischen Wendung. Die Dinge, die sehr verschieden tönten, schweigen plötzlich auf die gleiche Weise. Es ist wie eine Geheimsprache. Es ist, unhörbar, Ruf und Antwort und Verständigung. In der Gemeinsamkeit der Stille sind die Dinge einander zugekehrt und merken den Menschen nicht mehr.

Stille und Raum

Auch auf dem Theater ist Stille nicht darzustellen. Dazu ist der Bühnenraum viel zu klein. Denn das große, das »kosmische« Erlebnis der Stille ist ein Raumerlebnis. Wie kann ich denn Stille überhaupt wahrnehmen? Nicht so, daß ich gar nichts höre. (Der Taube weiß nicht, was Stille ist.) Im Gegenteil; wenn der Morgenwind das Krähen eines Hahnes vom Nachbardorf herüberweht, wenn ich das Beil des Holzhackers vom Berg, von ganz hoch oben höre, wenn ich Laute vernehme über dem See, von Menschen, die ich kaum sehen kann, wenn in der Winterlandschaft irgendwo, auf Stunden Entfernung, eine Peitsche knallt, dann höre ich die Stille. Stille ist, wenn ich weit höre. Und so weit ich höre, gehört der Raum zu mir und wird mein Raum.

Im Lärm ist man wie von Geräuschwänden eng umstellt und ist in einer Lärmzelle, wie in einer Gefängniszelle. Das fernere Leben wird übertönt, und man sieht es bloß wie durchs Fenster. Wie eine stumme Pantomime. Der Raum aber, den man nur sieht, wird nie konkret. Man erlebt nur den Raum, den man auch hören kann.

Die produktive Tonkamera

Kann die Tonkamera so produktiv werden wie die Bildkamera? Können wir im Tonfilm etwas hören, was wir weder in der Natur noch in der Atelierwirklichkeit hören können? Gibt es Tonwirkungen, die erstmalig vom Filmstreifen wirken? Was ist das, was die Tonkamera nicht bloß reproduziert, sondern selber schafft? Wodurch wird auch die Tonfilmkunst zu einer Originalkunst?

Der visuelle Film wurde es durch die Großaufnahme, durch die Montage. Durch sie äußert sich der subjektive Deutungs- und Gestaltungswille des Filmschaffenden. Beim Tonfilm ist das noch nicht so klar.

Toneinstellung

Ich will mit der Toneinstellung beginnen, weil es das schwierigste Problem des Tonfilms ist. Die hochentwickelte Einstellungskunst der Bildkamera vermochte noch den einfältigsten Film zuweilen erträglich zu machen. Die Geschichte war blöd, aber die Bilder waren schön. Durch geistvolle und sensitive Einstellungen.

Bei der Tonaufnahme gibt es (einstweilen) keine Einstellungen. Gewiß kann ein Ton auch von oben, von unten, von nah und fern erklingen. Doch damit ist er nur im Raum lokalisiert. Aber er verändert nicht seine Gestalt, seine »Physiognomie« durch die Perspektive. Es kann nicht derselbe Ton, der von derselben Stelle kommt, von drei verschiedenen Kameraleuten auf drei verschiedene Weisen aufgenommen, verschieden »aufgefaßt« werden, wie das bei jeder optischen Aufnahme jedes Gegenstandes möglich ist. Der Ton kann nicht durch das subjektive Temperament, durch die persönliche Gesinnung des Aufnehmers den Charakter vollkommen verändern – und doch derselbe Ton bleiben. Aber damit würde eigentlich erst die schöpferische Kunst der Tonkamera beginnen. Aufnahme ohne souveräne Einstellungsmöglichkeit ist bloß mechanische Reproduktion. Wie der Schauspieler im Atelier spricht, wie der Tonmixer im Atelier seine Geräusche komponiert, mag große Kunst sein. Im Atelier! Im Tonfilm, ohne freie Einstellungsmöglichkeit, ertönt das alles bloß als eine Reproduktion jener Atelierkunst.

Der Ton wird nicht dargestellt

Es ist nicht einmal Darstellung. Denn auf der Leinwand erscheint wohl das Bild des Schauspielers, aber nicht das Bild seiner Stimme, sondern die Stimme selbst. Diese ist nicht dargestellt, sondern wieder hergestellt. Sie kann etwas verändert klingen, sie hat aber dieselbe Realität. Denkt euch ein Gemälde, auf dem das Licht nicht gemalt ist, sondern von einem Reflektor darauf gestrahlt wird!

Der Ton ist konkreter, gleichsam voluminöser als das Bild, von dem er ausgehen soll. Zwischen Ton und Bild ist ein Valeurunterschied, der die Schattenhaftigkeit der Photographie erst fühlen läßt. Der Farbenfilm oder gar der plastische Film wird diesen Valeurunterschied zum Teil beheben. Dafür wird er aber den Montagerhythmus noch schwerfälliger machen.

Die optische Einstellung ist gehindert

Schon die optische Einstellung ist gehindert. Die Unmöglichkeit der Toneinstellung, die primitive Realität des Tons, zwingt auch die Bildeinstellung wieder zu einer Primitivität, die der visuelle Film schon vor sieben Jahren überwunden hatte. Wenn etwa ein Satz, um verständlich zu sein, so einfach wie irgend möglich, direkt ins Mikrophon hinein aufgenommen werden muß, so kann man dem sprechenden Kopf auch keinen interessanten und charakteristischen Skurz geben. Bedenklicher Rückfall in Theaternähe.

Trotz alledem!

Trotz alledem! Solche Widersprüche stören nur so lange, bis man sich an sie gewöhnt hat. Werden sie einmal Tradition geworden sein, so werden sich auch die ästhetischen Pedanten sowenig daran stoßen, wie etwa an dem Widerspruch von Sprache und Gesang im Singspiel oder von geformter Figur und lebendigem Wort im Marionettenspiel oder Bild und Schrift im stummen Film. Das sind Probleme und Schwierigkeiten des Tonfilms, die zu lösen und zu überwinden sind. Keine Hindernisse.

Der Tonausschnitt

Eine produktive Einstellungsmöglichkeit hat ja der Tonfilm jetzt schon. Er kann Tonausschnitte geben, die dem Bildausschnitt entsprechen. Der Regisseur führt nun nicht nur das Auge nach eigenem Gestaltungswillen im Raum umher, sondern auch unser Ohr. Er hat etwa in der Totale Tumult und Getöse einer großen Menge dargestellt, und nun fährt die Kamera an einen einzelnen heran. Auch die Tonkamera. Und es hebt sich nicht nur ein individuelles

Gesicht aus der Masse hervor, sondern auch eine individuelle Stimme, ein persönliches Wort.

Oder die Tonkamera panoramiert über ein Schlachtfeld mit Kanonendonner und wildem Geheul und nähert sich dann plötzlich einem Vogelbauer im Schützengraben und isoliert nicht nur das Bild des Kanarienvogels, der unbeirrt und friedlich die Körner pickt, sondern isoliert auch den leisen Ton dieses Pickens, einen Ton, den man inmitten des Kampfgetöses nur aus nächster Nähe, mit dem Mikrophon im Herzen hören kann.

Tonsteuerung

Außerdem ist die Tonkamera technisch in der Lage, den Ton nicht nur einfach aufzunehmen, sondern seine Stärke und sein Timbre frei zu bestimmen. Die Wiedergabe des Tons wird ja auch jetzt schon während der Vorführung reguliert, »gesteuert«, wie es im Fachjargon heißt. Einstweilen hat die ständige Tonsteuerung nur den Zweck, die Töne immer natürlich klingen zu lassen. Weil unser Gehör von einem ungewohnten Klang noch verwirrt wird. Dies ist aber eine Unvollkommenheit unseres Gehörs und nicht die des Apparats. Jedenfalls ist es denkbar, daß wir auf dem Lautsprecher wie auf einem Instrument werden spielen lernen, wenn einmal unser Ohr zu hören gelernt haben wird. Die Tonsteuerung gibt die Möglichkeit, auch die Naturlaute bei der Wiedergabe zu stilisieren. Vielleicht wird sich daraus einmal die Toneinstellung entwickeln?

Tongroßaufnahme

Ich habe in einem besonderen Kapitel ausführlich darüber gesprochen, daß die optische Großaufnahme nicht bloß die mechanische Reproduktion eines Eindrucks ist, den wir auch in der Wirklichkeit erleben können. Denn wir bekommen einen Eindruck in der Wirklichkeit niemals so isoliert, wie im Bildausschnitt und fast niemals aus solcher mikroskopischen Nähe. Auch die Tongroßaufnahme kann uns Eindrücke vermitteln, die wir mit dem bloßen Ohr nur im seltensten Falle wahrnehmen, wiewohl wir sie immerfort aufnehmen. Wir hören sie, diese leisen, intimen Töne, die, von dem Alltagslärm verdeckt, wie unter einem Tongeröll verborgen sind, sie werden uns bloß nicht bewußt. Es sind die Untertöne, die kleinen

Ereignisse der akustischen Welt, die unbemerkt in unser Unterbewußtsein rutschen und dort oft entscheidender wirken als das, was obenauf klingt. Die Tongroßaufnahmen werden diese große und bedeutende Erlebnissphäre zum erstenmal in unser Bewußtsein heben.

Weder auf der Bühne noch im Hörspiel ist das möglich. Denn sollen wir auf der Bühne einen leisen, flüchtigen Seufzer vernehmen, dann muß der Regisseur ihn hervorheben. Er muß entweder alles andere plötzlich schweigen lassen oder den Betreffenden ganz nach vorne postieren. Jedenfalls kann er unsere Aufmerksamkeit nur so auf den leisen Seufzer lenken, daß er ihm den Charakter des Unauffälligen und Verborgenen nimmt. Also gerade das Wesentliche. Das Mikrophon zerrt den Ton nicht in den Vordergrund. Die Tonkamera geht selber heran. Und wir erhorchen den Ton eben in seiner Verborgenheit als etwas Unhörbares.

Auch das Hörspiel vermag das nicht. In Pudowkins *Mutter* kommt eine wunderbare Tonfilmszene vor, obwohl es damals noch keinen Tonfilm gab. – Die Mutter wacht an der Bahre ihres Mannes einsam in der Nacht. Einsam und regungslos wie der Tote. Nichts rührt sich. Stille. Die Kamera panoramiert langsam zu einer Wasserleitung an der Wand. Wir sehen in Großaufnahme die Tropfen vom Hahn fallen. In monotonem Rhythmus. Unaufhörlich.

Es ist ein akustischer Eindruck, den Pudowkin damals noch auf diesem Umweg uns vermitteln mußte. Der leise Ton der gleichmäßig fallenden Tropfen macht erst die abgründige Stille fühlbar. In einem Hörspiel müßte man bei dieser Szene mit Worten darauf hinweisen, was dieses monotone Tropfen bedeutet. Und damit wäre es gerade mit der Stille aus.

Ein Mensch erklingt

Auch beim Dialog des Tonfilms macht auf uns das Ganz-Nahe, das Ganz-Leise den meisten Eindruck. Also nicht der deutliche, logische Satz, nicht das vorgetragene Lied, sondern der verschwebende Seufzer, der hörbare Atem, das erstickte Schluchzen. Der auch innerlich unbestimmte Ton. Wenn der Mensch bloß leise erklingt wie eine lockere Saite im Klavier.

Denn das ist eine neue Wahrnehmung. Auf dem Theater erklingen wohl solche Töne auch, aber sie können nicht in Großaufnahmen isoliert und nahegerückt werden, ungestellt, in ihrer ursprünglichen Beiläufigkeit. Nur wenn wir einen so vor sich hinstammeln hören, nur dann fühlen wir die Erregung: ein Lebewesen auf besondere Weise zu belauschen.

Gesprochene Landschaft

Der Ton des Menschen ist uns im Film interessanter als das, was er sagt. Auch beim Dialog wird der akustisch-sinnliche Eindruck ausschlaggebend sein, nicht das Inhaltliche. (Ein wesentlicher Unterschied zum Theater!)

Ein Beweis dafür ist, daß es uns im Tonfilm nicht stört, wenn wir unverständliche, fremde Sprachen hören, falls uns die Handlung klar ist. In der *Melodie des Herzens* spricht »das Volk« ungarisch, obwohl die Helden deutsch reden. In dem Froelich-Film *Die Nacht gehört uns* sprechen die italienischen Bauern italienisch. Es wirkt wie das Bild einer Originallandschaft, als akustische Originalnaturaufnahme. Sprachlandschaft.

Die Tongroßaufnahme ist nicht ganz isoliert

Das Besondere an der Tongroßaufnahme ist, daß sie, trotz des Ausschnittes, nie so ganz isoliert ist von der akustischen Umgebung wie die Bildgroßaufnahme von der visuellen. Was nicht im Bilde ist, das sehen wir überhaupt nicht. Nur in besonderen Fällen wird ein Schatten oder ein Lichtschein von außen in den Bildausschnitt hineinfallen und die Gegenwart der gerade nicht sichtbaren Dinge fühlen lassen. Aber in die isolierte Tonaufnahme klingen die Töne auch der nicht sichtbaren Umgebung hinein. Denn man kann nicht um die Ecke schauen, aber man kann um die Ecke hören. Wenn in einem geräuschvollen Lokal die Tonkamera in Großaufnahme zwei Köpfe isoliert, die sich etwas zuflüstern, so kann der Lärm des Lokals deshalb nicht verstummen, sonst ist die Raumkontinuität zerstört, und man hat das Gefühl, mit den zwei Menschen plötzlich ganz anderswo zu sein.

Aber es ist auch nicht notwendig. Denn das ist das Wunderbare beim Mikrophon, daß es den leisesten Ton inmitten des größten Lärms aufnehmen kann, wenn es nur ganz nahe herangeht. Wenn wir an einem Tisch mit den beiden Flüsternden sitzen und unser Ohr ganz nahe heranneigen, so werden wird das Geräusch im Lokal hören und trotzdem jedes Flüsterwort vernehmen und verstehen. Und bei der Wiedergabe ist es wie bei der Projektion der optischen Großaufnahme. Jeder im Zuschauerraum, wo er auch sitzen mag, sieht das Bild aus derselben Nähe, aus der die Kamera es aufgenommen hat. Jeder im Zuschauerraum, wo er auch sitzen mag, hört den Ton aus derselben Nähe, aus der das Mikrophon ihn aufgenommen hat. Jeder hört in der Tongroßaufnahme das Flüstern dicht an seinem Ohr und versteht es trotz des Lärms, den er gleichzeitig hört.

Der leise Ton klingt gleichsam eingebaut in die umgebenden Geräusche. Das hat seine besonderen Reize und kann sehr tief charakterisieren. Denn wir vernehmen nicht nur den nahen Ton, sondern wir hören zugleich sein Verhältnis und seine Beziehung zu der akustischen Totale.

Der nur visuelle Film vermag das nicht. Ich kann nicht eine Baumblüte in Großaufnahme zeigen und *zugleich* zeigen, wie winzig unscheinbar sie irgendwo an dem Riesenbaume sitzt. Ich kann nicht einen Kopf groß zeigen und *zugleich* zeigen, wie er in der Menge verschwindet. Der Tonfilm kann diese bedeutsame Paradoxie gestalten. Wir können in Großaufnahme sehen und hören, wie ein einzelner schreit und zugleich im selben Bilde hören, wie seine Stimme im Getöse verloren- und einsam untergeht.

Tonmontage

Die nächstliegenden Probleme der Tonmontage ergeben sich aus den Unzulänglichkeiten unseres Gehörs, auf die ich schon hingewiesen habe.

Der Ton ist schwer zu lokalisieren. Darum wird er entweder mit einer auffallenden Bewegung oder mit einer Großaufnahme der Tonquelle ansetzen müssen. Wenn aber die beabsichtigte Wirkung gerade in dem fernen Erklingen bestehen soll, dann muß im Bild wenigstens die Richtung angedeutet werden. Vielleicht wenden sich Köpfe und richten sich Blicke dahin. Eine Bildgebärde wird den Ton lokalisieren helfen.

Bei der heutigen Technik des fixierten Lautsprechers bleibt der Ton nicht kleben auf dem beweglichen Bild. Beginnt einer in der linken Ecke zu sprechen und geht sprechend nach rechts hinüber, so geht der Ton nicht mit. In solchem Fall muß man eben den Gang des Betreffenden mit einem Zwischenbild unterbrechen, und zwar mit einer Einstellung desselben Raumes, in welcher Einstellung der Sprecher nicht sichtbar, seine Stimme aber zu hören ist. Wenn der Betreffende in der folgenden Einstellung, auf der rechten Seite bereits angekommen, wieder in Großaufnahme erscheint, so wird sich der Ton wieder auf seine Lippen lokalisieren.

Solche und hundert ähnliche akustische Schwierigkeiten können mit solchen und hundert ähnlichen Montagemethoden überwunden werden. Bis einmal eine fortgeschrittene Lautsprechertechnik diese Schwierigkeiten ganz aus dem Weg räumt.

Bildrhythmus und Tonrhythmus

Es gibt tiefere Probleme der Tonbildmontage, die nicht bloß hörtechnisch, sondern psychisch bedingt sind. Wir sehen und hören zum Beispiel einen Violinspieler in Großaufnahme. Die Bewegungen seiner Finger und seines Bogens decken sich genau mit dem Rhythmus des Spiels. Nun wird die Einstellung des Bildes gewechselt. Man sieht etwa nur die Finger allein. Die Bewegung der Finger deckt sich auch weiterhin genau mit dem Rhythmus des Spiels. Trotzdem fühlen wir ein Stolpern, ein Loch. Denn wir haben das optische Bild mit dem rhythmischen Bild identifiziert. Als gehörte gerade diese Einstellung zu diesem Rhythmus. Es entsteht eine merkwürdige Sinnesbeziehung zwischen Rhythmus und Raumbild. Darum ist es ratsam, nur bei auffallendem Rhythmuswechsel auch die Einstellung zu wechseln.

Bildrhythmus und Tonrhythmus müssen sich decken. Diese Regel bezieht sich aber nicht nur auf die Bewegungen *im* Bild, sondern auch auf die Bewegung der Bilder selbst in der Montage. Im Falle des Violinspielers zum Beispiel hat sich der Rhythmus des Spiels wohl mit der Bewegung der Finger gedeckt, aber nicht mit der Bewegung des Bildwechsels. Wie der Tonrhythmus mit dem Bewegungsrhythmus der einzelnen Szenen und zugleich mit dem Montagerhythmus in Einklang gebracht werden kann, das wird noch genau studiert werden müssen.

Ähnlichkeit zwischen Ton und Bild

Das Beispiel dieses Violinspiels zeigt, daß noch nicht alles gelöst ist, wenn Szenenbewegung und Ton synchron zusammenlaufen. Die Beziehung zwischen Ton und Bild wird in den verschiedenen

Einstellungen sich als verschieden erweisen. Wir werden hier noch auf Beziehungen kommen, die wir jetzt kaum ahnen.

Es wird sich herausstellen, daß der Ton und die Gestalt der Tonquelle eine gewisse Verwandtschaft haben, daß Ton und Bild sich irgendwie ähnlich sein müssen. Denn nicht jedes Ding und nicht jeder Mensch hat die Stimme, die man nach seiner äußeren Erscheinung von ihm erwartet. Nicht nur das wäre unwahrscheinlich und grotesk, wenn ein kleiner Vogel in tiefem Baß brüllen täte. Es gibt auch viel unauffälligere und feinere Widersprüche, die wir trotzdem empfinden. Unser Gehör wird bald so differenziert sein, daß es keinen Stimmersatz akzeptieren wird und man nicht den einen, unsichtbar, für den anderen, der im Bild erscheint, wird sprechen lassen können. Denn wir werden es hören, daß er nicht mit seiner eigenen Stimme spricht. Wir werden Einstellungen unterscheiden, die einen stillen Charakter haben, weil sie mit visuellem Ausdruck ganz erfüllt sind, und andere, die der akustischen Ergänzung bedürfen.

Akustische Ergänzung

Die Ergänzung wird ein wesentliches Prinzip des Tonfilms werden. Wir sollen nicht das oder zumindest nicht *nur* das hören, was wir ohnehin sehen. Das Akustische soll nicht bloß die Natürlichkeitswirkung ergänzen, sondern mit dem Ton etwas betonen, worauf wir sonst nicht geachtet hätten. Es soll in uns Vorstellungen und Assoziationen wecken, die das stumme Bild allein nicht geweckt hätte. Tonmontage und Bildmontage werden dann kontrapunktisch wie zwei Melodien einander zugeordnet.

Die konsequenteste Form solcher Ergänzung ist die asynchrone Tonmontage. Der Ton klingt in den Bildraum hinein. Wir sehen die Tonquelle nicht. Wir sehen nicht den Sprecher. Wir sehen nur den Zuhörer und hören mit. Wir sehen nicht die Waffe. Wir hören nur den Schuß und sehen nur den Getroffenen. Der akustische Raum der Szene ist größer als der im Bildausschnitt dargestellte.

Asynchrone Montage und Nachpanoramieren

Und es ergibt ganz besondere Spannungsmomente, wenn dann der Apparat dem Ton nachpanoramiert und die Tonquelle sucht. – Ein Gesicht in Großaufnahme. Ein Zuruf. – Aufgeschreckt horcht das

Gesicht und wendet sich. Wir wissen noch nicht, wer gerufen hat. Und langsam wandert die Kamera durch den Raum. Die Stimme wird lauter, kommt näher. Bis endlich der Sprecher im Bild erscheint.

Eines der schönsten Tonfilmmotive war in *Singing Fool* die Szene, in der Al Jolson seine Frau in seinem Lokal auftreten läßt. – Peinliche Stille nach ihrem Gesang. Sie blickt enttäuscht in den Saal. Nur ein einziger einzelner Applaus ist fernher zu hören. Die Kamera panoramiert langsam über das Publikum. Keine Hand rührt sich. Der einzelne Applaus ist immerfort zu hören. Die Kamera sucht weiter. Das einsame Klatschen wird lauter. Die Kamera nähert sich ... und Al Jolson erscheint im Bild. Er ist der einzige, der seiner Frau applaudiert. –

Ich brauche es wohl weiter nicht zu beweisen, daß das eine spezielle Tonfilmwirkung ist, die keine Bühneninszenierung hervorbringen kann. Und das Wertvollste an jeder Kunst ist gewiß das Spezifische, das, was nur in ihr und sonst gar nicht auszudrücken und zu gestalten ist.

Asynchrone Wirklichkeit – synchrone Darstellung

Sehr oft wird sich auch die umgekehrte Notwendigkeit ergeben. Toneindrücke, die in der Wirklichkeit nicht genau mit den entsprechenden Bildeindrücken zusammengehen, im Tonfilm trotzdem synchron laufen zu lassen. Aus der Ferne kommt in Wirklichkeit die Tonwirkung immer verspätet hinter der Lichtwirkung. Zuweilen wird man das gerade benützen, um einen akustischperspektivischen Eindruck von der Entfernung zu geben. Oft aber wird die Tonmontage die Wirklichkeit korrigieren und eine engere Verbindung schaffen zwischen Ton und Bild, als sie in Wirklichkeit vorhanden ist. Denn die natürliche Wahrnehmung widerspricht in diesem Fall unserer Vorstellung. Wir *denken* uns Bild und Ton untrennbar als *eine* Erscheinung *einer* Begebenheit. Und der Tonfilm wird meist mehr unseren Vorstellungen als der Natur näherkommen müssen. Denn es kommt gar nicht auf die objektive Tatsachenwirklichkeit, sondern nur auf die eigene, immanente geistige Wirklichkeit des Kunstwerkes an. Auf die Illusion kommt es an. Die genaue Naturwiedergabe stört dabei meistens.

Subjektive Tonmontage

So kann auch die Tonmontage Beziehungen schaffen zwischen Ton und Bild und zwischen Ton und Ton, die nicht äußere Wahrnehmungen, sondern innere geistige Verbindungen darstellen. Assoziationen, Gedanken, Symbole werden gestaltet und durch das Gehör suggeriert. Fast alle psychischen und intellektuellen Ausdrucksmöglichkeiten der Bildmontage sind auch der Tonmontage vorbehalten. Die Tonfilmkunst wird bald auch soweit sein, daß sie nicht einfach die Töne der Außenwelt reproduziert, sondern ihren Widerhall in uns darstellt. Akustische Impressionen, akustische Gefühle, akustische Gedanken.

Tonüberblendung

Und die Töne können genauso »überblendet« werden wie die Bilder. Durch Kontrast oder durch Ähnlichkeit werden tiefe, unterbewußte Beziehung, Sinnesverwandtschaft, Bedeutung bewußt gemacht. Wie bei den Bildern.

Jemand hört einem Lied im Grammophon zu. Wir sehen die Wirkung. Die Grammophonstimme überblendet in die Originalstimme. Akustische Montage hat den Schauplatzwechsel angezeigt. Wir hören, daß wir anderswo sind. Und wissen noch nicht wo. Wir hören, daß die Person, auf die es ankommt, nun zugegen ist. Wir sehen noch nicht, wie sie aussieht. Aber wir wissen bereits mit ahnender Erwartung von ihrer Bedeutung.

Der Pfiff eines Menschen überblendet in den Pfiff einer Lokomotive. Ein menschliches Keuchen in das Keuchen einer Maschine. Wir schaffen Verbindung, und unsere Phantasie füllt den Raum zwischen Ton und Bild, die asynchron montiert sind.

Oft wird die Überblendung zweier verschiedener akustischer Eindrücke durch den gemeinsamen Rhythmus vermittelt werden. – Der Rhythmus der ratternden Eisenbahn. Einer sitzt drin und klopft mit den Fingern diesen Rhythmus nach. Dann hört man nur das Klopfen: den »nackten« Rhythmus. Auf diesen sammelt sich allmählich die Musik eines Orchesters.

Wenn in der Tonmontage hintereinander eine Tür zuknallt und ein Schuß kracht, so wird eine Beziehung klar. Wenn Gläsergeklirr und Waffengeklirr ineinander überblenden, so weckt das Assoziationen, Gedanken, tiefere Bedeutung.

Absolute Montage

Einen besonderen Reiz wird solche Beziehungsmontage der Töne haben, wenn sie asynchron, also nicht gleichzeitig mit der Bildmontage der Tonquellen geschieht. Die besondere Bedeutung des Tons wird betont, wenn der akustische Eindruck sich vom Bild isoliert und verbindend in ein anderes Bild hinüberklingt. Die geistige Verbindung zwischen Schauplätzen und Begebenheiten wird gewissermaßen noch geistiger, noch innerlicher dadurch. Weil der Ton ja ungegenständlicher ist als das Bild.

Absoluter Tonfilm

Da sind wir ja schon bei dem absoluten Tonfilm, der auch bei gewöhnlichen Spielfilmen gewiß mehr Anwendung finden wird als der absolute Bildfilm. Die psychische Welt der inneren Vorstellungen kann der Tonfilm viel reicher und differenzierter gestalten, als der stumme Film es vermocht hat. Denn er kann eine kompliziertere Assoziation, nach zwei Seiten hin, darstellen. Ein Ton assoziiert ein Bild und zugleich einen anderen Ton. Wobei die Verbindung dieser Vorstellungen weder mit der empirischen Erfahrung noch mit der Logik etwas zu tun haben muß. Es sind Wahrnehmungen der irrationellen seelischen Wirklichkeit.

Psychotechnische Schwierigkeiten

Nur eine psychotechnische Schwierigkeit wird den absoluten Tonfilm schwerfälliger machen, als es der absolute Bildfilm ist. Die Apperzeption eines Tones dauert länger als die eines Bildes. Die Bildmontage konnte im Kurzschnitt fast das Originaltempo des tatsächlichen Assoziationsvorganges erreichen. Die Tonmontage wird das nicht können, weil wir bei solchem Kurzschnitt die Töne nicht erkennen und überhaupt nicht apperzipieren.

Psychische Synchronwirkung

Auch mit dem Nachklingen eines Lautes muß gerechnet werden. Allerdings nicht nur als mit einem Hindernis. Wenn wir einen Ton noch im Ohr haben, obwohl er beim nächsten Bild nicht mehr zu hören ist, so entsteht dadurch eine *psychische Synchronwirkung*, mit der wir sehr feine Stimmungen und tiefe Beziehungen schaffen können.

Geräuschsymphonie

All diese Tonwirkungen, von denen ich bisher gesprochen habe, stellen eine Begebenheit dar. Eine äußere konkrete oder eine innere psychische Begebenheit der Assoziationen. Jedenfalls ist der Ton immer Zeichen und Ausdruck von etwas, was selber nicht Ton ist. Aber so wie der visuelle Film die rein dekorativen Werte, die reinen Form- und Lichtwerte der Bilder zu einem optischen Kunstwerk zu gestalten vermag, so kann auch der Tonfilm die Geräusche miteinander in Beziehungen bringen, die mit dem Fabelinhalt, mit der Begebenheit nichts zu tun haben, sondern eine eigene, abstrakt-akustische Gestalt bekommen. In dem auch sonst liebenswürdig und ironisch-geistvoll gemachten Film *Zwei Herzen im Dreivierteltakt* kommt eine Küchensymphonie vor. Ein großes Abendessen wird zubereitet. Tonbildgroßaufnahmen folgen in schnellem Rhythmus. Holz wird gesägt. Die Säge schnarcht. Holz wird gespalten. Das Beil klopft. Feuer wird im Herd gemacht. Es prasselt. Und Zucker wird gestoßen. Und Schaum geschlagen. Und das kochende Wasser brodelt. Dann werden diese Tonbilder wiederholt, und zwar in rhythmischen Perioden. Naturlaute werden zu einem Tonwerk komponiert. Eine Geräuschsymphonie entsteht.

Begleitmusik

Die Möglichkeit, die Naturlaute musikalisch zu gestalten durch die Montage, wirkt zurück auf die Begleitmusik. Die Begleitmusik in der letzten Periode der stummen Filme war schon naturalistischer geworden. Man spielte keine Beethovensymphonien mehr zu Detektivfilmen. Naturgeräusche wurden, wenn auch mit orchestralen Mitteln, musikalisch gestaltet. Eine neue Art der Programmusik entstand. Aber Edmund Meisel konstruierte bereits eine »Geräuschmaschine«, die als Instrument im Orchester Verwendung fand. Der Tonfilm hatte sich da schon angekündigt. Ein Beweis dafür, daß das Bedürfnis danach schon dagewesen ist. Denn technische Erfindungen fallen auch nicht vom Himmel und auch nicht aus den Laboratorien bloß als wissenschaftliche Resultate. Auch die Entwicklung der Technik ist sozial bedingt. Erfindungen kommen, wenn sie fällig sind.

Zuerst gelang es, die Ausdruckszeit der Filmmusik der Ausdruckszeit der dramatischen Bilddarstellung anzupassen. Kurze musikalische Formen, die nicht länger dauerten als die Gebärden, die sie illustrieren sollten. Erst wurde der Rhythmus der Naturgeräusche genau nachgeahmt. In Meisels berühmt gewordener Begleitmusik zu *Potemkin* hört man die Schiffsmaschine arbeiten. Es ist noch Musik, denn sie gibt nicht das Originaltimbre, sondern Instrumentenklang – aber sie gibt schon den Originalrhythmus mit naturalistischem Charakter.

Beim Tonfilm wird eine ganz abstrakte Begleitmusik, soweit sie überhaupt noch vorkommen wird, ganz unmöglich sein. Denn die Geräusche schaffen gleichsam ein verbindendes Medium zwischen dem Bild der Wirklichkeit und der Musik und assimilieren sie.

Neuer Rohstoff für Musik

Es wird bei Weiteinstellungen oder bei Landschaften noch vorkommen, daß man Begleitmusik synchronisiert. Wenn nicht gerade die absolute Stille eine beabsichtigte akustische Wirkung haben soll. Doch es wird eine sehr naturalistische »Programmusik« sein müssen, die vielleicht auch Naturlaute und Geräusche verwendet. Und das wird noch nicht die Auflösung der musikalischen Gestaltung bedeuten, wie es die akademischen Ästheten befürchten. Im Gegenteil. Die musikalische Gestaltung bekommt neuen Rohstoff. Noch die Geräusche werden musikalisch geformt.

Eine organische Verbindung der »reinen Musik« mit dem Film kann ich mir trotzdem noch vorstellen. Die nämlich, die ich mir schon vor sieben Jahren in »Der sichtbare Mensch« vorgestellt habe. Daß nicht die Musik Begleitung zu den Bildern wäre, sondern die Bilder als Begleitung zu der Musik erscheinen würden. Die Vorstellungen, die ein Musikstück während des Zuhörens weckt, die Phantasien, die wie ein Wolkentreiben an uns vorbeiziehen. Musik wäre die Realität. Die Bilder das unterbewußt Mitschwingende. Nicht vertonter Film, sondern verfilmter Ton.

Der Dialog

Ich sprach bisher vom Tonfilm. Auch das gesprochene Wort habe ich bisher nur als Ton, als Naturlaut, auf seine akustische Wirkung hin analysiert. Aber der Dialog des Sprechfilms ist nicht nur ein akustisches Problem. Viel mehr Schwierigkeiten und viel weniger Gewinn brachte bisher dem Film das Sprechen als dramatischer Ausdruck.

Optische Nachteile

Ein Gewinn ist vor allem, daß die Kontinuität der Bilder nicht mehr mit Schrifttiteln unterbrochen wird. Dafür mußte, wie ich schon sagte, die Einstellungskunst auf ein primitives Niveau zurückgeschraubt werden. Auch der Montagerhythmus wird schwerfällig. Denn man muß doch bei einer Einstellung bleiben, bis der Text fertig gesprochen ist. Man hat meist mit den Augen schon längst verstanden und muß noch hören, was gesprochen wird.

Die Darsteller müssen deutlich sprechen. Das hindert ihre Mimik. Die Sprachgebärde hindert die Gebärdensprache. In »Der sichtbare Mensch« steht geschrieben: »Im Film ist das Sprechen ein Mienenspiel und unmittelbar-visueller Gesichtsausdruck. Wer das Sprechen *sieht*, erfährt ganz andere Dinge als jener, der die Worte hört. Auch während des Sprechens kann der Mund oft viel mehr *zeigen*, als die Worte sagen können.« – »Sobald wir aber sehen, wie der Mund die Vokale formt, ist es mit der mimischen Wirkung aus. Der Filmschauspieler spricht für das Auge deutlich, nicht für das Ohr. Die beiden Deutlichkeiten scheinen sich nicht vereinen zu lassen.«

Jedenfalls ist manche visuelle Nuance verlorengegangen. Und der Gewinn? Er ist einstweilen sehr problematisch. Denn im stummen Film waren die Darsteller selber die Dichter ihrer mimischen Dialoge. Und wenn es große Persönlichkeiten waren, so war die unhörbare Poesie ihres Ausdrucks über jedes Wort erhaben. Als wir nicht Worte, sondern nur Blicke verstanden, die Blicke einer Asta Nielsen, einer Lillian Gish, eines Chaplin, so hatten wir gerade an diesen stummen Dialogstellen tiefste menschliche Offenbarungen erlebt, selbst wenn die Gesamtfabel des betreffenden Films der ödeste Kitsch gewesen ist.

Doch wehe, jetzt hören wir, was sie sagen! Und die Trivialität ihrer Worte übertönt die Tiefe ihrer Blicke. Denn wehe, nicht sie sind es mehr, die sprechen, sondern die Filmautoren. Eine Demaskierung, eine Desillusion ohnegleichen.

Jetzt müssen endlich die Dichter an den Film heran. Die besten, die größten. Denn jetzt ist es Zeit!

Wie war es mit den Titeln?

Wie war es denn früher mit den Titeln? Die waren ja auch im seltensten Fall von großen Dichtern gewesen. Gewiß. Aber man brauchte viel weniger geschriebene als jetzt gesprochene Texte. Man brauchte sie nur, um den Gang der Handlung verständlich zu machen. Eine ganze Reihe von dramatischen Dialogszenen konnte ohne Titel gezeigt werden.

Im Tonfilm ist das unmöglich. Wenn wir sprechen sehen, so müssen wir es auch hören. Wir müssen es hören, auch wenn wir die Handlung ohnedies verstehen würden. Denn wenn die Dinge tönen, wenn wir Musik hören, die Schritte hören, wenn wir Wind und Wasser und Maschinengeräusch hören, wenn wir auch die Menschen in manchen Szenen hören, dann kann man sie nicht in anderen Szenen plötzlich verstummen und mit Taubstummengebärden agieren lassen. Ein Geräuschfilm mit unhörbarem Dialog ist widersinnig.

Verwendung des Dialogs

Wie man den Dialog richtig verwendet, ist ein Problem, zu dessen Lösung oder Lösungen der Tonfilm noch viel Erfahrung brauchen wird. Man versuchte es, sehr sparsam mit den Dialogstellen zu sein. Die Szenen so zu führen, daß die Menschen nicht oft zum Sprechen kommen. (Sternberg versuchte es damit in *Der blaue Engel.*) Doch diese Methode hat eine Gefahr. Die stummen Szenen im *Blauen Engel* zum Beispiel bekamen eine Weihe, die ihnen inhaltlich nicht zukam. Denn die stummen Szenen waren bloß lautlos. Sie hatten keinen auffallenden, besonderen Stimmungsgehalt. Aber die Menschen im Tonfilm sind nicht bloß lautlos, wenn sie nicht sprechen, sondern sie *schweigen.* Das Schweigen aber hat bei Menschen, die auch vernehmbar sprechen könnten, einen besonderen dramatischen Akzent. Schweigen ist nicht eine Eigenschaft (wie Stummheit), sondern ein Ereignis. Es bekommt unweigerlich eine besondere Bedeutung, die in der Handlung begründet sein muß, sonst verfälscht sie den Stil und die beabsichtigte Stimmungswirkung.

Glücklicher war die Lösung Froelichs in *Die Nacht gehört uns*. Er hat die Spielszenen noch kürzer genommen, als es im normalen stummen Film üblich war. Wenn schon gesprochen werden muß, so kurz und möglichst nur in Pointen.

Stimmen aus der Luft

Einstellungskunst und Mienenspiel können oft gerettet werden, wenn man die Stimme ins Bild hineinklingen läßt und nicht den Sprecher, sondern nur den Zuhörer zeigt. Solche Stimmen aus der Luft bekommen aber irgendein Pathos, sie wirken manchmal unpersönlich, geisternd und orakelhaft, was auch nicht immer am Platze ist.

Vieles wird da bedacht werden müssen. Im Tonfilm kommt es nicht nur auf den Inhalt der Sätze an, sondern auch auf ihre Position in der Montage. Sie bekommen einen Positionswert wie in einem Gedicht. Eine neue Art von lyrischer Musikalität wird sich entwikkeln müssen. Dichter, Dichter müssen heran! Die Fähigkeiten, die Routine durchschnittlicher Dramatik werden da nicht genügen, wenn auch die Dialoge im Tonfilm einen besonderen filmischen Charakter haben und nicht bloß reproduziertes Theater werden sollen.

Tonfilmideen!

Von einer neuen Kunst erwarten wir nicht nur neue Nuancen, sondern neue Grundformen, nicht nur besondere Ausdrucksmöglichkeiten einzelner Erlebnisse, sondern eine neuartige Gestaltung des Gesamtwerkes. Neuen Grundriß. Wenn der Tonfilm eine neue Kunstgattung werden soll, die ebenbürtig neben den anderen Künsten und dem stummen Film bestehen kann, dann muß er den Ton nicht nur als Ergänzung, als Bereicherung dramatischer Szenen, sondern als zentrales, entscheidendes dramatisches Ereignis behandeln und als Grundmotiv der Handlung darstellen.

Gibt es nicht akustische Begebenheiten, die uns widerfahren, die uns beeinflussen, unsere Handlungsweise bestimmen, zu unserem

Schicksal werden? Solche Schicksale wird der Tonfilm zum erstenmal darstellen können. Wenn seine Grundidee, die poetischen Entwürfe der Manuskripte spezifisch tonfilmisch sein werden.

Musik mit dramatischer Begleitung

Musik war bisher im Film, begreiflicherweise, das unfilmischste Motiv. Wiewohl die Physiognomien der schweigenden Zuhörer die schönsten mimischen Studien ergaben. Aber es mußte doch immer Wirkung ohne Ursache dargestellt werden. Das Orchester gab bestenfalls eine Erläuterung von außen, wie eine Fußnote außerhalb des Textes. Aber wäre der »Rattenfänger von Hameln« nicht ein Tonfilmthema? Oder der alternde Beethoven, der, taub geworden, seine eigene Ouvertüre nicht mehr dirigieren kann und ausgepfiffen wird? Im Tonfilm wird nicht Musik das Drama begleiten, sondern das Drama die Musik. Handlung als Konsequenz der Musik!

Musikalische Einlagen

Die Lieder, die »Schlager«, die wir bisher in den Tonfilmen unweigerlich zu hören bekamen, waren fast immer nur Einlagen in eine Handlung, die auch ohne sie genauso verlaufen könnte. Musik und Gesang »kommen vor« in diesen Tonfilmoperetten, so wie früher Boxkämpfe, Reitereien oder ähnliche Sensationen vorkommen mußten, um der Geschichte einen besonderen Reiz zu geben. Es handelt sich im seltensten Fall um einen von vornherein akustisch erlebten Stoff.

Dabei müßte auch so eine Einlage nicht an den Haaren herbeigezogen werden. Es genügte schon, wenn die Handlung durch die Wirkung des Gesanges eine andere Wendung nähme, es genügte, wenn das Lied eine vorbereitete Stimmung vollenden und zu einem Entschluß reifen ließe. Dann hätte die Musik schon eine organische Funktion in der Handlung.

Aber eine wirkliche Tonfilmidee wird es erst, wenn das Lied die entscheidende Rolle spielt. Der Film *Zwei Herzen im Dreivierteltakt* bringt so eine Idee in graziöser Anspruchslosigkeit. Ein Operettenkomponist muß bis zum nächsten Tag einen Walzer komponieren. Es geht nicht. Ein ihm unbekanntes Mädchen besucht ihn. Die Inspiration kommt mit ihr. Er improvisiert den Walzer auf dem

Klavier, während sie ihn mitsingt. Das Mädchen verschwindet plötzlich, bevor er erfahren konnte, wer sie ist. Allein geblieben, will er den Walzer aufschreiben. Er kommt nicht über die ersten fünf Takte. Er hat ihn vergessen. Am nächsten Tag kommt man um die Komposition. Sie ist nicht da. Er hat sie vergessen und nicht aufgeschrieben. Es gibt nur einen Menschen, der sich vielleicht an das Lied erinnert. Eine Unbekannte. Es bleibt nichts übrig, als in der Zeitung zu annoncieren: »Jenes Mädchen, das jenen Walzer gehört hat ...« Kurz: das Lied bringt die beiden zusammen.

Es ist ein harmloses Operettenmärchen, aber eine reine Tonfilmidee. Das Lied funktioniert als aufbewahrtes Geheimnis, als Legitimation, wie in alten Märchen der verlorene Ring oder der verlorene andere Schuh.

Optische Untermalung

Auch Geräusche sind denkbar als bewegende dramatische Motive. Könnten sie nicht etwa die Wege eines Blinden lenken und sein Schicksal entscheiden? Das wäre freilich ein äußerster Grenzfall, die reinste Form des Tonfilms: die Welt als akustisches Erlebnis. Das wäre der Tonfilm, in dem nicht die Geräusche eine sichtbare Handlung untermalen, sondern umgekehrt, die Bilder bloß als Gerüst, bloß als Untermalung einer hörbaren Welt dienten.

Äußerster Grenzfall. Aber nur in Grenzfällen wird der Sinn, die Intention einer Kunst offenbar.

Hundertprozentig tonfilmisch ist ein Motiv, wenn es nur im Tonfilm und nirgends anders möglich ist. Lied und Musik als bewegendes Motiv der Handlung kommen seit der »Zauberflöte« und »Zaubergeige« auch in guten Singspielen und Opern vor. *Wie* sie die Handlung bewegen und *was* sie dabei bewegen, wird den Unterschied ausmachen.

Noch schwerer wird es sein, beim Dialog das spezifisch Tonfilmische zu finden. Gibt es denn überhaupt einen Dialog, der nur im Tonfilm möglich, also auf der Bühne etwa unmöglich ist? Die geniale Grundidee des Erich-von-Stroheim-Films: *Der große Gabbo* ist so ein Dialog. Das Gespräch des Bauchredners mit seiner Puppe wäre auf der Bühne unmöglich. Ein technischer Filmtrick offenbart tiefste psychische Begebenheiten. Die Spaltung des Bewußtseins wird dramatisiert. Innere Kämpfe werden in wirkliche Dialoge umgesetzt.

Krise des Übergangs

Dieser Film, mit der wunderbarsten Grundidee in der trivialsten Form, diese feinste psychologische Absicht in den plumpsten Dialogen ausgeführt und von einem kitschigen und abgeschmackten Revuerummel verschüttet, ist ein tragisches Dokument der Krise des Überganges. Dieser Sprechfilm ist optisch nichtssagend, weil die langen Dialoge keinen Einstellungswechsel und keinen Montagerhythmus zulassen. Aus technischen Gründen steht der Film also tief unter dem Niveau der bereits erreichten, allgemeinen visuellen Kultur des Publikums. Dieses Opfer wurde gebracht um des Wortes willen. Und die Worte? Die mußten dem allgemeinen geistigen Niveau des amerikanischen Publikums angepaßt werden. Um des Films willen. So zog das Wort das Bild und das Bild das Wort in die Tiefe. Eine der schönsten künstlerischen Ideen ging dabei zugrunde.

Endgültigkeit der Interpretation

Tonfilmdialoge unterscheiden sich von anderen dramatischen Dialogen auch darin, daß sie nur einmal und dann ein für allemal gesprochen werden. Jede Nuance des Tonfalls ist endgültig und unvariabel festgelegt. Es kann kein anderer Regisseur das Werk ein andermal anders inszenieren, keine anderen Darsteller können es anders vortragen. Der ursprüngliche Kunstwille des Schöpfers (oder der Zufall) ist eindeutig und unwandelbar »verewigt«.

Doch gerade darum brauchen wir keine Angst davor zu haben, daß den heutigen Tonfilmen zu langes Leben beschieden sei. Theaterstücke, die von Regisseuren und Schauspielern späterer Generationen neu und immer wieder zeitgemäß interpretiert werden, die bleiben. Was nicht mehr umzudeuten ist, vergeht. Nur die Möglichkeit immer neuen Mißverstehens verbürgt immer neues Verständnis. Aber als historische Dokumente werden Sprechfilme von unschätzbarem Wert sein. Man wird wissen, was man bisher bei alten Dichtungen niemals ganz genau wußte, wie es eigentlich gemeint war.

Tonfilmgrotesken

Der menschliche Dialog wird lange das Unerquicklichste am Tonfilm bleiben. Um so erfreulicher ist es jetzt schon, wenn Tiere, Fabelwesen oder gar Trickzeichnungen zu sprechen und zu tönen beginnen. Die Unwahrscheinlichkeiten, die sich beim realistischen Tonfilm dadurch ergeben, daß der Ton der Gestalt »nicht ähnlich ist« , daß er das Bild nicht deckt, das alles braucht hier kein Fehler zu sein. Auf Wahrscheinlichkeit legen wir hier gar kein Gewicht.

Aber worin besteht eigentlich die Unwahrscheinlichkeit des Tons? Wir können uns Fabelwesen vorstellen, wir können nie dagewesene Märchengestalten zeichnen. Aber Märchenstimmen, Märchentöne? Wie klingen sie? Wir können uns Gestalten ausdenken, die in Wirklichkeit unmöglich sind, aber wir können uns keine Töne ausdenken, die in Wirklichkeit nicht erklingen könnten. Wir können etwas zeichnen, was es nicht gibt. Denn das Bild ist Darstellung, es kann also auch erfunden sein. Aber wir hören nicht eine Darstellung des Tones, sondern den Ton selbst. Also es gibt ihn, wenn wir ihn hören.

Darum werden Töne nie *an sich* phantastisch oder grotesk klingen, sondern nur durch ihre unwahrscheinliche Beziehung zur Tonquelle. Ein Löwengebrüll wird grotesk, wenn es aus der Kehle einer Maus kommt. Kein Ton an sich ist phantastisch, nur seine Entstehung kann es sein. Wenn Micky Maus, die vergnügliche Nachfolgerin des Katers Felix, spuckt, dann kracht es wie ein Paukenschlag auf dem Boden auf. Und die Spinne läßt die Fäden ihres Netzes wie Saiten einer Harfe spielend erklingen. Wenn das Skelett mit einem Knochen auf seine Rippen klopft, dann klingt es freilich wie ein Xylophon. Aber weder Paukenschlag, noch Harfenklang und Xylophon sind an sich phantastische Klänge.

Neuland

Durch solche Tonfilmphantasien werden uns erst unsere Tonassoziationen, die irrationalen Beziehungen zwischen optischen und akustischen Vorstellungen bewußt werden. Daß etwa Mondstrahlen silberhell erklingen, das weiß heute schon jeder. Die Dichter haben es zu oft gesagt. Darum würde es grotesk wirken, wenn sie (nicht die Dichter) dunkel polternd auf den zitternden Wasserspiegel fielen. Wir wissen auch ungefähr, wie Maiglöckchen klingen müssen, wenn Micky Maus mit ihnen läutet. Aber die Dichter haben sich nicht über alle Stimmen aller stummen Dinge geäußert, und wir werden noch viele merkwürdige, tiefe Beziehungen zwischen Tönen und Formen entdecken in diesen grotesken Spielereien.

Die letzten Fragen

Ich habe es versucht, die geistige Klaviatur eines Darstellungs- und Ausdrucksinstruments, das im Film allmählich entstanden ist, zu beschreiben: den Geist einer Technik und die Technik eines Geistes.

Die Entwicklung war rapid, sie kommt immer mehr in Schwung und scheint noch lange nicht abgeschlossen zu sein. Eigentlich müßte man ihre Richtung und ihre Grenzen berechnen können. Aber die Bedingungen einer geistigen Entwicklung liegen nicht im Geistigen, sondern im ökonomischen und sozialen Unterbau.

Die Frage, wie sich der Film weiterentwickeln wird, ist noch weniger innerhalb der Ästhetik zu lösen als die Frage nach der Zukunft anderer Künste. Es hängt davon ab, wie sich das Publikum in seiner ökonomischen und sozialen Struktur und mithin in *seiner Ideologie entwickeln wird.*

Wird der Tonfilm den stummen endgültig verdrängen? Wird der plastische Farbentonfilm letztes Resultat werden und bleiben?

Skeptiker

Der alte Lumière, der Erfinder der Kinematographie und der Farbenphotographie, denkt unwillig und skeptisch an diese Entwicklung. Der große Techniker spricht von den Grenzen der Technik und auch von den Grenzen der Kunst, die die Technik nicht nur erweitern, sondern auch zerstörend sprengen kann.

Chaplin hat geschworen, daß, wenn er unbedingt Sprechfilme wird machen müssen, er selber in ihnen nur einen Taubstummen spielen wird. Von dem Geräuschfilm erwartet er viel. Im Sprechfilm sieht er den Ruin des Films überhaupt. Eisenstein glaubt nur an das asynchronisierte System.

Eines scheint mir jedenfalls logisch notwendig zu sein: daß der stumme Film, solange und soweit er noch möglich ist, auf sein ureigentliches, auf das visuelle Gebiet gedrängt wird. Abgedrängt von den zwischenmenschlichen, dramatisch-dialogischen Handlungen und hin zum subjektiv-assoziativen, also zum absoluten Film. Nur wenn er sich als wesentlich verschiedene Kunstgattung differenziert, wird der stumme neben dem Tonfilm wieder erstehen können. Denn ein *Zurück* zum stummen Film gibt es nicht mehr. Aber ich glaube an ein *Vorwärts* zu einem neuartigen, weiterentwickelten stummen Film.

Es gibt viele Skeptiker, und es sind nicht die schlechtesten. Aber die Entwicklung einer populären Kunst geht nicht nach ästhetischen Werten, sondern nach sozialen Bedürfnissen. Und auch in der Geschichte der Kunst gibt es keine Perioden des Verfalls, die nicht Keime der zukünftigen Entwicklung enthalten würden. Es bleibt uns wohl nichts übrig, als der Geschichte zu vertrauen, zumal wir nicht gewillt sind, sie »ganz von alleine« laufen zu lassen. Denn auch unsere ästhetischen Werturteile sind Resultate und lebendige Kräfte der historischen Entwicklung und greifen ein in den dialektischen Prozeß.

Aber man kann nicht die Zukunft einer Kunst auf Grund ewig feststehender ästhetischer Gesetze voraussagen wie eine Sonnenfinsternis mittels der Astronomie. Die Faktoren, mit denen man rechnen muß, sind selber in steter Veränderung. Um die Zukunft des Films berechnen zu können, müßte man die Zukunft der zivilisierten Menschheit berechnen.

Ideologische Bemerkungen

Der Geist des Films ist wie der Geist der Sprache Gegenstand der »Völkerpsychologie«. Konkreter: der Klassenpsychologie. Denn die ökonomischen und technischen Bedingungen des Films lassen individuelle Formen wenig oder gar nicht aufkommen. Filmregisseure können wohl auch ihre persönliche Note haben wie Schriftsteller ihren besonderen Stil. Jedoch nur soweit die Allgemeinverständlichkeit und Popularität, also die Rentabilität des Films nicht gefährdet ist. Sonst bleibt es isolierter Einzelfall und wirkt nicht organisch weiter in der Entwicklung. Aber historisch bedeutsam ist nur das Weiterwirkende oder Allgemeingültige.

Der Geist des Films ist, wie der Geist der Umgangssprache, ein Gegenstand der Soziologie. Ob etwas nach unserer Meinung künstlerisch wertvoll ist oder nicht, mag eine Frage sein für die Geschichte der Kunst. Für die Geschichte *der Menschen*, für die Kulturgeschichte, gilt die Frage, *warum etwas allgemein gefällt oder allgemein mißfällt*. Nie war noch eine Kunst dadurch so bedingt wie der Film. Kein geistiges Erzeugnis außer der Umgangssprache wurde so zum Dokument der Denk- und Gefühlsart der Massen.

Kunstgeschichte und ästhetische Wertung

Ich machte irgendwo die Bemerkung, man müßte die Geschichte der schlechten Literatur und der schlechten Kunst schreiben: die Geschichte der Banalitäten, der abgegriffenen Redensarten, der Klischees. Ich meinte damit: *eine Kunstgeschichte, die, ohne ästhetische Wertung*, nur die sozialpsychologischen Ursachen der großen Erfolge, der breitesten Popularität, der allgemeinen Angewohnheit untersucht. Eine solche ideologische Analyse des Films ergäbe eine Kulturgeschichte unserer Zeit, eine Symptomatie der lebendigen Ideologien überhaupt.

Denn der Geschmack ist keine metaphysische Angelegenheit. Jedem Tier schmeckt das, was ihm bekommt. Auch der ästhetische Geschmack ist eine Selbstwehr des geistigen Organismus. Auch der Klassengeschmack ist ein Organ des Klassen-Selbsterhaltungstriebes. Geschmack ist Ideologie.

Die Ideologie des Films aufzudecken, sie auf die ökonomischen und sozialen Wurzeln zurückzuführen, wäre eine lohnende Arbeit. Eine große Arbeit für ein besonderes Buch. Was ich hier geben kann, sind nur Notizen und unsystematische Hinweise. Oft nur Fragen, auf die Berufenere antworten mögen.

Popularität

Technische Kollektivität

Schon die Technik des Films schaltet den absoluten Individualismus aus. Nie kann ein Film so der ausschließliche Ausdruck eines einzelnen sein wie irgendein anderes Kunstwerk. Man kann allein schreiben, malen und komponieren. Der Film aber ist das Kollektivwerk des Manuskriptautors, Regisseurs, Kameramannes, des Architekten und der Darsteller. Von dem Produzenten gar nicht zu reden, der in alles hineinredet. Und etwas, was nur aus dem Einverständnis einer ganzen Menschengruppe entstehen kann, bringt schon in seiner innersten Struktur eine zwischenmenschliche Gemeinsamkeit, als Vorbedingung für die Allgemeinverständlichkeit, mit.

Der ökonomische Zwang zur größtmöglichen Popularität bestimmt den Charakter und die soziale Bedeutung des kapitalistischen Films. Die Kunst, die eine große Industrie geworden ist, konnte nicht Bildungsprivileg der herrschenden Klassen bleiben. Es ist eine dialektische Erscheinung der kapitalistischen Wirtschaft, daß zuweilen ein Privileg um der Rentabilität willen aufgegeben werden muß.

Ästhetischer Wert und Popularität

Doch schien es bisher ein allgemeines Gesetz zu sein, daß in der Kunst geistiger Wert und Popularität in umgekehrtem Verhältnis zueinander stehen. Für die Bildungsaristokratie galt »unverstanden« als ein Adelsprädikat. Wiewohl es immer eine *Volkskunst* gegeben hat, die in keiner Hinsicht minderwertiger oder würdeloser gewesen ist als jene der Hochgeschulten. Nämlich die Volkskunst, die *von dem Volke* gemacht wird. Jene, die *für* das Volk von oben gemacht wird, enthält natürlich nur die negativen Bedingungen der Popularität.

Deutsche Geistigkeit

Es war von jeher eine besondere deutsche Ideologie gewesen, daß gute Kunst und volkstümliche Kunst unvereinbare Widersprüche seien. Große Popularität ist hierzulande mit Recht verdächtig. Sie gilt als Beweis der Banalität. Das liegt an der Eigenart einer Intellektualität, die sich in abstrakt spekulativer Richtung entwickeln mußte, und hat seine historischen Gründe. Der idealistische deutsche Geist erhob sich zu den Wolken, weil ihm der Weg auf der Erde versperrt gewesen war.

Marx beschreibt diese Isolierung des freien deutschen Denkens von der politisch geknebelten Wirklichkeit in seiner Einleitung zur »Kritik der Hegelschen Rechtsphilosophie«: »Wie die alten Völker ihre Vorgeschichte in der Imagination erlebten, in der Mythologie, so haben wir Deutschen unsre Nachgeschichte im Gedanken erlebt, in der Philosophie.« »Die Deutschen haben gedacht, was die anderen getan haben. Die Abstraktion und Überhebung ihres Denkens hielt immer gleichen Schritt mit der Einseitigkeit und Untersetztheit ihrer Wirklichkeit.«

Diese Entfremdung der Geistigkeit von der Wirklichkeit, die Marx in der Philosophie feststellt, äußerte sich natürlich auch in der Kunst. So entwickelte sie ihre besten Werte zu einer Geheimsprache der Gebildeten. Wollte sie populär sein, so wurde sie trivial.

Wo gibt es in der deutschen Literatur den Typus Mark Twain, Kipling, Jack London? Dichter, die in jedermanns Sprache für jedermann verständlich fabulieren und doch große Künstler sind? Diese Oberflächenkunst, die nicht oberflächlich ist, diese Feinheit ohne Finessen, diese sinnliche Freude am Gegenständlichen, dieser Charme der leichten Mitteilung, diese Magie des einfachen Geschichtenerzählens, die ohne intellektuelle Kompliziertheit bedeutsam und poetisch ist?

Wenn die deutsche Kunst populär sein will, so muß sie »Konzessionen machen«. Aber erkauft etwa Chaplin seine Popularität mit »Konzessionen«? Wird er dort banal, wo er allgemeinverständlich ist? Es ist eine Lebensbedingung der Filmkunst, daß sie nicht nur auf ihrer niedrigsten, sondern auch auf ihrer höchsten Stufe volkstümlich werde.

Aber allein, daß etwas unpopulär ist, bedeutet noch nicht, daß es keine Verbindung mit der sozialen Wirklichkeit hat. In einer Gesellschaft, in der die Bildung nicht Gemeingut ist, wird selbst das Wissen um den eigenen Zustand auch vorerst nur in einzelnen Köpfen reifen. Die Lektüre der Schriften von Karl Marx erfordert eine bedeutende wissenschaftliche Schulung, trotzdem kann man wohl schwerlich behaupten, sie seien dem tatsächlichen Leben fremd. Hingegen trifft das auf so manche vulgäre Schrift zu.

Auch in der Kunst ist eine anfängliche Unpopularität noch kein unbedingtes Zeichen der isolierten Abseitigkeit. Ebensowenig wie Verständlichkeit schon Verständnis beweist. Latente Tendenzen der Allgemeinheit werden in einzelnen oft früher bewußt und geformt. Selbst unverstanden und bekämpft, regen sie eine allgemeine geistige Entwicklung an. Zuweilen besteht dann noch die Kampfparole gegen eine Idee, die man sich inzwischen schon lange assimiliert hat.

Dies möchte ich ganz besonders zu einigen, gewiß noch sehr unpopulären Vorstößen im Bereich des absoluten Films bemerkt haben. Es mag viel verspieltes Ästhetentum, viel theoretisch verbohrte Pedanterie dabei sein, individualistische Abseitigkeit und auch Bluff. Ich habe meine Bedenken nicht verschwiegen. Aber ich weiß, daß jene, die um die spezifischen Mittel des Ausdrucks ringen, experimentieren und riskieren, die Aufklärungspatrouillen der Entwicklung sind. Nicht immer finden sie den gangbaren Weg, aber sie sind es, die suchen. Diesen Pionieren des Films unter den Schaffenden wie unter dem Publikum habe ich dieses Buch gewidmet.

Popularität ist nicht hoffnungslos

Der Zwang zur Popularität senkt anfangs notwendigerweise das Niveau des Ausdrucks. Aber es bleibt nicht dabei. Gerade durch die Popularisierung wird ein Bildungsprozeß angeregt, der die undifferenzierte Primitivität bald überwindet. Die Entwicklung der visuellen Kultur durch den stummen Film hat es bewiesen.

Die Herstellung eines Tonfilms zum Beispiel ist bedeutend teurer als die eines stummen Films. Die Rentabilität kann also nur durch eine noch größere Popularität gesichert werden. Das Niveau der ersten Tonfilme sieht dementsprechend aus. Aber der Rückfall der ersten Sprechfilme in die Trivialität der ersten stummen Filme kommt nicht nur von der noch unentwickelten Technik. Er beweist, daß die visuelle Kultur des breiten Kinopublikums inzwischen bereits viel differenzierter geworden ist als seine intellektuelle Kultur. Doch es wird nicht dabei bleiben.

Der Kleinbürger als Basis der Filmproduktion

Die kapitalistische Großindustrie der Filmproduktion trachtet naturgemäß nach dem größtmöglichen Absatz. Sie muß also der Ideologie der breitesten Massen entgegenkommen, aber ohne ihre eigene aufzugeben. Sie muß sich rentabilitätshalber an »untere« Schichten wenden. Doch nur an jene, deren geistige und emotionelle Bedürfnisse sie befriedigen kann, ohne die Interessen der herrschenden Klasse zu gefährden. Da kommt also vor allem jene Masse in Frage, der die eigenen Interessen am wenigsten bewußt sind.

Darum ist die europäische und amerikanische Filmproduktion ideologisch auf das Kleinbürgertum eingestellt. Nicht nur, weil der Kleinbürger sich ein billiges Vergnügen noch leisten kann. Der Kleinbürger hat kein Klassenbewußtsein. Er wird also nicht alles ablehnen, was seinen ökonomischen und sozialen Interessen widerspricht. Vor allem aber ist das Kleinbürgertum darum das größte Absatzgebiet, weil seine Mentalität nicht auf eine gesellschaftliche Schicht beschränkt bleibt. Der Kleinbürger steckt auch in vielen Proleten, in sehr vielen Intellektuellen und Großbürgern auch. Sie finden sich im Kino alle in einem Gefühl.

Die Grenzen des Kleinbürgers

Das Kleinbürgerliche ist die begrenzte Sicht des unsozial und unpolitisch betrachteten Lebens. Der »bescheidene«, weil kurzsichtige Egoismus, für den nur das unmittelbare Nächstliegende Realität hat. Das ist die fest umzäunte feste Burg des Kleinbürgers. Da gibt es ein Innerhalb und ein Außerhalb. Aus dieser Polarität entstehen die Grundelemente der kleinbürgerlichen Kunst.

Für den Kleinbürger, der in diesen Schranken seiner Beschränktheit Geborgenheit sucht, gibt es also eine besondere Innigkeit der

Idylle innerhalb und die große Romantik außerhalb dieser Schranken. Aus diesem korrespondierenden Gegensatz müssen mithin die wesentlichen Motive und Gegenspieler des gangbaren Films geholt werden.

Liebesidylle	Dämonische Gefahren der Erotik
Intime Häuslichkeit	Märchenpracht der höheren Stände und dunkle Laster
Privateigentum	Abenteuerliches Verbrechen
Bescheidene Armut	Der Traum des möglichen Aufstiegs in höchste Sphären

Abwehrmaßnahmen der Romantisierung

Romantisch also ist das Ferne und alles, was *fern sein und bleiben soll.* Alles was die Ruhe bedroht, wird jenseits der Schranken verdrängt. Romantisiert. Romantisierung ist eine Abwehrmaßnahme des Kleinbürgers. Kein Gruseln darf den Glauben an die Unantastbarkeit seiner Lebensbasis (die vielleicht gar nicht mehr vorhanden ist) erschüttern. Das Happy-End ist da, um diesen Glauben aufrechtzuerhalten. Wie schlimm seine Situation auch sein mag, der Wechsel erscheint dem Kleinbürger als das Schlimmste. Denn für den, der keine historischen und sozialen Zusammenhänge sieht, bedeutet jeder Wechsel das dunkle Chaos.

Der Kodex des Will Hays

Will Hays, einer der Herrscher in der amerikanischen Filmindustrie, formulierte die ideologischen Vorschriften für seine Produktion folgendermaßen:

»Das Leben der gehobenen Stände soll gezeigt werden.«

»Gesetze des Naturrechts und die von Menschen gegebenen sollen nicht verhöhnt werden.«

»Keine Sympathie für die Übertreter des Gesetzes.«

»Die Methoden des Verbrechens werden nicht in genauen Einzelheiten gezeigt.«

»Die Heiligkeit der Ehe und des Heims wird hochgehalten. Ehebruch wird nicht ausführlich behandelt oder gar gerechtfertigt. Szenen der Leidenschaft müssen auf das notwendigste Maß beschränkt werden.«

»Kein religiöses Bekenntnis wird verhöhnt. Die Geschichte, die

Einrichtungen, historische Größen und die Bevölkerung fremder Länder werden in fairer Weise dargestellt.«

»Hinrichtungen, Drittes-Grad-Verhör bei der Polizei, Brutalität sollen unter peinlicher Beobachtung des guten Geschmacks behandelt werden.«

Das sind die Regeln, nach denen die amerikanischen Filme zensuriert werden. Noch bevor man sie herstellt. Bevor der Filmdichter eine Zeile niederschreibt, hat er schon an die Zensur gedacht.

Es versteht sich von selbst, daß nicht alle Filme ausnahmslos und hundertprozentig nach dieser kleinbürgerlichen Ideologie gemacht werden. Zuweilen in Einzelheiten, seltener im Ganzen, bricht auch ein anderer Geist durch. Auch drängt die geschichtliche Entwicklung immer neue Motive in den an sich unverändert engen Gesichtskreis des Kleinbürgers. Seine Einstellung bleibt dieselbe. Aber die Dinge, zu denen er sich einstellen muß, wechseln. (Heute sind es gar soziale Probleme, derer er sich mit seiner asozialen Ideologie entledigen muß. Der soziale Kitschfilm hilft ihm dabei.) Die Tendenz bleibt: Beruhigung! Beruhigung auch in der Darstellung aufregendster Sensationen. Auf Beruhigung gehen alle gangbaren Themen und Motive des Films aus.

Liebe

Liebe etwa ist am leichtesten ohne Klassenkampf zu behandeln. Als Naturkraft scheint sie allgemeingültig zu sein und darum allgemeines Interesse zu beanspruchen. Jedenfalls das gangbarste Motiv. Im dramatischen Konflikt mit sozialen Hindernissen erweist sich die Gewalt der Liebe in den Filmen fast immer siegreich. Da überbrückt die Liebe alle Klassenunterschiede und beruhigt darüber, daß Klassengegensätze gar nicht so viel ausmachen.

Dem Selbstbewußtsein, radikal und emanzipiert zu sein, wird auch Nahrung gegeben. Soziale Einrichtungen und Vorurteile, die den Menschen das Recht auf Liebe nehmen, werden oft ganz rebellisch kritisiert. Es sind immer solche, die in der Praxis des Kleinbürgers kaum vorkommen. Es handelt sich meist um eingesperrte Nonnen oder regierende Fürsten, die dem Rufe ihres Herzens nicht folgen können. So werden auch andere vergangene oder exotische Vorurteile gebrandmarkt. Ideelle Revolten gegen Unterdrückungsformen, die es längst nicht mehr gibt, sind die ideologischen Ventile für den kleinbürgerlichen Liberalismus. Und wenn das reiche Mädchen den armen Jüngling, oder umgekehrt, nicht heiraten darf, so wird umsichtigerweise darauf aufmerksam gemacht, daß solche Strenge sich als ein Rechenfehler erweisen könnte. Denn im letzten Akt hat dann der Jüngling oft mehr Geld als das Mädchen. Oder umgekehrt.

Außereheliche Liebe wird in europäischen Filmen nicht mehr unbedingt moralisch verurteilt. Aber sie bleibt ein gefährliches Abenteuer oder ein romantisches Märchenglück. Erotische Leidenschaft ist jedenfalls wie eine Naturkatastrophe, wie eine schwere Krankheit, die den Menschen überfallen kann, jedoch nicht zum Bestand des normalen Lebens gehört. Nicht dazu gehören soll! Darum ist Leidenschaft in der kleinbürgerlichen Ideologie immer etwas Exotisch-Romantisches. Sie scheint nur an den Peripherien vorzukommen. *Sie wird durch Romantisierung an die Peripherie verdrängt.* Romantisierung ist eine Schutzmaßnahme des Kleinbürgers. Wo er nicht mehr sehen will, dort beginnt er zu phantasieren.

Familie

Familiengefühle sind auch »allgemein menschlich«, das heißt ziemlich ähnlich bei allen Klassen, und können darum normiert werden. Mutterliebe ist eine international und bei allen Gesellschaftsschichten verwertbare Ware. Daß der amerikanische Film zumal den Gemütsgehalt des Familienlebens ausbeutet wie Ölfelder und Kohlenreviere, das kommt daher, daß in dem überorganisierten, mechanisierten Betrieb des amerikanischen Lebens die Familie die einzige Insel ist, wo der Mensch noch menschliche Beziehungen erlebt.

Und er möge sie gar nicht anderswo suchen. Familienglück ist Trost für jede Unbill, lehrt der Film. Laß der Welt und der Ausbeutung ihren Lauf. Was schert dich der Klassenkampf? Die Familie ersetzt dir alles.

»Gemütlichkeit«

Mit der Verdinglichung des taylorisierten und rationalisierten Menschen wächst sein Bedürfnis nach Sentiment. Das Gefühl, aus dem sachlichen Leben verdrängt, fließt wie die herausgepreßte Limonade nebenher und gerinnt zu eigenen Wunschtraumgebilden. Da der Kleinbürger nicht daran denkt, an seiner eigenen Wirklichkeit etwas zu ändern, so schafft er sich die Filmmythologie vom gemütlichen Wien, wo kein Maschinentempo Gefühl und Stimmung frißt. Die Mythologie vom Zeitalter des goldenen Herzens! Es ist eigentlich eine abgelenkte Opposition. Es sind Wunschträume, entsprossen einem Unbehagen und einer Unzufriedenheit.

Abreagieren

Ein ähnliches ideologisches Ventil öffnen auch die parodistischen Filme, in denen Kleinstadtleben und längst verschollene Duodezfürstenhöfe verspottet werden. Um nicht revoltieren zu müssen gegen die Wirklichkeit, die ihn demütigt, richtet der Kleinbürger sein Selbstgefühl an der Komik noch kläglicherer Zustände wieder auf. Wie der Feldwebel die Ohrfeige, die er bekommen hat, dem Rekruten weitergibt. Und wenn er sich diesen Rekruten erfinden muß.

Der Detektiv

Die Angst und Sorge des Kleinbürgers um seinen Besitz wird auch außerhalb seiner sozialen Sphäre lokalisiert. Um die Angst vom legalen, alltäglichen Raub der kapitalistischen Ausbeutung abzulenken, wird die Gefahr romantisiert und erscheint ausschließlich in der Gestalt des Verbrechens. (Denn was erlaubt ist, das ist auch in Ordnung.) Der Vollständigkeit wegen zitiere ich hier eine Stelle aus »Der sichtbare Mensch«: »Der Film hat mit dem Detektiv begonnen. Denn der Detektiv bedeutet die Romantik des Kapitalismus. Das Geld ist der vergrabene Märchenschatz, der heilige Gral, die blaue Blume der großen Sehnsucht. Des Geldes wegen setzt der kühne Verbrecher sein Leben aufs Spiel. Er ist nicht der arme Prolet, den äußerste Not zum Diebstahl zwingt. Er ist meist der elegante Berufseinbrecher im Frack, der nicht um eines Bissen Brotes wegen in der Nacht seine Maske umbindet, sondern um des romantischen Schatzes willen, der die mystische Krone des Lebens ist.

Der Held dieser Filme aber ist der unerschrockene Beschützer des Privateigentums, der Detektiv gewesen. Er ist der heilige Georg des Kapitalismus. Wie in alten Heldengesängen der gepanzerte

Ritter sich in den Sattel schwang, um für die Königstochter eine Lanze zu brechen, so steckt der Detektiv seinen Browning in die Tasche und wirft sich ins Auto, um mit seinem Leben die heiligen Wertheimkassen zu schützen.

Was ist dabei romantisch, was scheint die Grenzen des Natürlichen zu überschreiten? Alles, was die Grenzen des Strafgesetzes überschreitet. Für den Kleinbürger bedeuten Weltordnung und Rechtsordnung ein und dasselbe. Symbol und Repräsentant der Weltordnung ist also der Polizist. Der Polizeikordon bedeutet die Grenze des Lebens. Darüber hinaus beginnt das Geheimnis und das Abenteuer.«

Kitsch

»Das Gefühl, aus dem sachlichen Leben verdrängt, fließt wie herausgepreßte Limonade nebenher.« Ist das nicht eine Beschreibung des Kitsches überhaupt? Aber wichtiger als die ästhetische Frage, *was* Kitsch sei, ist das kultursoziologische Problem, *warum* der Kitsch den kleinbürgerlichen Massen so gut gefällt?

Kitsch ist nicht einfach schlechte Kunst. Er gibt Unbeholfenen und sogar Unbegabten Ausdruck, der gar nicht kitschig ist. Hingegen gibt es Edelkitsch von hohem künstlerischem Schliff.

Kitsch nennt man im allgemeinen das unechte oder überbetonte Gefühl. Einen gewissen sentimentalen und pathetischen Ausdruck, der sich von dem normal-natürlichen unterscheidet und die Stimmung als einen Sonderfall abhebt. Kitsch ist extrahiertes Sentiment. Er verhält sich zur Kunst wie jene »herausgepreßte Limonade« zur lebendigen Frucht. Das kondensierte Stimmungspräparat ist aus Konserven zu holen und kann nach Bedarf immer beigemischt werden. Aber warum schmeckt das so gut? Warum ist der Kitsch ein so tiefes und allgemeines Bedürfnis des Kleinbürgers? Die Absonderung des Sentiments ist eine Erscheinung der Verdinglichung und Versachlichung des Lebens in der kapitalistischen Gesellschaft. Das Gefühl spaltet sich ab von der mechanisierten Wirklichkeit, die keinen Raum für Sentiment hat. Empfindung ist nicht mehr organischer Inhalt des Lebens, sondern wird ein Ding für sich. Nie gab es noch einen so filtrierten Schmalz der Sentimentalität, wie ihn die konfektionierten Stimmungen der »Schlager« bieten. Der Schlager und der Saxophontango sind psychische Abfallprodukte der modernen Sachlichkeit.

Ich sagte: »Romantisierung ist eine Form der Verdrängung.« Nun, der Kitsch ist die romantisierte Empfindung. Das Gefühl wird an die Peripherie der Alltagswirklichkeit verschoben, damit es den normalen Lebensbetrieb und den Geschäftsgang nicht störe. Darum muß es in der Kunst etwas Feierliches, Sonntägliches bekommen und eine andere Sprache sprechen. Im Gefühl, meint der Kleinbürger, soll man vollkommen aufgehn. Freilich, gerade darum kann man sich so etwas nicht alle Tage leisten. Die allzu große Forderung war immer schon ein guter Vorwand gewesen, überhaupt nichts zu tun. Man steigert die Sache zu etwas Außergewöhnlichem, damit sie nicht mehr anzuwenden sei. Und das gerade ist der Kitsch: Gefühl ohne Konsequenz.

Pathos

Die Ausdrucksformen, die nicht mehr verpflichten, die leer gewordenen Redensarten einer niedergehenden Klasse werden zum Kitsch. Denn die aufsteigende Klasse durchschaut sie als bloße Ideologien. Das rhetorische Pathos der feudalen Kunst war nicht von vornherein kitschig gewesen. Es ist kitschig geworden, ohne daß es sich selbst geändert hätte. Die Wirklichkeit hat sich verschoben. Und das Pathos wurde in der bürgerlichen Welt zum Kitsch, weil es unanwendbar geworden ist. Das neue, das revolutionäre Pathos der russischen Filme wirkt nicht kitschig. Denn es ist Ausdruck eines Gefühls, aus dem letzte Konsequenzen gezogen werden.

Opposition gegen den Kitsch

Aber nicht nur das Bedürfnis nach dem Kitsch, sondern auch die starke Opposition gegen den Kitsch hat seine ideologischen Gründe. Eine Gesellschaftsordnung, die in Mißkredit geraten ist, verliert auch ihre ästhetische Autorität. Die Opposition gegen eine Klasse äußert sich nicht nur im politischen Kampf, sie beginnt schon viel früher mit der Geschmackskritik. Die französische Revolution lag nur noch als latente Spannung in der Luft, als Rousseau die Abkehr von den herrschenden Sitten und die »Rückkehr« zur Natur predigte. Mit dieser Rückkehr war ein Schritt vorwärts gemeint. Es war bereits eine revolutionäre Parole gewesen. Nämlich eine Absage an die herrschenden Sitten. Und auch heute ist unser stets wachsendes Verlangen nach Natürlichkeit, nach Einfachheit, nach möglichst verhaltenem Ausdruck bloß eine Negation. Eine Negation der herkömmlichen Ausdrucksformen, denen wir heute nicht mehr trauen, wiewohl wir noch keine neuen haben.

Die umgekehrte Romantik

Mit der bloßen Negation ist es aber nicht getan. Die Dinge, die man nicht wahrnehmen will, werden über die Grenze geschoben. Über die Grenze der unmittelbar erlebten, real gesehenen Wirklichkeit in den blauen Dunst einer Märchenferne. Für den alten Kleinstadtbürger begann die Romantik beim Schlagbaum der Stadtgrenze. Seine Märchenwelt war genau um so viel größer, als seine wirkliche Welt kleiner als die unsrige war. Für den Kleinbürger der modernen Großstadt aber wird die ideologische Flucht in die Ferne immer schwieriger. Der Weltverkehr hat die geographische Ferne entromantisiert. Unabwendbare soziale Erkenntnisse haben die Illusionen gesellschaftlicher und historischer Fernen diskreditiert. Wenn dem modernen Großstadtbürger der Anblick seiner Wirklichkeit unbehaglich wird, so kann er sich nicht mehr gut Seeräubergeschichten oder indischen Maharadschalegenden zuwenden. Auch die Unterwelt der Verbrecher, auch die Oberwelt der Milliardäre genügen immer weniger, um von der eigenen Welt abzulenken. Der Großstadtkleinbürger ist zu aufgeklärt. Er hat also einen anderen Ausweg gefunden. Der moderne Film bietet seine ganze Kunst auf, bei dieser Bewußtseinsflucht zu helfen.

Der moderne Großstadtkleinbürger hat plötzlich die *kleinen Wirklichkeiten* entdeckt, um mit ihnen die große Wirklichkeit zu verdecken. Daß der Naturalismus des modernen Films sich zu so einer subtilen und wirklich hohen Kunst entwickeln konnte, lag zum großen Teil daran, daß er dem neuen ideologischen Bedürfnis des Kleinbürgers entgegenkam. Daher kam auch die schon lange fühlbare Divergenz zwischen den wahrhaftigen, guten Details und der verlogenen Stupidität der Gesamtfabel in den neueren Filmen. Dieser neue Tatsachenfanatismus, diese Freude an kleinen lebensnahen Beobachtungen, diese Betonung der Alltagsmomente ist eine Flucht vor dem Ganzen in die Einzelheiten. Denn aus Einzelheiten kann man keine Konsequenzen ziehen. Nur das Ganze hat Bedeutung. Es ist die umgekehrte Romantik des Kleinbürgers. Es ist die Ideologie seiner neuen Vogelstraußpolitik: den Kopf in die Fülle der Lebensdetails zu stecken, um das Leben nicht sehen zu müssen. *So ist das Leben* und *Menschen am Sonntag* und wie die neuen deutschen Filme »aus dem wirklichen Leben des gewöhnlichen Menschen« alle heißen, sie verbergen in einer Fülle von Tatsachen – ihren Sinn. Es ist die Kleinbürgerromantik mit negativem Vorzeichen. Sie verdeckt die Wahrheit mit der Wirklichkeit.

Proletarische Filme

Es werden bei uns auch proletarische Filme gemacht. »Sie halten mehr von der Prädestination als von den Gewerkschaften« – charakterisierte S. Kracauer diese Filme einmal in der Frankfurter Zeitung. »Sie wählen sich unter den Arbeitern und Angestellten, die sie sich durchweg als unorganisiert denken, immer nur einen, den sie dann selig werden lassen ... Sie schildern das Proletariermilieu, um den Helden aus dieser Hölle zu erretten.«

Die ideologische Bedeutung des Optimismus, der sich im Happy-End ausdrückt, liegt auf der Hand. Doch die ideologischen Verdrängungen des modernen Kleinbürgers sind in letzter Zeit nicht immer so primitiv. Er nimmt gewisse Tatsachen zur Kenntnis. Bloß nicht jene, aus denen unmittelbare Konsequenzen gezogen werden müßten. Es läßt sich also auch das Elend zeigen in seiner tragischen Hoffnungslosigkeit. Aber immer bloß bei Lumpenproleten und Entgleisten und höchstens noch bei Arbeitslosen. Aufrechterhalten bleibt also die Illusion, daß, wenn der Prolet bloß Arbeit hat, dann geht es ihm tadellos. Der Kleinbürger beklagt die Schäden des *nicht funktionierenden* wirtschaftlichen Systems. Von den Schäden des gut funktionierenden will er nichts wissen. Er beweint gerne jene, die rettungslos unter die Räder geraten sind. Denn daß man nicht mehr helfen kann, ist das Beruhigende dabei. Weil man da auch nicht zu helfen braucht.

Der entromantisierte Held

Die *Forderung* ist es vor allem, die der ruhebedürftige Kleinbürger nicht verträgt. Als er noch romantisch war im alten Sinn, da gefielen ihm die Märchenhelden, die so großartig und unerreichbar waren, so fernegerückt von den realen Möglichkeiten, daß ihr Beispiel bei aller Begeisterung zu keiner Nachfolge verpflichtet hat. Mit der Flucht in die kleinen Einzelwirklichkeiten, mit der Umkehrung der

Romantik wurde der Held nun ganz nahe gerückt. So nahe, daß er überhaupt kein Held mehr ist und sein Beispiel keine moralische Forderung bedeutet. Die amerikanischen Filme propagieren schon seit Jahren den Typus des braven Mannes mit dem einfachen Herzen, der froh ist, wenn er sein Mädchen findet und leben kann und sich weiter um nichts kümmert. Sein Beispiel stellt keine Anforderungen an die Moral und keine Anforderungen an den Geist. Die wirklichkeitslose Romantik von früher und die Romantik der neuen Sachlichkeit weichen gleicherweise der Forderung und dem Pathos des möglichen und realen Heroismus aus.

Sachlichkeit und Wirklichkeit

So wurde auch der wunderbare Realismus des modernen Films in der durchschnittlichen Filmproduktion zu einer Ideologie des Kleinbürgers. Zur Ideologie der Sachlichkeit, des objektiven Berichts, in dem keine gefühlsbetonte Deutung der Zusammenhänge zur Stellungnahme zwingt und Forderungen stellt.

Die Sachlichkeit ist auch eine allgemeine Parole der deutschen ästhetischen Kritik geworden, und darum muß einiges noch dazu gesagt werden. Vor allem, daß sie in dieser Form nichts weniger als eine sozialistische oder revolutionäre Parole ist, was man sich auf der linken Seite einzubilden scheint. Im Gegenteil. Diese Sachlichkeit ist als Bild der taylorisierten Welt aus der Weltanschauung des Trustkapitals entstanden. Sie ist die Ästhetik des laufenden Bandes. Sie ist die letzte Etappe jener »Verdinglichung«, die Karl Marx als den größten Fluch des bürgerlichen Kapitalismus bezeichnet.

Verdinglichung nannte Marx eben diese Versachlichung. Er beschreibt sie als die »gespenstige Gegenständlichkeit«, die alle Lebensäußerungen der kapitalistischen Gesellschaft bekommen, so daß in ihnen das Wesentliche, daß sie nämlich Beziehungen zwischen Menschen und Menschen sind, kaum mehr zu erkennen ist. Das Resultat dieser Verdinglichung ist, daß dem Menschen seine Arbeit, sein eigenes Leben als etwas von ihm Unabhängiges, Menschenfremdes, Eigengesetzliches gegenübergestellt wird. (Also »einfach zu photographieren« ist.) Der Mensch wird als mechanisierter Teil eingefügt in ein mechanisches System und seiner Individualität entfremdet. (Also unpersönlich! Ohne privates Schicksal dargestellt.) Das ist die Versachlichung, die Marx beschreibt. Die entsprechende Sachlichkeit ist die daraus folgende Ohnmacht, die über das bloße Anschauen nicht hinwegkommen kann.

Die falsche Opposition

Gewiß ist das Bedürfnis nach Wirklichkeit ursprünglich aus einer Auflehnung gegen die verlogene Romantik entstanden. Aber Einzelwirklichkeiten ergeben noch keine Wirklichkeit, Tatsachen noch keine Wahrheit. Hingegen kann die Bedeutung der Zusammenhänge, der Sinn der Wirklichkeit auch in einem Märchen enthalten sein. Also gar kein Anlaß, jeder Dichtung zu mißtrauen!

Dieselbe Kritik, die von dem Film unbedingten Naturalismus fordert, kann nicht umhin, sich für Chaplin zu begeistern. Zeigen denn seine Filme das Leben »so wie es tatsächlich ist«? Ist das Leben wirklich genau so wie bei jenen Goldgräbern, die er im *Goldrausch* darstellt? Ist seine Gestalt überhaupt eine Gestalt der alltäglichen Wirklichkeit? Und doch kann man sich bei den grotesken und phantastischen Szenen von Chaplin nicht des Eindrucks der Wahrheit erwehren.

Denn das Gegenteil von falsch ist nicht wirklich, sondern echt. Das Gegenteil von verlogen ist nicht wirklich, sondern wahrhaftig. Sogar das Gegenteil von unwirklich ist in der Kunst nicht das dokumentarisch Tatsächliche, sondern das Lebendige, sinnfällig Gegenständliche. Aber echt, wahrhaftig lebendig kann auch ein Chaplin-Märchen sein.

Der Mensch gehört dazu

Gewiß ist die Erkenntnis der Wirklichkeit eine Bedingung der Befreiung von jeder falschen Ideologie. Das Bedürfnis nach Tatsachenkenntnis ist der Wunsch des freien politischen Bewußtseins: sich selber zu orientieren. Aber dieselbe Sachlichkeit wird zu einer reaktionären Ideologie, wenn sie den Menschen mit seinem inneren Erleben ausschaltet. Denn zur Tatsachenwirklichkeit gehört auch der Mensch dazu, mit all seinen Resonanzen auf die Umwelt. Auch mit seinen Sehnsüchten, Phantasien und Träumen. Um diese zu gestalten, genügt die Reportage von den »greifbaren« Dingen allein nicht. Da wird es zuweilen auf die Sensibilität und Bildkraft der Dichter ankommen, um die nicht greifbare Atmosphäre der Wirklichkeit zu gestalten. Dichtung ist ein natürliches Organ der Menschheit zur Wahrnehmung der nicht gerade greifbaren und darum doch nicht weniger existenten Wirklichkeit.

Gewiß: das Allgemeine ist wichtiger als das Private, das Gesetz ist wichtiger als der Einzelfall, die Masse ist wichtiger als die Person. Aber in der Kunst kann das allgemeine Gesetz nur dann überzeugend dargestellt werden, wenn der Nachweis erbracht wird, daß es in jedem konkreten Einzelfall in Wirkung tritt.

Philiströse Pedanten der Sachlichkeit verwerfen jede Privatpsychologie. Aber man wird sie oft zeigen müssen, um zeigen zu können, daß sie schlechthin abhängig ist von der sozialen Umwelt. Wir haben das Problem des konkreten Individuums nicht gelöst, sondern umgangen, wenn wir nicht auch im Einzelschicksal das Allgemeingültige und Repräsentative zeigen. Die Massenpsyche tritt auch in der Haltung der einzelnen Menschen in Erscheinung. Und dann kommt es nicht darauf an, den Menschen in der Masse, sondern die Masse in den Menschen zu zeigen.

Russische Entwicklung

Sehr lehrreich ist die Entwicklung des russischen Films als Beispiel für meine These. Vor allem sind die russischen Filme gar nicht »sachlich«, wiewohl man ihnen revolutionär-sozialistischen Geist kaum absprechen kann. Pathetisch sind sie und rührend und gehen ganz bewußt auf emotionale Wirkung aus. Sie scheren sich dabei auch um den Naturalismus nicht, trotzdem sie ihn im Handgelenk haben. Aber wenn der tatarische Held vom *Sturm über Asien* mit einer Säbelklinge das ganze englische Offizierskasino kurz und klein schlägt und, bravouröser als es je ein Fairbanks-Held gewesen ist, mit bloßer Hand das ganze Gebäude niederreißt, wenn nachher die Tataren in der Sturmwolke einhersausen, so ist das hinreißend temperamentvoll und Ausdruck einer tief echten Ekstase. Aber sachliche Wirklichkeit ist es gewiß nicht. Ebensowenig wie das rührende Happy-End der *Letzten Tage von St. Petersburg*, wo die Frau mit den gebratenen Kartoffeln ihren Mann sucht und ihn endlich erhöht, mit strahlendem Lächeln in der Pracht des zaristischen Thronsaals findet. Es ist tiefe symbolische Wahrheit in dieser rührenden Märchenszene. Sachlich ist sie nicht zu nennen. Gibt es etwas Phantastischeres als den Kampf des Frauenbataillons in

Eisensteins *Zehn Tage, die die Welt erschütterten* oder als die Stierhochzeit in seinem *Kampf um die Erde*? Nein! Der wirklich revolutionäre Film weiß nichts von den Parolen der deutschen Sachlichkeit.

Drei Etappen

Was die Darstellung von Mensch und Masse betrifft, so sind in der Entwicklung des Sowjetfilms bisher drei Etappen zu unterscheiden. Es begann mit *Potemkin* und mit Pudowkins *Mutter*. Beide Filme haben soziologisch noch einen privaten Charakter. Die Mutter bei Pudowkin wird aus ganz privaten Motiven zur Revolutionärin. Weil man ihren Sohn gequält und umgebracht hat. Keine allgemeine Erkenntnis, kein allgemeines Gefühl, sondern ein ganz persönlicher Schmerz bestimmt ihre Psychologie. (Was um so auffallender ist, da im Roman Gorkis die Wandlung der Frau nicht als unmittelbare Reaktion auf den Tod ihres Sohnes, sondern viel später geschieht, als sie allmählich in den Kampf, den ihr Sohn gekämpft hat, mit hineingezogen wird und statt des einen, den sie verloren hat, nun alle Unterdrückten als ihre Kinder ins Herz schließt.) Der Kampf auf dem Potemkin scheint auch eine Privatangelegenheit dieses Panzerkreuzers zu sein. Wir sehen kaum andere Ursachen als das verdorbene Fleisch, und wir sehen nirgends anderswo Erregung als in dieser Meuterei.

Die zweite Etappe der Entwicklung ist in den »Tagen« zu sehen. In den *Letzten Tagen* und in den *Zehn Tagen*. Da verschwindet jedes Privatschicksal in der monumentalen Darstellung allgemeiner Situationen. Massen stehen gegen Massen, Klassen gegen Klassen, Typen gegen Typen. Keine private Psychologie entscheidet die Entwicklung.

In der dritten Etappe aber kam der dialektische Rückschlag zur Gestaltung des Einzelschicksals und der Einzelpsychologie. Denn diese Massenfilme waren in ihrem dramatischen Aufbau naturgemäß sehr wenig zu variieren. Das Schicksal des einzelnen ist abwechslungsreicher als das Schicksal der Masse. So verschieden man auch einen Barrikadenkampf darstellen mag, im wesentlichen bleibt es dasselbe. Es gab keine Entwicklung mehr für die unpersönlichen Massenfilme, für die historischen Panoramabilder des Bürgerkriegs.

Und in der nächsten Etappe greift der sowjetrussische Film

wieder zurück auf die Gestaltung der Einzelschicksale, auf die Privatpsychologie. Nicht »zurück« eigentlich. Denn diesmal ist es gerade umgekehrt wie in den ersten Filmen. In *Mutter* wurde noch im Rahmen einer allgemeinen sozialen Bewegung ein persönliches Motiv gezeigt. Heute trachten die Russen im persönlichen Motiv die Auswirkung der sozialen Bewegung aufzuzeigen. Im Rahmen eines Einzelschicksals das Allgemeine.

Das kam mit dem Aufbau. Es kamen die Filme der langsamen Revolution, die Kammerspiele vom inneren geistigen Aufbau des sozialistischen Menschen. Filme von der Umgestaltung des Privatlebens in der kollektiven Gesellschaft. *Bett und Sofa*, *Das Kind des anderen*, *Moskau, wie es weint und lacht*, *Der Mann, der das Gedächtnis verlor* und Dowshenkos herrliches Bildgedicht *Erde* sind lauter Filme, in denen die Auswirkung der neuen Ideologie auf das Denken und Fühlen des einzelnen gezeigt wird, mit allen Konflikten und Krisen, die solcher Entwicklungsprozeß mit sich bringt. Es werden gewissermaßen die ersten Resultate der politischen Revolution für die konkreten menschlichen Beziehungen gezeigt. Im *Mann, der das Gedächtnis verlor* wird gar der Versuch gemacht, Krieg und Revolution und die ungeheuere Umwälzung der gesamten Gesellschaftsordnung in der psychologischen Entwicklung eines einzigen Menschen darzustellen.

Wie Schematisierung zuweilen Ideologie verfälscht, dafür bieten die russischen Filme leider auch Beispiele genug. Sogar in diesen Meisterwerken der Filmkunst wird der Feind, der Bourgeois oder der Kulak, mit den primitivsten Mitteln als Bösewicht und Rohling charakterisiert. Die Absicht ist Propaganda. Jedoch durch diese Schematisierung gerade wird sie vereitelt. Denn für das Unrecht des kapitalistischen Systems ist es kein Beweis, wenn ein schurkischer Kapitalist unrecht tut. Im Gegenteil: das läßt dem Zuschauer den Ausweg zu denken, daß der Fehler nicht am System, sondern an der Moral des einzelnen liegt. Die Absicht sozialistischer Propaganda wäre in den Russenfilmen viel besser erreicht, wenn dargestellt würde, wie auch die persönlich gutmütigsten Kapitalisten an dem *Unrecht des Systems* nichts ändern können.

Dichtung und Wirklichkeit

Ich sagte: Wirklichkeiten ergeben noch nicht die Wirklichkeit. Denn diese ist nur in den Zusammenhängen, im Gesetz zu finden. Tatsachen ergeben noch keine Wahrheit. Die liegt in der Deutung und Sinngebung. Hingegen kann Gesetz und Sinn des Ganzen (wie in einem Gleichnis, in einer Parabel) auch in einem Märchen ausgesprochen werden und zur eindeutigen Stellungnahme zwingen. Die stupide Angst des modernen Kleinbürgers vor Dichtung und Phantasie ist die Ideologie seiner Angst vor Deutung und Sinngebung.

Dichter lügen nicht!

Dichter können gar nicht lügen, weil sie gar nicht vorgeben, Tatsachen mitzuteilen. Von Melodien wird man bewegt, aber nicht falsch informiert. Märchen können sowenig irreführen wie Träume. Freilich können Dichtungen falsche Ideologien suggerieren, sie können irreführende Logik, verlogene Psychologie enthalten.

Am harmlosesten sind darum noch die Erfindungen, die ohne tiefere Absicht, bloß der Kurzweil dienen wollen. Denn das vollständige Fehlen geistiger Deutung kann am wenigsten zu *Fehlern* führen. Nur falsche Psychologie stört. Gar keine Psychologie macht solche Geschichten zu einer schwerelosen Flächenkunst, zur Spielerei mit ornamental verschlungenen Fabeln. Und was die »Ablenkung« betrifft, ist die Ablenkung in ein Märchenland, wo man ja doch nicht bleiben kann, viel weniger gefährlich als die *Hinlenkung* auf eine verfälschte oder falsch gedeutete Wirklichkeit.

Am gefährlichsten sind die Tatsachen ohne Wahrheit. Unsere Wochenschauberichte, unsere dokumentarischen Montagefilme, werden, mit wenigen Ausnahmen, als die größten historischen Lügen unserer Zeit in die Geschichte eingehen.

Als vor zwei Jahren der »Volksfilmverband« gegründet wurde, so wollte er vor seiner ersten Veranstaltung (es war Pudowkins *Sturm über Asien*) auch eine Wochenschau zeigen. Nicht etwa Bilder, die eigens zu diesem Zweck neu aufgenommen worden sind. Aus dem Archiv der Ufa wurden Filmstreifen ausgeliehen, die alle bereits die Zensur passierten und in Hunderten von Kinos anstandslos gelaufen waren. Und sie wurde polizeilich verboten!

Die schlichten Photographien von Tatsachen haben in der neuen Zusammenstellung eine Deutung, einen Sinn, eine Ideologie bekommen, die die öffentliche Ruhe und Ordnung zu bedrohen schien. Wie verlogen mußte die Montage dieser Dokumente ursprünglich gewesen sein, daß ihr aufreizender Charakter bislang so verborgen blieb!

Die Ideologie der absoluten und abstrakten Filme

Die Forderung der Stellungnahme ist es vor allem, sagte ich, der der Kleinbürger ausweichen möchte. Die bloße Tatsachenreportage enthält keine Stellungnahme, zwingt also auch zu keiner. Sie ist dem Kleinbürger willkommen. Doch ist Tatsachen nicht immer zu trauen. Sie sprechen oft auch ohne besondere Deutung eine zu deutliche Sprache. Am sichersten vor der Forderung einer Stellungnahme ist man angesichts einer Abstraktion. Die bewegten Ornamente, die »optische Musik« der abstrakten Filme enthalten und provozieren keine Meinung. Hier bietet sich eine ästhetische Flucht vor der verpflichtenden Wirklichkeit.

Solche Abkehr von der Wirklichkeit in cinéma l'art pour l'art kann allerdings auch der ideologische Ausdruck eines Protestes gegen die historisch gegebene Situation sein. Das l'art pour l'art-Prinzip der französischen Parnassiens hatte seinerzeit ganz deutlich diesen passiv revolutionären Charakter des Nicht-teilnehmen-Wollens an der verachteten und verhaßten Wirklichkeit.

Aber jene Dichter, die sich von ihr abkehrten seinerzeit, mußten sich den Formträumen des »Parnasse« zuwenden, denn es gab für sie keine andere, neue, revolutionäre Wirklichkeit, der sie sich hätten anschließen können. Anders steht die Sache jetzt, in der Zeit des offenen und ideologisch bewußten, revolutionären Klassenkampfes. Die Ideologie der abstrakten Kunst ist heute bestenfalls eine Flucht der Skeptiker.

Auf dem Kongreß der »Ligue Internationale du Film Indépendant« in La Sarraz verteidigte Eisenstein sehr geistreich die Auflösung der Gestaltformen durch den abstrakten Film. Er sagte, daß es nicht auf die Nachahmung der Form, sondern auf die Darstellung des Wesens ankäme, und es wäre eine Art von Kannibalismus zu glauben, man könne mit der Form auch das Wesen eines Dinges schlucken. Wir schlucken, meinte er, mit den Augen die Gestalt, um uns die Seele einzuverleiben.

Wenn Eisenstein nicht ein so rettungslos kantianischer Dualist wäre, so käme ihm diese Psychophagie gar nicht so kannibalisch vor. Denn keine Gestalt ist zufällig. Sie ist vom Wesen gestaltet. Sie ist die *einzige* Erscheinungsform des Wesens und also, für das visuelle Erlebnis – das Wesen selbst. Nicht aufgelöst und abstrahiert, sondern *physiognomiert* muß die Gestalt werden, damit das Wesen in ihr erscheine. Denn herauszuschälen ist es nicht.

Der asoziale Surrealismus

Für den Surrealismus haben nur die Träume eigentliche Realität. Nicht was einem das Leben von außen zuträgt, sondern was »einem dazu einfällt«, wird in diesen Filmen der inneren Wirklichkeit dargestellt. Nicht eine Vorstellung der Welt, sondern eine Welt der Vorstellungen, in ihrer alogischen, rein organischen Fluktuation.

Das ist die subjektive Realität, die der sozialen Realität gegenübergestellt wird. Denn diese Assoziationen sind das sozial Ungültige im Menschen, das, was ein Einzelschicksal entscheidend beeinflussen kann, aber niemals die gemeinsamen Formen des zwischenmenschlichen Daseins. In dieser Kunst der ausschließlichen Innerlichkeit, der nurpsychischen Welt, bäumt sich noch ein letztes Mal, so scheint es, der bürgerliche Individualismus auf gegen die Kollektivierungstendenz der Entwicklung.

Die psychoanalytische »Vertiefung« dieser Kunst führt die psychischen Vorstellungen gar auf die physiologischen Prozesse des Körpers zurück. Und dann ist man eben bis zur Urnatur angelangt, wo man nicht mehr werten kann und keine Verantwortung mehr zu tragen braucht. Aber das ist ja gerade der Zweck. Die Kunst ist bloß die ideologische Hülle.

Der Körper ist nun das ganz Private, das von keiner zwischenmenschlichen Verständigung Bedingte. Der bloße Körper bedeutet, sogar in der Sexualität, die schlechtsinnige Einsamkeit. Und ist trotzdem das Unindividuellste und Unoriginellste am Menschen. Die unmittelbar physiologisch bestimmten Vorstellungen sind in ihrer Gleichartigkeit maßlos langweilig.

Trotz alledem!

Das Interesse des Produzenten und das Bedürfnis des Konsumenten bestimmen den Charakter der Ware. Aus der Ideologie des Kapitals und aus der Ideologie des Kleinbürgers ist zu 95% der Geist der Filme in Europa und Amerika gemischt. Das ist an Schreibtischen und in Atelier-Ecken nicht zu ändern. Es ist das Gesetz des Marktes.

Trotz alledem! Der Geist der Filme und der Geist des Films sind nicht identisch. Auch durch die Buchdruckerkunst wurde viel Lüge, Dummheit und Kitsch verbreitet. Trotz alledem war sie ein entscheidender Schritt zur Emanzipierung der Menschheit. Der Geist der Technik läßt sich nicht einschränken durch seine gelegentliche Verwendung. Auch der Kinematograph revoltiert gegen seine Besitzer durch seine innere Bestimmung.

Die Gesetze des Filmmarktes zwingen das nationalistische Kapital, die nationalistische Ideologie einzuschränken. Der Film hat das Weltesperanto der international verständlichen Filmsprache geschaffen. Verständnis aber ist hinderlich für imperialistische Propaganda. (An der Sprachbeschränktheit des Tonfilms beginnt Hollywood zugrunde zu gehen.) Unaufhaltsam schafft der Film einen internationalen Normalmenschentypus und überwindet allmählich auch die animalische Rassenfremdheit. Aus Gründen der Rentabilität mußte das Kapital die Filmkunst als Bildungsprivileg der herrschenden Klassen aufgeben. – Trotz alledem!

Es liegt im Wesen seiner Technik, daß der Film die Distanz zwischen Zuschauer und einer in sich abgeschlossenen Welt der Kunst aufgehoben hat. Es liegt eine unabwendbare revolutionäre Tendenz in dieser Zerstörung der feierlichen Ferne jener kultischen Repräsentation, die das Theater umgeben hat. Der Blick des Films ist der nahe Blick des Beteiligten. Für den Blick des Films gibt es auch keinen absoluten und ewig gültigen Standpunkt. Denn der Film kennt die Bedeutung der wechselnden Einstellung und daher die Relativität der Bedeutung. Und wenn auch gerade diese Technik zu gefährlichsten Täuschungen mißbraucht werden kann, so ist doch der Geist dieser Technik revolutionär. – Trotz alledem!

Der Film ist die Kunst des Sehens. Er ist also die Kunst der Konkretion. Der Film sträubt sich, seiner inneren Bestimmung nach, gegen die mörderische Abstraktion, die im Geiste des Kapitalismus aus den Dingen Waren, aus den Werten Preise und aus den

Menschen unpersönliche Arbeitskräfte gemacht hat. Die photographische Technik der Großaufnahme drängt den Film, trotz alledem, zu einem Realismus der Nähe, die zur unerbittlichen Gegenwart wird. Man kann etwa beim Frühstück vom »Heldentod« Tausender lesen, ohne den Appetit zu verlieren. Ziffern haben kein Gesicht. Worte haben keinen Schaum vor dem Mund. Aber brechende Augen in Großaufnahme, eine Tonnahaufnahme des Röchelns verderben den Appetit. Die Großaufnahme konfrontiert. Und es ist bekanntlich schwerer, ins Angesicht zu lügen.

Trotz alledem!

Der Film ist die Kunst des Sehens. Seine innerste Tendenz drängt also zur Enthüllung und Entlarvung. Trotzdem er das gewaltigste Blendwerk liefert, ist er seinem Wesen nach die Kunst der offenen Augen. Wird auch gerade sein Realismus zeitweilig zur ideologischen Flucht vor der Wirklichkeit, so wirkt Realismus letzten Endes doch immer revolutionär. Im Kampfe um die Wahrheit bleibt das Aufzeigen der Tatsachen die entscheidende Waffe. Im Kampfe um den Menschen ist die beste Propaganda das Aufzeigen des Menschen.

Die Kunst des Sehens bleibt nicht die Kunst jener, die so oft nicht hinsehen wollen. Sie kann sich in den Händen jener nie ganz entfalten, die vieles zu verbergen haben. Jene, die Scheuklappen vor das Objektiv und Schleier über das Objekt legen müssen, sind auch als Künstler gehandikapt. Sie können ihr Werkzeug nicht voll verwerten. Denn sie müssen ihre Waffe erst abstumpfen vor Gebrauch.

Was erklärt das Wunder der Entwicklung des russischen Films? Ohne die notwendigsten technischen Mittel, ohne jede Erfahrung haben die Russen in fünf Jahren den europäischen und den amerikanischen Film überholt. Das kann nicht nur an dem größeren Talent der russischen Regisseure gelegen haben. Das liegt daran, daß der dort herrschende Geist dem Geist des Films nicht widerspricht. Die Tendenz der Kamera ist ihre Tendenz. Gerade aus Gründen der politischen Propaganda können sie alle Register der Filmkunst spielen lassen.

Der Geist des Films, den ich in diesem Buche zu beschreiben versucht habe, ist der Geist des Fortschritts. Trotz alledem! Dieser Geist bestimmt den Film dazu, die Kunst des Volkes, des Weltvolkes zu werden. Und wenn es dieses einmal geben wird, so wird es für seinen Geist den Film, als adäquate Ausdruckstechnik, fertig vorfinden.

Anhang

Nachwort

Hanno Loewy
Die Geister des Films

Balázs' Berliner Aufbrüche im Kontext

Am 9. Juni 1926 hält Béla Balázs im Berliner Klub der Kameraleute einen Vortrag über »Filmtradition und Filmzukunft«,[1] ein Vortrag, über den es bald zu einem legendären Streit mit Sergej Eisenstein kommen wird. Balázs ist in der Hoffnung nach Berlin gekommen, in der Film-Metropole als Drehbuchautor Fuß zu fassen und die Zukunft des Films praktisch mitgestalten zu können. Doch über die genauen Umstände seiner Übersiedelung ist wenig bekannt. Die Rubrik »Der Filmreporter«, mit der Balázs in der Wiener Zeitung *Der Tag* die Filmkritik auf eine neue Stufe gehoben hatte, musste er schon Anfang 1925 anderen überlassen. Am 7. April 1926 erschien seine letzte Theaterkritik in Wien, der Verriss eines Dramas von Romain Rolland über die Französische Revolution. Balázs geißelte das Stück als »Gesinnungskitsch«. Rolland hätte das revolutionäre Proletariat als »Kabarettkarikaturen und tierisches Gesindel« dargestellt und die Girondisten gefeiert.[2] Anna Balázs behauptete später, Balázs sei »wegen der Beschwerdebriefe empörter Kapitalisten«[3] gekündigt worden. Doch Balázs' Abgang erfolgte ohne jeden offen ausgetragenen Konflikt. Er bekam sein Jahresgehalt ausbezahlt und schon vier Tage später Gelegenheit, sich bei seinen Lesern in seinem letzten Sonntagsfeuilleton – »Unbekannte Freunde« – zu verabschieden.

Balázs wird sich kaum innerhalb von drei Tagen entschlossen

1 Der Vortrag erschien gekürzt unter dem Titel »Produktive und reproduktive Filmkunst« in: *Filmtechnik*, 12. 6. 1926, S. 234-235, hier zitiert aus: ders., *Schriften zum Film. Band 2*. Hg. von Helmut H. Diederichs und Wolfgang Gersch. München: Hanser [Berlin: Henschel; Budapest: Akadémiai Kiadó], 1984, S. 209-212.

2 Béla Balázs, »Ein Spiel von Tod und Liebe«, in: *Der Tag*, 7. 4. 1926.

3 Erinnerungen von Anna Balázs, zitiert nach Helmut H. Diederichs, »Die Wiener Zeit: Tageskritik und ›Der sichtbare Mensch‹«, in: Béla Balázs, *Schriften zum Film. Band 1*. Hg. von Helmut H. Diederichs, Wolfgang Gersch und Magda Nagy. München: Hanser [Berlin: Henschel; Budapest: Akadémiai Kiadó], 1982, S. 40.

haben, Wien zu verlassen. Wie lange seine Übersiedelung nach Berlin schon geplant war und ob er den revolutionären Ton seiner letzten Kritik mit Bedacht gewählt hatte, um sich einen guten Abgang zu verschaffen, wer weiß?

Die begeisterte Aufnahme im »Klub der Kameraleute« drei Monate später muss für Balázs ein Triumph gewesen sein. Sein Buch *Der sichtbare Mensch* und seine Aufsätze für die in Halle erscheinende Zeitschrift *Die Filmtechnik*[4] hatten ihn in der Filmwelt in Deutschland bekannt gemacht. Balázs hatte, frühere Gedanken seiner Poetik wieder aufnehmend, die Physiognomie als Pansymbolismus der Dinge und des Raumes, die Großaufnahme als magischen Blick einer »antropomorphen Poetik«[5] gepriesen.

Nun wollte Balázs die Ernte seines Kampfes um die neue visuelle Kunst der Massen, das Kino, einfahren. Doch Berlin offenbarte sich als ein Labyrinth von Widersprüchen und Verstrickungen, von denen er sich 1926 noch keine Vorstellungen machen konnte. Die Frucht seiner anhaltenden Tätigkeit als Kritiker und Essayist erschien 1930: *Der Geist des Films*.[6] Nach *Der sichtbare Mensch*, dem ersten großen filmtheoretischen Entwurf der Stummfilmzeit in deutscher Sprache, legte Balázs damit seine erste große Studie zum Tonfilm vor. Rudolf Arnheim empfing das Buch in der *Weltbühne* mit Enthusiasmus – und mit Kritik: »Dieser mehr auf das Sinnliche als auf Ordnung gerichtete Geist ist so gepackt von seinem Stoff, daß er nicht recht wiederpacken kann [...]. Alle Anregungen werden gegeben, alle Fragestellungen aufgezeigt, der Hunger des Lesers wird aufs beste erregt, aber nicht befriedigt. Balázs gibt das vollständige Material zu einer unübertrefflichen Filmästhetik. Das Buch, das er nicht geschrieben hat, ist ausgezeichnet.«[7]

Mit dem Namen Béla Balázs verbindet sich heute kaum mehr als die Erinnerung an einen Filmtheoretiker. Als literarischer Autor, als Dramatiker, Dichter, Märchenautor und Novellist, und all dies

4 Ab 1926: *Filmtechnik*.

5 Gertrud Koch, »Die Physiognomie der Dinge«, in: *Frauen und Film*, Nr. 40 (August 1986), S. 74.

6 Balázs, *Der Geist des Films*. Halle: Wilhelm Knapp, 1930. Hier zitiert nach der vorliegenden Ausgabe.

7 Rudolf Arnheim, »Der Geist des Films«, in: *Die Weltbühne*, Jg. 26, H. 46 (11.11.1930), S. 724.

blieb Balázs auch in Berlin, ist er außerhalb Ungarns heute weitgehend vergessen. Sein Name ist, wenn nicht gerade vom Film gesprochen wird, allenfalls noch mit seinem Libretto zu Béla Bartóks Oper *Herzog Blaubarts Burg* verbunden, das ursprünglich ein selbständiges »Mysteriendrama« darstellte.

1884 unter dem Namen Herbert Bauer als Sohn eines ungarisch-deutsch-jüdischen Lehrerehepaars in Szeged geboren, spiegelt die Biographie Balázs' die Widersprüche der ersten Hälfte dieses Jahrhunderts, die Aufbrüche der Moderne und die Phantasien einer neuen Romantik, die Bewegung von der Lebensphilosophie zum Marxismus und die riskanten Experimente gelebter Utopien in einer nicht nur exemplarischen, sondern geradezu abenteuerlich verdichteten Weise.[8] Für Balázs verkörperte der Film die Utopie einer neuen Identität von Kultur und Ritual, von Ausdruck und Erleben. Und zugleich wollte Balázs zeit seines Lebens ein Dichter sein und bleiben. Dass seine Dichtung sich im Schatten des Films verlor, hat er nie verwunden.

Seit dem Studium in Budapest, Berlin und Paris war Balázs fasziniert von der Kunst als Phänomen an der Schwelle zwischen Leben und Tod. In seiner noch unmittelbar von der Lebensphilosophie geprägten *Todesästhetik* von 1907, als Referat im Berliner Privatseminar von Georg Simmel entstanden, entfaltete Balázs zum ersten Mal eine Ästhetik der Initiation, stellte er das Durchleben einer Grenzsituation zwischen Leben und Tod in den Mittelpunkt seiner Poetik. »Des Lebensbewusstseins Voraussetzung ist der Tod, das heißt, der Tod ist die Voraussetzung der Kunst. Der Tod ist des Lebens Gestalt.«[9] Balázs' Todesästhetik zielt nicht auf eine Verherrlichung des Todes, sondern auf den Moment seiner Antizipation, der die Kontur des Lebens schafft, als traumhafte Vision, als »große Stille« des »vollbrachten«[10] Lebens. »Irgendwo fällt ein Blatt vom Baum, eine Wolke zieht irgendwo vorüber, irgendwo

8 Siehe zu Balázs' Werk und Biographie: Hanno Loewy, *Medium und Initiation. Béla Balázs: Märchen, Ästhetik, Kino*. Dissertation, Universität Konstanz 2000; sowie: Béla Balázs, *Die Jugend eines Träumers*. Mit einem Nachwort von Hanno Loewy. Berlin: Verlag das Arsenal, 2001.

9 Balázs, »Halálesztétika«, in: ders., *Halálos Fiatalság. Drámák/Tanulmányok* [Tödliche Jugend. Dramen/Studien]. Hg. von Ferenc Fehér und Sándor Radnóti. Mit einem Vorwort von Ferenc Fehér. Budapest: Magyar Helikon, 1974, S. 294.

10 Ebd., S. 309.

weint eine Frau, irgendwo schweigt ein Mann. Dies ist alles Eins, dies alles ist mein Leben, [...] eins mit mir.«[11]

Balázs' Schriften bleiben dieser Erlebnisfigur bis zum Ende verhaftet. Die Radikalisierung der von ihm kritisch vorgefundenen Filmproduktion zu einer visuellen Kultur der Verschmelzung auf Distanz, die schließlich seine Kino-Theorie bestimmt, verweist auf einen unabgegoltenen Rest lebensgeschichtlicher und kulturphilosophischer Utopie, auf ein »Mehr« an Motivierung, das sich einer Interpretation als Medientheorie eigensinnig widersetzt. Filmtheorie, das bedeutet für Balázs nicht nur die Semantik einer neuen Sprache, sondern die Entfaltung einer symbolischen Szene, eines Rituals. Dabei erhielt ein in Bezug auf den Film zwar oft erwähntes, aber kaum grundlegend thematisiertes Genre traditionellen Erzählens ein besonderes Gewicht: die Tradition des Märchens. Balázs selbst hat immer wieder in entscheidenden Momenten seiner Biographie, so 1907, 1914 oder 1921, die Form des Märchen zu aktualisieren und neu zu interpretieren versucht.

Sein Schreiben nahm seinen Ausgang in der Krisenerfahrung der Intellektuellen an der Schwelle des Jahrhunderts. Das Leiden an der Entfremdung motivierte Balázs' unermüdliche Suche nach einem Ausdrucksmedium der Einheit von Künstler und Rezipient, von Werk und Wunsch, eine Suche, deren Experimentierwut zugleich in romantischem Anti-Rationalismus schwelgte und sich in unterschiedlichen Medien, Gattungen und Genres erprobte. Balázs schrieb Dramen und Mysterienspiele, Gedichte und Essays, Märchen und Romane, Novellen und Feuilletons, Opernlibretti und Ballette, Schatten- und Puppenspiele, Kinderbücher und schließlich auch Drehbücher für den Film.

Die Rastlosigkeit dieser Suche verrät eine tief sitzende Verunsicherung: Reflexionen über die Beziehungen zwischen den Menschen (als soziale Verdinglichung von Herrschaft empfunden) und zwischen den Menschen und Gott (Profanisierung), zwischen den Menschen und ihren Körpern (Versachlichung) und zwischen den Menschen und den Dingen (Entzauberung), schließlich auch über die Entfremdung zwischen dem Künstler und den Massen (dem Ästhetizismus eines »l'art pour l'art«). Ihre spezifische Färbung erhält diese Suche durch die Erfahrung einer ganzen Generation jüdischer Intellektueller aus dem assimilierten Bürgertum, die im

11 Ebd., S. 307.

Ungarn der Jahrhundertwende (und nicht nur dort) zwischen Emanzipation und einem sich radikalisierenden Antisemitismus im gesellschaftlichen Niemandsland gestrandet waren, die durch Konversion, kulturelles und politisches Engagement in der Gesellschaft aufzugehen versuchten und sich zugleich von ihr ausgeschlossen fanden.

Balázs' »Wanderung« führt ihn schon als Studenten und jungen Autor durch das Europa der Vorkriegszeit, zu Georg Simmel in Berlin und Henri Bergson in Paris, nach Italien und in die Schweiz. Mit Georg Lukács verbindet ihn eine fragile, widersprüchliche »Waffenbrüderschaft«, ein intellektuelles und persönliches Bündnis, das schon früh Risse bekommt und dennoch sein weiteres Leben bestimmen wird. Lukács hatte 1911 Märchen und Romanze als phantastische Traumwelt eines Mediums »aus reiner Oberfläche«, als »reine Form« erkannt: »Im Märchen ist alles zur Fläche und Oberfläche geworden«.[12] In fast deckungsgleichen Formulierungen beschrieb Lukács zur gleichen Zeit die Ästhetik des Kinos. Dort verwandeln sich Menschen und ihre Bewegungen in ein »Leben von völlig anderer Art; sie werden – mit einem Wort – phantastisch [...] ein Leben ohne Seele, aus reiner Oberfläche«.[13] Das schiere empirische Sein schlage um in eine neue Metaphysik. So entstünde eine homogene Welt der unbeschränkten Möglichkeit, »der in den Welten der Dichtkunst und des Lebens ungefähr das Märchen und der Traum entsprechen«.[14] Doch für Lukács blieb die Beschäftigung mit dem Kino Episode.

Den Krieg erlebt Balázs, anders als die übrigen Angehörigen des Budapester *Sonntagskreises*, den er mit Lukács ins Leben ruft, als ekstatischen Aufbruch, ebenso wie die Revolution und Rätediktatur wenige Jahre später, deren katastrophales Scheitern ihn ins Exil

12 Georg Lukács, »Die Ästhetik der ›Romance‹. Versuch einer metaphysischen Grundlegung der Form des untragischen Dramas«, unveröffentlichtes Manuskript im Lukács-Archiv der Ungarischen Akademie der Wissenschaften, S. 8. Vgl. dazu auch Philippe Despoix, *Ethiken der Entzauberung. Zum Verhältnis von ästhetischer, ethischer und politischer Sphäre am Anfang des 20. Jahrhunderts.* Bodenheim: Philo, 1988.

13 Georg Lukács, »Gedanken zu einer Ästhetik des ›Kino‹«, in: Jörg Schweinitz (Hg.), *Prolog vor dem Film. Nachdenken über ein neues Medium 1909-1914.* Leipzig: Reclam, 1992, S. 301 f.

14 Ebd., S. 303.

treibt. Es folgen Jahre in Wien und Berlin, in denen er den Film als sein Medium entdeckt, sein Aufbruch in die Sowjetunion 1931, aus der es erst 1945 einen Weg zurück geben wird. Am 17. Mai 1949 stirbt Balázs in Budapest. Mit großen Hoffnungen heimgekehrt, erlebte er in seinen letzten Lebensjahren ein Wechselbad der Erfolge und Demütigungen, der Intrigen unter Remigranten und ermutigenden Reisen durch Europa, ein letztes Aufbäumen seiner Schöpfungskraft, der es so oft an Maßstäben fehlte, in der Romantik und Ideologie, scharfe Erkenntnis und Illusion, literarische Qualität und hemmungsloser Kitsch verstörend unvermittelt nebeneinander bestehen konnten.

Balázs hatte in den zwanziger Jahren wie kaum ein anderer Zeitgenosse die grundsätzliche Bedeutung des Films als Medium einer anders organisierten Wahrnehmung, als eines Dispositivs visuell konstituierter symbolischer Erfahrung zu erkennen vermocht. Eine im eigentlichen Sinne theoretische Durchdringung der von ihm geahnten Phänomene hat Balázs hingegen nie versucht. Eine Richtung, in die diese erfolgen könnte, hatte schon 1925 Robert Musil in seinem ausführlichen Essay über Balázs' *Der sichtbare Mensch* gewiesen. Musil sprach von einer »Bedeutung, die weit über den Film hinausreicht. [...] Er erzählt [...] vom Leben der Filmstücke, die in endlosen Rudeln durch unsere Kinos ziehen, aber er beschreibt sie gleichzeitig als erster Anatom und Biologe. Und indem er dies tut, immer gleichzeitig im Erleben und in der Reflexion, schafft sein ungewöhnliches Talent auf dem wüsten Gebiet der Filmkritik ein unerwartetes Paradigma auch für die Kritik der Literatur, die er überall dort berührt, wo er den Film von ihr abgrenzt [...]. Die Frage, ob der Film eine selbständige Kunst sei oder nicht, bei Balázs der Ausgangspunkt für Bemühungen, ihn zu einer zu machen, regt Fragen an, die allen Künsten gemeinsam sind.«[15] Balázs' Interpretationen des Kinos, seine Theorien über die Physiognomie und den Pansymbolismus der Dinge weiterdenkend, betonte Musil die Beziehungen der Kunst – und des Films im Besonderen – zur Erfahrung eines »anderen Zustands« und verwies damit auf Freuds Psychoanalyse – die grundlegenden Kategorien der Traumdeutung, Verschiebung und Verdichtung –

15 Robert Musil, »Ansätze zu neuer Ästhetik. Bemerkungen über eine Dramaturgie des Film«, in: ders., *Gesammelte Werke 8*, Reinbek: Rowohlt, 1978, S. 1137.

und auf Lévy-Bruhls ethnographisch-soziologische Theorien über das magische Denken.

Verfolgt man Balázs' Werdegang als Schriftsteller, so erschließen sich kontinuierliche Gestalten und Ideen, die er quer zu den Medien, Gattungen und Genres zu entwickeln versucht. Balázs sah sich als Grenzgänger, als Fragenden. Sein Zugang zur Theorie bleibt assoziativ, dialogisch, essayistisch, in einem elementaren Sinne naiv. Durch alle Wendungen seines Weges hielt er an der romantischen Figur eines Pansymbolismus fest, der Menschen und Dinge in Beziehungsformen verwandelt (und umgekehrt), in denen Transzendenz und Immanenz nicht voneinander geschieden sind. Jener Grenzbereich zwischen Leben und Tod, jener Übergangs- und Schwebezustand, jener »andere Zustand«, in dem Künstler wie Rezipient eine »primäre Symbolbildung« lustvoll erfahren sollen, erschien Balázs als der Königsweg der Poetik. Damit verwies Balázs' literarische Produktion auf Strukturen und symbolische Formen eines Komplexes von Ritualen der Initiation, die Arnold van Gennep[16] unter dem Begriff der »rites des passage«, der »Übergangsriten«, erstmals systematisch verglichen hatte.

Die Sehnsucht nach einem Aufbruch aus jener (mit den Worten Lukács') »transzendentalen Obdachlosigkeit« einer entfremdeten Welt wurde zum Movens einer radikalen Suche, die Kunst und Leben in ein neues Verhältnis setzen sollte. Schon in seiner *Todesästhetik* deutete Balázs das Märchen als eine Gattung, in der Sehnsucht und Ausdruck zur »Wahrheit der Form« verschmelzen würden, »die noch wichtiger ist als die Wahrheit des Inhalts«. Balázs' Wendung zum Film war der Versuch, im Kontext der modernen, technisierten Massengesellschaft ein dem Märchen entsprechendes populäres Medium zu etablieren, das Entfremdung in einem Initiationsakt rituell und kontrolliert aufzuheben vermag – um den Preis freilich, die reale Erfüllung der Sehnsucht gegen einen Akt visueller Vereinigung mit dem Erträumten einzutauschen.

Balázs hat freilich nicht nur die Initiation der Traumwelt gesucht. Befreiung aus einem »falschen Leben« suchte er auch im Anschluss an solidarische, utopische Gemeinschaften, an Geheim-

16 Arnold van Gennep, *Übergangsriten (Les rites de passage)*. Frankfurt/New York: Campus, 1986.

bünde und Parteiungen, intellektuelle und künstlerische Bündnisse. Zweimal erhoffte sich Balázs einen Abschluss seiner politischen Entwicklung durch den Beitritt zur Kommunistischen Partei, im Dezember 1918 in Budapest und im Sommer 1931 in Berlin. Balázs' innere Widersprüche kulminierten zu diesem Zeitpunkt in der Realisierung seines letzten Films in Deutschland, in der Zusammenarbeit mit Leni Riefenstahl an dem Kinomärchen, genauer: der archaisierenden Märtyrerlegende Das blaue Licht. Noch während der Dreharbeiten an dem Film, der Riefenstahls Erfolg als Filmregisseurin begründen sollte, reiste Balázs nach Moskau, um einen Film über die ungarische »Räterevolution« zu drehen – ein Film, der niemals in die Kinos kam und dessen Desaster nur den Beginn der vielleicht schwierigsten Jahre in Balázs' Leben bedeuten sollte, in einem Land, das ihm als Verheißung, als Glücksversprechen erschienen war, der Sowjetunion.

Mit Enthusiasmus war Balázs noch jedes Mal aufgebrochen, wenn er an neuen Ufern sein Zelt aufschlug. Noch im Jahr seiner Ankunft in Berlin wurden zwei Drehbücher von ihm verfilmt, die Komödie Madame wünscht keine Kinder (Alexander Korda, 1926), vor allem aber Die Abenteuer eines Zehnmarkscheines, den Berthold Viertel (Regie) mit Helmar Lerski und Robert Baberske (Kamera) realisierte. Das Experiment, das sich zwischen sozialem Engagement, Neuer Sachlichkeit und expressionistischen Momenten bewegte, ist verschollen.[17] Noch 1926 in die Kinos gekommen, entbehrte der Film nicht traditioneller Handlungselemente, die den »dokumentarische[n] Charakter seines Querschnittmusters«[18] verwischten, wie Siegfried Kracauer später monierte. Ein Geldschein geht von Hand zu Hand, durch Episoden und städtische Milieus, von der Fabrik bis zum Nachtklub, vom Lumpensammler bis zum Arbeitsamt, vom Musiker bis zur Pfandleihe, vom Bettler zu einem Krankenhaus, bis er schließlich zu dem jung verliebten Glück eines Arbeiterpärchens und seiner bescheidenen Laube am Rande Berlins seinen Weg findet. Hinter dem sozialen Realismus ist nur

17 Zwei kurze Fragmente des Drehbuches veröffentlichte Walter Zadek im Berliner Tageblatt: »Wie schreibt man Filmmanuskripte?«, *Berliner Tageblatt*, Nr. 489, 16. 10. 1926.

18 Siegfried Kracauer, *Von Caligari zu Hitler. Eine psychologische Geschichte des deutschen Films* [= *Schriften. Band 2*. Hg. von Karsten Witte]. Frankfurt am Main: Suhrkamp, 1979, S. 191.

unschwer jene romantische Konzeption einer alles verbindenden Einheit zu erkennen, die schon die Todesästhetik artikulierte.

Balázs selbst hatte den weiterwirkenden Begriff des »Querschnittfilmes« geprägt. Er wollte, so schrieb Balázs, »einen Vorstoß in eine neue Dimension versuchen und einen Querschnitt des Lebens zeigen«. Der Film »kann im wortwörtlichen Sinne eine Kunst der *Welt-Anschauung* werden, weil er das Nebeneinander der breitesten Lebensfront – so schnell, daß es noch gleichzeitig wirken kann – aufzurollen vermag. [...] Es entsteht das Empfinden einer irrationellen Aufeinanderbezogenheit, das Gefühl heimlicher, begrifflich gar nicht formulierbarer Zusammenhänge, die tief unter der Oberfläche liegen.«[19]

Die Verlockung des Geldes, so schrieb Balázs schon in *Der sichtbare Mensch*, sei das Geheimnis des Kapitalismus, des verdinglichten Lebens. Der Film habe mit dem Detektiv angefangen. »Denn der Detektiv bedeutet die Romantik des Kapitalismus. Das Geld ist die große Idee, um die der Kampf geht. Das Geld ist der vergrabene Märchenschatz, der heilige Gral und die blaue Blume der Sehnsucht.«[20] Ist der Kleinbürger, der vom sozialen Aufstieg jenseits der Klassen träumt, für Balázs die soziale Basis des Kino, so sei der Kitsch dessen tiefstes und allgemeinstes Bedürfnis: »Gefühl ohne Konsequenz«.[21] Doch Balázs' Verhältnis zu diesem heiligen Gral bleibt ambivalent, hatte doch schon Georg Simmel das Geld, die Wertform, in einen unmittelbaren Zusammenhang mit dem »Urphänomen« des Begehrens gerückt, des Bewusstseins des Subjekts vom Objekt, das diese zugleich trennt und verbindet, ausgehend von den ersten Regungen eines »Selbstbewußtseins«, in dem sich das Subjekt selbst objektiviert.[22] »Unsere Seele besitzt keine substantielle Einheit, sondern nur diejenige, die sich aus der Wechselwirkung des Subjekts und des Objekts ergibt, in welche sie sich selbst teilt.«[23] Das Leben einer solchen Seele verlaufe als unendlicher Prozess, dessen »aktuelle Form, gleichsam sein Querschnitt,

19 Balázs, »Vorstoß in eine neue Dimension«, in: ders., *Schriften zum Film. Band* 2, S. 213.

20 Balázs, *Der sichtbare Mensch oder die Kultur des Films*. Frankfurt am Main: Suhrkamp, 2001, S. 101.

21 Ebd., S. 192.

22 Georg Simmel, *Philosophie des Geldes*. München/Leipzig; Duncker & Humblot, 1922 [1900], S. 10ff.

23 Ebd., S. 84.

die Kreisbewegung ist: das seelische Subjekt weiß sich als Objekt und das Objekt als Subjekt.«[24] So ist für Simmel das Geld, als universelles Medium des Tausches, zugleich Tendenz der Abstraktion und Repräsentant einer nur metaphysisch zu erkennenden Einheit.

Der Querschnittfilm war für Balázs freilich »nur« ein Experiment, keine verbindliche Perspektive der Filmkunst. Mit der Tendenz der Neuen Sachlichkeit, als deren ersten bedeutenden Vertreter Siegfried Kracauer DIE ABENTEUER EINES ZEHNMARKSCHEINES bezeichnete, mit der *Ideologie* der »Neuen Sachlichkeit« jedenfalls wollte Balázs keineswegs identifiziert werden. Im Blick auf BERLIN. SYMPHONIE EINER GROSSSTADT versuchte er, im Verweis auf den anthropomorphen Ausdruck des Films, auch Walter Ruttmann, Karl Freund und Carl Mayer gegen solche ideologische Vereinnahmung in Schutz zu nehmen, und charakterisierte gleichzeitig die »Neue Sachlichkeit« als dionysischen Taumel, als masochistischen Rausch der Selbstverleugnung im Zeichen kapitalistischer Verdinglichung: »das ekstatische Untergehen-Wollen in der ›Sache‹, im ungeheuren Mechanismus des sozialen und technischen Betriebs. Doch möge sich dieser Drang: Objekt unter den Objekten zu sein, nicht sozialistisch geben! Die Vision eines solchen mechanisierten Lebensbetriebes ist eine großindustrielle Vision.«[25]

Balázs setzte auf die Durchdringung und Verlebendigung der Dinge durch die Menschen. Auch wenn der Film »in jeder Faser erkenntlich [...] ein Erzeugnis der kapitalistischen Großindustrie«[26] sei, weise er doch notwendig über sie hinaus. Indem er die Sehnsucht der Menschen nach dem »Erleben konkreter, unmittelbarer Wirklichkeit«[27] zum Ausdruck bringe, überwinde er, wie Balázs vulgärmarxistisch schloss, die Herrschaft der Abstraktion, der »Verdinglichung«, in der der »Eigen*wert* der Dinge durch ihren Markt*preis* verdrängt wurde«.[28] Was aber, wenn es – wie Simmel andeutete – einen »Eigen*wert*« der Dinge gar nicht gäbe, jenseits der Objektivierung in Tausch und Vergleich? Wenn es eine »Substanz« der Seele nicht gäbe, jenseits der Dichotomie von Sub-

24 Ebd.
25 Balázs, »Nebenbei«, in: ders., *Schriften zum Film. Band 2*, S. 221.
26 Balázs, *Der sichtbare Mensch*, S. 103.
27 Ebd., S. 104.
28 Ebd.

jekt und Objekt? Was bliebe – wenn der Stoff der Kunst doch gerade die unerfüllte Sehnsucht ist, wie Balázs selbst es so oft postulierte – dann für die Kunst noch übrig, in einer Welt ohne Entfremdung, ohne Begehren?

»Auf der Straße der Seelenwanderung bin ich an ihnen vorbeigegangen« – Phantasie-Reiseführer und andere Leichtfertigkeiten

Seit seiner Flucht aus Ungarn 1919 hatte Balázs versucht, das Exil nicht nur als Verlust zu begreifen. »Die Frage ist: bin ich, als ich in die Fremde lief, verbannt worden, oder bin ich zu Hause angekommen?«[29] Da ist keine Rede von einer baldigen Rückkehr, von einem zu bestehenden Kampf, von einer Wendung des Schicksals. Die Beschäftigung mit Theosophie und »Seelenwanderung« bietet ihm einen Halt jenseits der Gegenwart und zugleich eine Möglichkeit, sein Judentum zu universalisieren. »Es gibt nur eins zu bedenken: daß mir, ›dem Wanderer, dem Fremden, dem jüdischen Europäer‹, das sehr weh tut. [...] Ich bin kein Ungar, in mir erwachen keine Rasseninstinkte. Doch auf der Straße der Seelenwanderung bin ich an ihnen vorbeigegangen, und ich habe mich mit meinem ganzen Herzen zu ihnen gesellt, ich bekannte mich zu ihrer Sprache, ihrer Kleidung, zu ihrer Sache und habe sie sehr geliebt. (Nicht die ungarischen Herren, sondern das *Ungarische*, dieses undefinierbare Etwas, was in Adys Gesängen und in den Kuruzenliedern glüht.)«[30]

Die Fremdheit, die Wanderung durch einen Kosmos der Distanz, in dem er sich nur als Gast, als Boten einer anderen Welt versteht, wird vom Emigranten Balázs zu seiner bewusst angenommenen Existenzform erhoben. »Bist du ein Fremdling, so tust du gut daran, weiter zu wandern, um Distanz zu behalten. Denn das Gemüt ist klebrig und leicht entsteht die Lüge einer Scheinheimat. Wandere weiter und bleibe fremd.«[31] Balázs' Helden sind meist

29 Balázs, *Napló 1914-1922* [Tagebuch 1914-1922]. Redaktion Anna Fábri. Budapest: Magvetö Könyvkiadó, 1982 [zitiert nach einer Übersetzung von Anna Bak-Gara], S. 358.

30 Ebd., S. 360.

31 Balázs, *Der Phantasie-Reiseführer. Das ist ein Baedeker der Seele für Sommerfrischler.* Berlin/Wien/Leipzig: Zsolnay, 1925, S. 125.

unterwegs anzutreffen, irgendwohin und irgendwoher. »Uns ist eine Seele geboren, die hungert. Wir sind ausgewandert. [...] Wir müssen ein neues, anderes Leben beginnen.«[32] So spricht Klara in dem schon 1914 begonnenen Roman *Unmögliche Menschen*, den Balázs in Wien endlich fertig stellt. Die Reise, die Balázs' Helden zu sich selbst zurücklegen müssen, führt durch die Fremde. Aber es scheint zuweilen, diese Fremde sei ihr wirkliches Zuhause, der Weg das Leben. Die Menschen, denen sie unterwegs begegnen, sind Reisebekanntschaften. »Man spricht von Weg und Ziel und Schicksal. Von den letzten Dingen. Aber gerade weil man in der Tiefe sich berührt, braucht man nicht an der ganzen Oberfläche aneinander zu kleben.«[33] Festzukleben, aneinander zu haften, davor haben Balázs' Figuren mehr Angst als vor der Trennung. »Negative Rebellen« seien sie, Auswanderer aus Prinzip. »Sie konnten und wollten in dieser bürgerlichen Gesellschaft nicht mehr leben. Aber anstatt gegen sie zu kämpfen, zogen sie aus ihr fort. Auf die Landstraße. Flüchtige Vagabunden des Geistes sind sie geworden.«[34] So kennzeichnet Balázs im Roman die kommenden Revolutionäre, die noch zu sich, das heißt zur Identität mit den Massen, kommen sollen. Doch Balázs selbst dementiert ein ums andere Mal die allzu eindeutige Moral seines Buches.

1925 veröffentlicht er in Wien ein Bändchen mit Feuilletons, kurzen Essays über das Reisen und Wandern, den *Phantasie-Reiseführer. Das ist ein Baedeker der Seele für Sommerfrischler.* Für Georg Lukács, der Balázs' Schriften in Budapest noch als Modell einer zukünftigen ungarischen Literatur gepriesen hatte,[35] waren solche literarischen Essays nur noch Leichtfertigkeiten, »metaphysisch-aestethische Verklärung der Ruhebedürfnisse der Bourgeoisie«.[36]

Gleich die erste dieser meditativen, idiosynkratischen Miniatu-

32 Balázs, *Unmögliche Menschen*. Frankfurt am Main: Rütten & Loening, 1930, S. 144.

33 Ebd., S. 109.

34 Ebd., S. 420.

35 1918 veröffentlichte Lukács einen eigenen Band mit Essays über Balázs' Werke: Georg Lukács, *Balázs Béla és akiknek nem kell* [Béla Balázs und die, die ihn nicht mögen]. Gyoma: Kner, 1918.

36 Siehe Georg Lukács an Balázs, 31. 1. 1940, in: *Balázs Béla levelei Lukács Györgyhöz* [Briefe von Béla Balázs an Georg Lukács]. Hg. von Júlia Lenkei. Budapest: MTA Filozófiai Intézet, 1982, S. 185.

ren ist der Figur des »Wanderers« gewidmet – ein programmatischer Essay: »Er hat kein Heim, aus dem er einen Ausflug macht, und auch nicht, wie der Reisende, ein Ziel auf dieser Erde, die darum so schön ist. Gleich fremd sind ihm alle Orte. Er kennt kein Ankommen und kein Erreichen und nie werden ihm Menschen zur Familie.«[37] Balázs' Wanderer ist auch in seiner Lakonik ein enger Verwandter von Benjamins sieben Jahre später auftretendem »destruktivem Charakter«, der nichts Dauerndes sieht, nur Wege, überallhin, und der daher selbst immer am Kreuzweg steht. Doch während Benjamins destruktiver Charakter, der positive Barbar[38], sich den freien Raum ohne Vorstellung von dem, was sein wird, erst erkämpfen muss, das Bestehende in Trümmer legt, um seine Wege da hindurch zu bahnen, ist dem Wanderer die Welt ein homogener Kosmos der Fremdheit, durch den er berührungslos hindurchzuschweben versteht. Die Dinge setzen ihm keinen Widerstand entgegen. Balázs schildert die verschiedensten Möglichkeiten, sich durch das Land zu bewegen, doch ihre Differenz liegt nicht in der Form ihrer Bewegung, sondern in der Rezeption des durchmessenen Mediums. Medium, das ist ihm nicht Mittel, sondern Einheit zwischen innerem und äußerem Raum. »Denn nicht wie sie über das Land gehen, sondern wie sie über das Land schauen, das macht es aus. Ihr Verhältnis zur Welt. Nicht verschiedene Gangarten sind das, sondern verschiedene innere Zustände.«[39] Entscheidend ist, dass er sich den Objekten nicht nähert und sich darum auch nie von ihnen entfernen kann. Seine Distanz bleibt gleich und so wird ihm auch nie etwas fremd. Der Wanderer kennt keine Entfremdung. Er ist immer mitten drin, überall gleich zu Haus. Zwischen den Objekten schwebend gibt es für den Wanderer nur Totalitäten. »Diese Distanz zu allen Dingen und Menschen ist seine Distanz zum Leben überhaupt und darum geschieht ihm, bei jeder zufälligen Begegnung, immer sein ganzes Schicksal.«[40] Er hält sich Dinge und Menschen vom Leibe, bleibt allem Einzelnen fern. Die Dinge hören auf, etwas für sich selber zu bedeuten. Alles wird symbo-

37 Balázs, *Der Phantasie-Reiseführer*, S. 8.

38 Vgl. dazu auch den wenig später geschriebenen Aufsatz Benjamins: »Erfahrung und Armut«, in: ders., *Gesammelte Schriften*. Unter Mitwirkung von Theodor W. Adorno und Gershom Scholem hg. von Rolf Tiedemann und Hermann Schweppenhäuser, Band II.1. Frankfurt am Main: 1977, Suhrkamp, S. 213-219.

39 Balázs, *Der Phantasie-Reiseführer*, S. 9.

40 Ebd., S. 10.

lisch, doch indem es symbolisch wird, bedeutet es nicht mehr ein Anderes, nicht mehr ein Zeichen für etwas, sondern alles zugleich, das Ganze. Für den Wanderer gibt es nichts Bedeutungsloses. Er erlebt das Gesicht, die Physiognomie der Natur, als das Versprechen einer Schöpfung, »die doch mit ihm etwas vorhaben muß. Der Wanderer ist ein Symbolist und hat den metaphysischen Verfolgungswahn, in dem er jede Landschaft für ein Bilderrätsel ansieht, das ihn meint.«[41]

Die Bilder, die er schaut, sind Versprechen und Aufforderung zugleich, sie wollen sein Leben und schenken mystische Allmacht dafür.

Dieser Wanderer erträgt keine Enge. Wenn die Dinge an ihn heranrücken, gerät er in Panik. Den Wanderer treibt es auf die Straße, in Häusern wächst die Spannung ins Unerträgliche. So ist er zur Treulosigkeit gezwungen, wie Oliver, der zweifelhafte Held in Balázs' lange zuvor geschriebenem Mysteriendrama *Die Fee*. »Er ist nur ehrlich wenn er treulos ist.«[42] Die Bindung an ein Objekt, an Freunde, Familie, eine Gemeinschaft erlebt der Wanderer als bedrohlichen Zwischenfall. In seinem Element ist der Wanderer, wenn er enge Objektbeziehungen vermeidet: »Für den Wanderer ist jeder Abschied ein Bekenntnis.«[43]

Der Wanderer ist aus der Zeit gefallen. Er »kennt keine umgrenzte Insel der Gegenwart«.[44] Wie der destruktive Charakter ist auch der Wanderer der ewig Unfertige. Binden kann er sich an niemanden. »Er bleibt ja nicht derselbe. Er kann sein Wort halten. Aber das Wort kann ihn nicht halten.«[45] Heimat kennt er nur als Sehnsucht, nach einem nicht bekannten Ort. Er ist die Verkörperung der reinen Möglichkeit, der reinen Latenz, die sich in alle Richtungen Bahn verschafft. Wie die Helden der Märchen und wie das schwebende Auge der ungarischen Volksmärchen, von dem Gyula Ortutay berichtet, oder der Anfang des Märchens vom Königssohn, der unsterblich sein wollte: »[I]rgendwo, siebenmal sieben Länder weit und noch weiter, jenseits des großen Meeres, hinter einem alten Herd in der Mauerspalte, in der Muhme Rockes siebenund-

41 Ebd.
42 Ebd., S. 11.
43 Ebd.
44 Ebd., S. 12.
45 Ebd., S. 13.

siebzigster Falte – ein weißer Floh und in dessen Mitte eine prächtige Königsstadt.«[46]

1921 erschienen Balázs' in Ungarn geschriebene Märchen in deutscher Sprache und man begann sich für ihn auch in Wien als Märchenautor zu interessieren. Im September 1921 ließ Genia Schwarzwald ihn fragen, ob er zwanzig chinesische Märchen schreiben könnte, zu den Aquarellen einer Freundin, der Zeichnerin Mariette Lydis. In drei Wochen sollten die Märchen geschrieben sein. Balázs reizte der »sportliche Aspekt der Sache«.[47] In der Helmstreitmühle, einem Hotel, das den Schwarzwalds gehörte, und dann in »Schloss Waisnix« in Reichenau schrieb Balázs im Oktober 1921 sechzehn Märchen, »leicht wie im Flug. In einer Vorahnung von Meisterschaft, im glücklichen reichen Herbst. Es war ein vergnügliches Spiel. Schöne Frauen haben mir dabei geholfen und auch der Kaffee und der Schnaps, mit dem ich mich (wegen der Eile) ausnahmsweise stimulierte.«[48]

Balázs hatte zu dieser Zeit schon begonnen, sich an Film-Szenarien zu versuchen. 1918 war in seinem Tagebuch zum ersten Mal von einem »Kino-Stück« die Rede. Von einem befreundeten Schauspieler ermuntert, schrieb Balázs eine humoristische Skizze. Das Ganze war ihm nur eine kurze Erwähnung wert und blieb zunächst folgenlos. »Kann man etwas Humoristisches schreiben, das von einer anderen geistigen Kaste der Menschen womöglich ernst genommen wird?«[49] Erst im Oktober 1920 ist im Tagebuch wieder von einem Kinostück die Rede, der Geschichte eines Detektivs, der in einem Trancezustand der Räuber ist, sich selbst verfolgt und schließlich auch erwischt. »Die Idee stammt von Gerhart Eisler. Ich soll es machen und wir machen halbe-halbe und wir werden Millionäre, schnell, noch bevor dank der Weltrevolution jeder Reichtum gegenstandlos wird.«[50] Doch daraus ist offenbar nichts geworden.

Erst am Ende des Jahres 1921, nach der rauschhaften Arbeit an

46 Gyula Ortutay (Hg.), *Ungarische Volksmärchen*. Berlin: Rütten & Loening, 1957, S. 73.
47 Balázs, *Napló 1914-1922*, S. 493. Eintrag vom 11. 3. 1922.
48 Ebd., S. 494.
49 Ebd., S. 328. Eintrag vom 6. 8. 1918.
50 Balázs, *Napló 1914-1922*, S. 433. Eintrag vom 26. 10. 1920.

den chinesischen Märchen, trat der Film durch einen Zufall erneut an ihn heran und ließ ihn nun nicht mehr los. Karl Polányi vermittelte ein Filmprojekt an ihn, zu dem schon ein unbrauchbares Skript existierte. Und natürlich auch: Zeitdruck. Diesmal sollte Balázs es innerhalb von 24 Stunden schaffen. Für 30000 Kronen überarbeitete er ein Drehbuch über den kläglichen gescheiterten Putsch des Karl von Habsburg, der 1921 versucht hatte, auf den ungarischen Thron zurückzukehren. Balázs ließ sich auch für den »Regietrupp anheuern [...]. Ich habe einigermaßen das Metier des Regisseurs erlernt, Einblick gewonnen in den Betrieb der Filmfabrikation und auch ›ein Gefühl für die Materie‹, so dass ich von nun an, will ich wirklich Film schreiben, das auch kann.«[51] Die Auftragsarbeit an den »chinesischen Märchen« stand so unmittelbar an der Schwelle von Balázs' fast beiläufigem Schritt zum Filmautor. Und jenes Märchen, das dem Band den Titel gab, liest sich wie der poetische Entwurf zu Balázs' Ästhetik des Kinos: »Der Mantel der Träume«.[52]

Kaiser Ming-Huang und Kaiserin Näi-Fe, so erzählt das Märchen, haben sich ewige Liebe geschworen. Aber die Kaiserin ist eine träumende Seele. Hält sie der Kaiser in den Armen, so schweift ihr Blick in die Ferne und ihre Seele ist weit entfernt von ihm. Eines Nachts träumt sie, in ihrem Bett schwebend wie in einem Boot auf einem Fluß, ihr Mann trüge einen Mantel, auf dem Bilder aller ihrer Träume gestickt waren. »Das ganze Traumland, nachdem ihre Seele sich sehnte, trug er auf seinem Mantel.«[53] Am nächsten Tag zieht sich Näi-Fe in das Gartenhaus im Park zurück und beginnt ihrem Gemahl einen solchen Mantel zu sticken. Fünf Jahre braucht sie dafür, schließt sich ein, wie die Initianden in der Seklusion ihrer Hütte, bis sie das Gartenhaus mit ihrem Werk wieder verlässt. Sie legt ihrem Mann den Mantel um und tiefes Glücksgefühl ergreift sie. »Sie schaute ihn an, und die Sehnsucht ihrer Seele und die Sehnsucht ihres Herzens brannten gleichzeitig in ihren Augen.«[54] Als sie sich ihm aber nähern will, stellen ihre Träume, die Berge, die Feen und die Drachen sich ihr in den Weg, und Kaiserin und Kaiser können nicht zusammenkommen. »Das ganze weite Traumland war zwischen ihr und dem Kaiser, und sie konnte zu dem Kaiser

51 Ebd., S. 496. Eintrag vom 11. 3. 1922.
52 Balázs, *Der Mantel der Träume. Chinesische Novellen*. München: Bischoff, 1922.
53 Ebd., S. 2.
54 Ebd., S. 5.

nicht kommen.«[55] Da will der Kaiser den Mantel nicht tragen. Doch Näi-Fe lässt ihn wählen: »Legst Du den Mantel ab, dann kannst Du mich in den Armen halten, aber meine Seele muß weit weg von Dir sein. Legst Du den Mantel an, dann bist Du unnahbar, und ich kann zu Dir nicht kommen. Aber die Sehnsucht meiner Seele wird mit meinen Blicken auf Dir ruhen – immerfort.«[56] Kaiser Ming-Huang entscheidet sich für die Beziehung der Seelen. Nie sieht man sie mehr zusammen. Doch wenn er den Mantel trägt, geht Näi-Fe in großer Entfernung hinter ihm her, »und ihr Blick ruhte mit der Sehnsucht ihrer Seele auf ihm«.[57]

Wie der Zauberspiegel der alten ungarischen Märchen holt der Mantel Berge und Flüsse, Zauberwesen und Gärten von weit her, aus der Ferne der Sehnsucht, in die Reichweite des Blicks und verstellt damit zugleich die Gestalt der physischen Erfüllung, als die die einander auf ewig geschworene Liebe figuriert. Nur aus der Distanz des begehrenden Blicks, in einer gleich bleibenden Entfernung gebannt, vermag der Wunsch, die imaginierte Traumwelt, mit dem realen Objekt einer Beziehung eins zu werden. Balázs hat sich für eine andere Realisierung des »identischen Subjekt-Objekt« entschieden als Georg Lukács. Nicht die Hereinnahme der empirischen Welt ins Subjekt und damit die Auslöschung jeder Gegenständlichkeit, nicht die Apokalypse der Revolution, sondern die Projektion der Seele, der Wünsche und Träume ins bzw. auf das Objekt, ist *sein* Weg, das »identische Subjekt-Objekt« zu denken. Freilich: auch Balázs weiß, dass dies nur im Reich der ästhetischen Produktion möglich ist – und dies mit einer verblüffenden Konsequenz. Die Projektion der Träume auf die Leinwand des kaiserlichen Mantels löst ebenfalls das Objekt auf, verwandelt Gegenständlichkeit in ein immaterielles Medium, ein Medium, das sich auflöst, wenn man es berühren will. So verschmelzen das projektive Traum-Bild und sein Träger, das reale Objekt des Begehrens, zu jenen schwebenden Vorhängen, von denen Balázs schon 1907 in Berlin geschrieben hatte, zu schwebenden, flüchtigen Bildern.

Nur wenige Tage bevor Balázs sein erstes realisiertes Drehbuch schrieb, und ein Jahr bevor er als Filmkritiker eine neue Epoche der Filmtheorie einzuläuten begann, hatte Balázs in einem kleinen Märchen den Kern einer bis heute aktuellen Theoretisierung der

55 Ebd.
56 Ebd.
57 Ebd., S. 6.

neuen Kunst formuliert. Der Film als Projektion des Wunsches, des Traumes in ein immaterielles Bild.

In einem anderen seiner Essays über das Reisen spricht Balázs von der Verschränkung von Allmachts- und Ohnmachtsgefühlen. Die schwerelose Odyssee durch die »freundlichen Weiten« des »kleinen Todes«, den der Zuschauer jedes Mal in der dunklen Höhle des Kinos stirbt, um wieder aufzuerstehen, ist die Kino-Erzählung schlechthin: eine Reise durch die Nacht. »Daß man bei Reisen so kindische Empfindungen und Gedanken hat, könnte man vielleicht mit der Freudschen Theorie erklären. [...] Dieses Kind im Unterbewußtsein wacht immer wieder mit auf, wenn man nachts im Zuge plötzlich erwacht und in schaukelnder Dämmerung neben sich fremde Menschen schlafen sieht.«[58] Auf sonderbare Weise wird man intim mit den Unbekannten, wird zu mehr als bloßen Reisegefährten. »Wir sind wie *Auswanderer.*«[59] Ein Solidaritätsgefühl entsteht, die Fremden stehen unter einem gemeinsamen Stern. »Man legt sich miteinander schlafen in müdem Vertrauen und das Dunkel eines gemeinsamen Schicksals bedeckt uns müde Kinder. Ja, dieses Vertrauen. Das ist vielleicht die tiefste, süßeste Empfindung dabei: Denn wenn du bei Tag fährst, kontrollierst du, was mit dir geschieht, wohin du geführt wirst. Aber wenn du nachts im Zuge einschläfst, und wenn du auch noch so hart und unbequem liegst, so hast du einen Moment lang das wunderbare Glücksgefühl des Sichganzüberlassens einer sorgenden, gütigen Macht, die über dich wacht. Ja, so war es, im Schoße der Mutter einzuschlafen. [...] Schlafende liegen ausgeliefert, wehrlos auf den Bänken. Aber von weit vorne hörst du die Lokomotive arbeiten. Ja, sie arbeitet, sie wacht, wenn du auch schläfst. Sei unbesorgt. Und lächelnd schließt du wieder die Augen. [...] Man ist nicht gefahren. Man ist eingeschlafen und woanders aufgewacht. Wie im Märchen.«[60]

Balázs' kindliche Allmachtsphantasie einer völligen Verfügung über die Umwelt, der völligen Geborgenheit eines gefahrlosen Schwebezustandes erfüllt sich in dem nun schon geläufigen Schema distanzierter Vereinigung: mit den Fremden im Abteil (»miteinander schlafen«), mit der Welt draußen, der Nacht und dem Regen, der an die Scheibe klopft. Die Nacht im Zug ist die Reise einer

58 Balázs, *Der Phantasie-Reiseführer*, S. 26.
59 Ebd., S. 27.
60 Ebd., S. 27 ff.

phallischen, pfeifenden Maschine durch einen feuchten Schoß: »Und wenn der Morgen dämmert, dann schaut man auf neblige, nasse Felder, und ist woanders.«[61] Der mütterliche Schoß, in dem Balázs kosmische Solidarität erfährt, ist zugleich in die phallische Maschine eingeschlossen, der dunkle Raum des Abteils, der sich zur grenzenlosen Höhle der Nacht weitet. Die mütterliche Chora ist selbst zur Maschine geworden, die den Raum durchmisst. Das feuchte Fluidum dieses Raumes jenseits aller Räume macht nicht nass. Als unsichtbarer Regen von schwarzen Fenstern auf Distanz gehalten, umfließt es den rasenden Zug, pocht wie das Herz an die Membran dieser Wunschmaschine.

So sehr die dunkle Kinohöhle einer Plazenta, der Chora, der Phantasie des Mutterleibs gleichen mag, sie ist ein Ort, an dem der Mensch sein Auge öffnet, an dem der Distanzsinn an die Stelle der körperlichen Einheit, der flüssigen Verschmelzung tritt. Oder sich mit ihm verbindet, in der Figur des »dream-screen«. Bertram D. Lewin prägte diesen Begriff 1946 und verband diese halluzinatorische »Traumleinwand« mit der »Vorstellung der mütterlichen Brust, an welcher der Säugling nach dem Stillen einschlief. (...) wobei sie die anfängliche Disposition der oralen Phase wiederholt, als der Körper noch keine eigene Grenze hatte, sondern sich unterschiedslos von der Brust aus forterstreckte.«[62] René Spitz, ein seit den Tagen des Budapester Sonntagskreises mit Balázs befreundeter Psychoanalytiker, wies in theoretischen Studien und Film-Analysen von Neugeborenen freilich bald darauf nach, dass sich das visuelle Erleben während des Stillens weniger auf die Brust als auf das Gesicht der Mutter konzentriert, und schloss damit den Kreis zu Balázs' Vermutungen über die Physiognomie als räumliches Erleben einer Einheit von innen und außen.[63]

Ihre Apotheose findet die Allmacht der Verschmelzung für Balázs in der Blindheit radikaler Beschleunigung und mit diesen Worten endet sein Essayband über das Reisen. »Ja, wenn auch uns

61 Ebd., S. 29.

62 Jean-Louis Baudry, »Das Dispositiv: Metapsychologische Betrachtungen des Realitätseindrucks«, in: *Psyche*, Jg. 48, H. 11 (1994), S. 1065. Vgl. Bertram D[avid] Lewin, »Sleep, the Mouth, and the Dream Screen«, in *Psychoanalytic Quarterly*, Nr. 15 (1946), S. 419-434.

63 Rene A[rpad] Spitz, *Nein und Ja. Die Ursprünge der menschlichen Kommunikation*. Stuttgart: Klett, 1959, S. 66 f.

ein Flügelschlag schon über unseren Horizont schleudern täte«, so kommentiert er die Fähigkeit mancher Insekten, mit einer Bewegung über ihren Sichtkreis hinauszufliegen, »dann müßten wir ein neues, wunderbares Lebensgefühl des ewigen Abenteuers bekommen. Das wäre eine neue Blindheit. Denn die Umgebung, die wir sehen können, wäre nur wie auf die Innenseite unserer geschlossenen Augenlider gemalt. Ein neues Sich-Anvertrauen dem Unbekannten müßte entstehen. Vielleicht würden auch unsere Gesichter dann so schön werden wie die Gesichter der Blinden?«[64]

»Dem Film eignet eine Art ›Kosmomorphismus‹: Selbst wo es nur Raum, selbst einen leeren zeigt, bleibt die Identifikation des Zuschauers intakt«,[65] schreibt Hans-Thies Lehmann und nimmt damit den Faden wieder auf, der von Balázs über Edgar Morin, Jean-Louis Baudry und Christian Metz führt, so sehr sich die Filmsemantik auch immer von Balázs' Erlebnisfiguren entfernt haben mag. Schon Edgar Morin hatte, sich auf Balázs berufend,[66] den im *Sichtbaren Menschen* und im *Geist des Films* entfalteten Zusammenhang von Anthropomorphismus und Kosmomorphismus betont: die Fähigkeit des Films, alle Dinge im Raum zu Trägern des Ausdrucks zu machen. Hans-Thies Lehmann geht noch einen Schritt weiter: Die »Filmkamera [verleiht] allgemein dem Raum, den sie zeigt, Ausdruck, wie sonst nur dem menschlichen Gesicht«.[67] »Pansymbolismus« und »Physiognomie«, Balázs' zentrale filmtheoretische Begriffe, stehen so in unmittelbarem Zusammenhang zueinander und zur Kamera, dem »transzendentalen Subjekt« des Films, wie Jean-Louis Baudry und Christian Metz die optische Apparatur genannt haben.[68]

Balázs gehörte zu den Ersten, die den Gedanken einer Identifikation des Zuschauers mit der Kamera explizit formulierten: »Die

64 Balázs, *Der Phantasie-Reiseführer*, S. 100.

65 Hans-Thies Lehmann, »Die Raumfabrik – Mythos im Kino und Kinomythos«, in: Karl-Heinz Bohrer, *Mythos und Moderne*. Frankfurt am Main: Suhrkamp, 1983, S. 581.

66 Edgar Morin, *Der Mensch und das Kino. Eine anthropologische Untersuchung*. Stuttgart: Klett, 1959, S. 81 ff.

67 Lehmann, »Die Raumfabrik«, S. 581.

68 Jean-Louis Baudry, »Ideological Effects of the Basic Cinematographic Apparatus«, in: *Film Quarterly*, Jg. 28, H. 2 (1974/75), S. 43; siehe auch Christian Metz, *The Imaginary Signifier. Psychoanalysis and the Cinema*. Bloomington: Indiana University Press, 1982, S. 50.

Kamera nimmt mein Auge mit«, heißt es in *Der Geist des Films*. »Mitten ins Bild hinein. Ich sehe die Dinge aus dem Raum des Films. Ich bin umzingelt von den Gestalten des Films und verwikkelt in seine Handlung, die ich von allen Seiten sehe.«[69]

Von allen Seiten, das heißt: aus der Perspektive aller Gestalten des Films zugleich und aus Perspektiven, die diese niemals selbst einzunehmen vermögen. Es ist dies eine »all-seeing capacity«,[70] eine visuelle Allmacht. Jean-Louis Baudry hat daraus den Schluss gezogen, die Identifikation der Zuschauer mit den handelnden Personen des Films sei allenfalls eine »sekundäre Identifikation«: im Mittelpunkt stünde die Identifikation mit jenem transzendentalen Subjekt, dessen Platz die Kamera eingenommen hat.[71]

Identifikation mit der Kamera bedeutet keineswegs die Identifikation mit dem »Künstler hinter der Kamera«, wie Eisenstein 1926 unterstellte, als er mit Balázs' Vortrag vor den Berliner Kameraleuten ins Gericht ging, sondern mit dem Apparat des Kinos, seiner gesamten Anordnung, der Herstellung wie der Projektion. Identifikation mit der Kamera heißt Identifikation mit dem Subjekt des Films, das von seinen Bildern vollständig absorbiert, unsichtbar gemacht worden ist. An seine Stelle tritt der Zuschauer selbst. »Der Zuschauer, libidinös mit sich selbst als reiner Kraft der Wahrnehmung identifiziert, wird ganz Auge [...].«[72]

Schon Georg Simmel hatte von der Fähigkeit des Auges gesprochen, den Raum zu verschlingen und ihn dennoch intakt zu lassen. »[E]s bohrt sich ein, es flieht zurück, es umkreist einen Raum, es irrt umher, es greift wie hinter den begehrten Gegenstand und zieht ihn an sich.«[73] Das Auge ist in den Dingen, die es wahrnimmt, und es hält dennoch Distanz, es erfüllt den Wunsch und lässt das Begehren bestehen, es konstituiert ein imaginäres Objekt, denn die realen Objekte sind doch immer nur ein Ersatz für ein »verlorenes Objekt«, dessen Abwesenheit nicht zu überwinden ist.[74] Die Augenlust richtet sich auf Bilder, denn nur diese können ein-

69 Balázs, *Der Geist des Films*, S. 15.

70 Metz, *The Imaginary Signifier*, S. 50.

71 Baudry, »Ideological Effects of the Basic Cinematographic Apparatus«, S. 45.

72 Lehmann, »Die Raumfabrik«, S. 582.

73 Georg Simmel, »Die ästhetische Bedeutung des Gesichts« [1901], in: ders., *Das Individuum und die Freiheit*. Berlin: Wagenbach, 1984, S. 144.

74 Siehe Metz, *The Imaginary Signifier*, S. 58 ff.

verleibt werden und zugleich erhalten bleiben. »Denn nicht nur bleibt das Einverleibte nur lebendig, wenn es Bild ist, auch das Bild bleibt nur lebendig, wenn es einverleibt wird.«[75] So ist die Augenlust an den Bildern die Utopie eines prekären Gleichgewichts, einer »ewigen Tag- und Nachtgleiche, einer Balance zwischen den orgiastischen Energien, die auf Nähe, den Kontakt und das Verschlungenwerden aus sind, und jenen anderen der Besonnenheit, die Dauer durch distanzierte Beharrlichkeit anstreben.«[76]

Kontakt auf Distanz lautet die Formel, die auch Christian Metz für die »Leidenschaft der Wahrnehmung«,[77] die Lust des Voyeurs, konstatiert: Der Voyeur achtet peinlich darauf, einen Abstand zu wahren, einen leeren Raum zwischen seinem Objekt und seinem Auge. Sein Blick heftet das Objekt in der richtigen Entfernung fest, so wie der Zuschauer im Kino, der darauf achtet, nicht zu nah und nicht zu weit von der Leinwand entfernt zu sitzen. Diese Entfernung darf nicht aufgehoben werden. Die Gefahr, vom Objekt überwältigt zu werden, wäre gleichbedeutend mit der, das Objekt selbst zu verschlingen, es nicht mehr sehen zu können.[78]

1921, im gleichen Jahr, in dem Balázs den »Mantel der Träume« ausbreitete, schrieb auch Hugo von Hofmannsthal über das Kino, es sei der »Ersatz für die Träume«.[79] Vor der Welt der Städte, vor der Monotonie der Arbeit flüchten Hunderttausende täglich »in den finsteren Saal mit den beweglichen Bildern«.[80] Der Film reiße das Publikum mit sich in die dunklen Räume der Kindheit, in jene »dunkle Region, in die kein geschriebenes und gesprochenes Wort hinabdringt – [...] und der Träumende weiß, daß er wach ist; er braucht nichts von sich draußen zu lassen; mit allem, was in ihm ist, bis in die geheimste Falte, starrt er auf dieses flimmernde Lebensrad, das sich ewig dreht. Es ist der ganze Mensch, der sich diesem Schauspiel hingibt; nicht ein einziger Traum aus der zartesten Kindheit, der nicht in Schwingungen geriete. [...] dieser dunkle Wurzelgrund des Lebens, er, die Region, wo das Individuum auf-

75 Gert Mattenklott, »Das gefräßige Auge«, in: *Merkur*, Jg. 35, H. 12 (1981), S. 1258.
76 Ebd., S. 1259.
77 Metz, *The Imaginary Signifier*, S. 58.
78 Siehe ebd., S. 60.
79 Hugo von Hofmannsthal, »Der Ersatz für die Träume«, in: ders., *Die Berührung der Sphären*. Berlin: S. Fischer, 1931, S. 263-268.
80 Ebd., S. 264.

hört, Individuum zu sein [...].«[81] Das Individuum verliert sich in einen Schwindel süßen Selbstbetruges, der Lust einer Allmacht, vor der sich nichts verbergen kann. »Es ist die Fahrt durch die Luft mit dem Teufel Asmodi, der alle Dächer abdeckt, alle Geheimnisse freilegt.«[82]

Schon Hofmannsthal erblickte im Film das Medium eines Massenrituals: »Von ihm [...] geht das aus, was wir die Gewalt der Mythenbildung nennen.«[83] Im Kino, im Rückgang des Individuums in die Ekstase des kollektiven Traums, sah Hofmannsthal das sinnliche Symbol blitzartig neu entstehen, »das sinnliche Bild für geistige Wahrheit, die der ratio unerreichbar ist. [...] Mir aber erscheint die Atmosphäre des Kinos die einzige Atmosphäre, in welcher die Menschen unserer Zeit [...] zu einem ungeheuren, wenn auch wunderlich zugerichteten geistigen Erbe in ein ganz unmittelbares, ganz hemmungsloses Verhältnis treten, Leben zu Leben, und der vollgepfropfte, halbdunkle Raum mit den fliegenden Bildern ist mir [...] beinahe ehrwürdig, als die Stätte, wo die Seelen in einem dunklen Selbsterhaltungsdrange hinflüchten, von der Ziffer zur Vision.«[84]

Was in den Texten der Kino-Debatten vor dem Ersten Weltkrieg mehrheitlich noch als gefährlicher »Abgrund« beschrieben wurde, erscheint nun, nach den Verwüstungen des Weltkrieges und angesichts der Sprachlosigkeit gegenüber den durchlittenen Schrecken, geradezu als privilegierter Zugang zur »Ursprache« der Menschheit. »In der zweiten Phase der Kinodebatte«, so schreibt Thorsten Lorenz, »konvertiert der therapeutische Standpunkt der Subjektzentrik zu einem ›filmzentrischen Standpunkt‹.«[85] Der Film besitzt, wie Balázs erkennt, eine »Autonomie«. »Es beginnt eine archäologische Grabung nach einem ›eigentlichen Wesen‹ des Films. Man gerät linguistisch-tiefenstrukturell auf die Spur einer filmischen Allsprache, erklärt den Symbolcharakter und die Bilderschrift des Kinos zu Verwandten des Unbewußten, verfolgt in einer ethnologischen Exkursion die Repräsentanten des grenzenlosen Raumes und der fremden Unzeit des Kinos, die Jahrmillionen

81 Ebd., S. 267.
82 Ebd., S. 266.
83 Ebd., S. 268.
84 Ebd.
85 Thorsten Lorenz, *Wissen ist Medium*. München: Wilhelm Fink, 1988, S. 55.

zurückliegen soll.«[86] Ursprache, Sprache des Unbewussten, Sprache des Traums: gemeint ist eine Sprache, die nicht mehr Grammatik und Syntax folgt, die nicht mehr als Diskurs in der Zeit, sondern als Bild im Raum ihre Tiefe gewinnt, die die Zeit, das Regime der Sukzession, aufsprengt.

»Das Wort verliert allmählich an Kredit«,[87] hatte Egon Friedell schon 1913 geschrieben. Die sprachlos aus dem Kriege Gekommenen, expressionistisch Stammelnden, verströmen 1919 noch einmal ihre Energie, in einem »tragische[n] Zwischenspiel«,[88] wie Wilhelm Worringer es schon ein Jahr später nannte, in den zerschlagenen Revolutionen und kulturpolitischen Debatten, in den ekstatischen Visionen vom »Rat der geistigen Arbeiter« und in den Aufbruchsphantasien der Neugründungen, vom Bauhaus in Weimar bis hin zu Anthologien, Jahrbüchern und Zeitschriften: »Menschheitsdämmerung«.[89]

Nicht zuletzt in *Die neue Schaubühne*, wo Balázs im Sommer 1919 noch von Budapest aus seine Vision über »Das Theater des Volkes« platzieren kann, wird über Bühne und Magie, Wort und Gebärde, Massenseele und Mythos[90] diskutiert. Dort entbrennt zwischen 1919 und 1921 auch eine Debatte über das Verhältnis von Kino und Theater, eine Debatte, in der die flammenden Fürsprecher des Kinos erstmals in den Vordergrund treten.[91] Carl Hauptmanns Aufsatz über »Film und Theater«, mit dem die Debatte ihren Ausgang nimmt, liest sich wie eine Beschwörung. Das Kino finde wieder zurück zur »Urmitteilung durch Gebärde«,[92] denn: »Das Reich der Gebärde ist ein kosmisches Reich. Es ist das [sic]

86 Ebd., S. 17.

87 Egon Friedell, »Prolog vor dem Film«, in: Schweinitz, *Prolog vor dem Film*, S. 205.

88 Wilhelm Worringer, *Künstlerische Zeitfragen*. München: Hugo Bruckmann, 1921, S. 16.

89 Kurt Pinthus (Hg.), *Menschheitsdämmerung. Ein Dokument des Expressionismus*. Hamburg: Rowohlt, 1959 [1919].

90 Ähnlich wie Balázs und Hofmannsthal hatte 1920 auch Max Adler vom Theater einen neuen Ausdruck der »Massenseele«, der »Mythenbildung« gefordert. Siehe Max Adler, »Masse und Mythos«, in: *Die neue Schaubühne*, Jg. 2, H. 9 (1920), S. 229-233.

91 Paul Kornfeld und August Wolf als Kritiker des neuen Mediums standen Autoren wie Carl Hauptmann, Iwan Goll, Friedrich Sieburg, Rudolf Leonhard und nicht zuletzt der Herausgeber Hugo Zehder gegenüber.

92 Carl Hauptmann, »Film und Theater«, in: *Die neue Schaubühne*, Jg. 1, H. 6 (1919), S. 169.

Urbereich aller seelischen Mitteilung überhaupt.«[93] Hauptmann erhebt den »Gebärdenwert« zum »Urwert«[94] schlechthin, zum »Urbereich der Gebärde«, zum »Urreich« der »Urleidenschaften«,[95] in dem Bewegung und Sprache eins geworden ist: »Atem, nicht Worte.«[96] Das Pathos dieser Suche nach den Ursprüngen, nach festem Grund unter den Sphären des Scheins, ist freilich verraucht. In Rudolf Kurtz' Buch über *Expressionismus und Film* heißt es 1926, als Balázs nach Berlin kommt, schon nüchterner, das Kino erfülle eine »Urfunktion [...] im Haushalt menschlicher Energiewirtschaft«.[97] Da schaut die »Neue Sachlichkeit« zurück auf die Ekstasen des Expressionismus.

Balázs' Versuche, seine ästhetische Utopie zu politisieren, führen ihn im Kreise. Immer dann, wenn er den Blick auf den Film selber wirft, dementiert er nicht nur die Ideologie der anderen, sondern auch seine eigene. Dann nämlich weiß er, dass nichts »unmittelbarer« ist als das poetisch Gemachte, dass der Mensch beginnt, wo auch das Unechte beginnt: »Unsere tiefe Sehnsucht nach Echtheit aber ist unsere Sehnsucht nach dem Nichtsein.«[98] So ist es gerade die Sehnsucht nach Identität, nach Aufhebung des Ichs, die immer wieder nur neue Konstruktionen, neue Bilder hervorbringt: »Es gibt also eigentlich gar keine objektive Photographie, keine, die nur das Bild zeigen und nicht zugleich etwas vom Auge mitteilen würde, das es sah. [...] Auch Sachlichkeit ist ein bestimmter Gemütszustand«, heißt es 1929 in einem Aufsatz über die »Einstellung zur Einstellung«. Balázs war im November 1928 zum zweiten Male beim »Klub der Kameraleute« zu Gast gewesen. Mit unbeirrter Sturheit wiederholte er, was er dort schon 1926 verkündet hatte: »Der Kameramann ist der Lyriker des Films.«[99]

So wie sein Begriff der Physiognomie im *Sichtbaren Menschen* zu der verkürzten Interpretation verführt, es handele es sich dabei

93 Ebd., S. 168.
94 Ebd., S. 172.
95 Ebd., S. 171.
96 Ebd., S. 172.
97 Rudolf Kurtz, *Expressionismus und Film*. Berlin: Verlag der Lichtbildbühne, 1926, S. 126.
98 Balázs, »Echtes, Allzuechtes« [1926], in: ders., *Schriften zum Film. Band 1*, S. 356.
99 Balázs, »Die Einstellung zur Einstellung« [1929], in: ders., *Schriften zum Film. Band 2*, S. 240.

um eine »Schauspielertheorie«,[100] so liefert Balázs in seinen Vorträgen vor den versammelten Kameraleuten nun Argumente für eine »Kameratheorie« des Films. Erst durch die Aufnahme, die produktive Photographie, würde aus dem Rohstoff der Bilder der schöpferische Ausdruck gleichsam destilliert. »In dieser verborgenen Gleichniskraft der Bilder – die nichts mit ›dekorativer Schönheit‹ zu tun hat – liegt die poetisch schöpferische Möglichkeit des Kameramannes.«[101]

»Béla vergißt die Schere« – Debatten mit Sergej Eisenstein

Balázs hatte 1926 allen Grund, das Selbstwertgefühl der Kameraleute zu heben, deren Arbeit bis dahin weitgehend ignoriert wurde. Zugleich aber ließ Balázs durchblicken, dass es ihm keineswegs um den Kameramann als Person, sondern um die Bedeutung der Aufnahmetechnik, der optischen Transformation der gefilmten Spielhandlung ging. »Nicht das Spiel und nicht die Regie, sondern *das Bild des Spiels und der Regie*.«[102] Das war nicht wenig missverständlich, denn schließlich beschränkte sich die Regie nicht auf die Anleitung der Schauspieler, die Inszenierung vor der Kamera, sondern war zur Regie der Bilder geworden. Das wusste auch Balázs. Doch hielt er fest: »Gleichgültig, ob der Regisseur oder der Operateur der Schöpfer solcher Kunst ist. Entscheidend ist nur, daß diese spezifische Filmkunst nur im Blick durch das Objektiv entstehen, nur durch die Aufnahme geschaffen werden kann.«[103]

Die Zuhörer seines Vortrags verstanden ihn präziser, als Balázs selbst sich ausdrückte.

So schrieb der Rezensent der *Literarischen Welt*: »Kameramann ist im Sinne des Referenten kein auf den Photographen beschränkter Sonderbegriff, sondern ein gleichmäßig auf das ganze Filmensemble anzuwendender Kollektivname. Die Betonung der Aufnahme, des optischen Moments, bedeutet nichts anderes, als daß

100 Zur Interpretation von Balázs' frühen filmtheoretischen Schriften unter diesem Zeichen siehe insbesondere Helmut H. Diederichs Einleitung in den ersten Band von Balázs' Schriften sowie das Nachwort zu Béla Balázs, *Der sichtbare Mensch*. Frankfurt am Main: Suhrkamp, 2001.

101 Balázs, »Produktive und reproduktive Filmkunst« [1926], in: ders., *Schriften zum Film. Band 2*, S. 211.

102 Ebd., S. 210.

103 Ebd., S. 212.

Schauspieler, Regisseur, Architekt und Operateur ihre Tätigkeit künftighin in einem neuen Sinne in den Dienst der Kamerawirkung zu stellen haben werden, um die Filmkunst aus einer reproduktiven zu einer eigentlichen, einer bildschöpferischen Kunst umzugestalten.«[104]

Balázs war auch in der Sowjetunion kein Unbekannter. *Der sichtbare Mensch* war sogar in zwei verschiedenen Übersetzungen in der Sowjetunion erschienen. Eine gekürzte Fassung seines Berliner Vortrags erschien nun prompt in der sowjetischen Zeitschrift *Kino*.[105] Balázs hatte als Beispiel für »produktive« Filmkunst, für »Gruppengebärde« und die »verborgene Gleichniskraft der Bilder«, eine Szene aus Eisensteins PANZERKREUZER POTEMKIN gewählt, in der der Jubel der Odessaer Bevölkerung »mit der rhythmisch gesteigerten Gruppierung der Massen«[106] in das Bild der dem Panzerkreuzer entgegenkommenden Segelboote übergeht, die ihre Segel herunterlassen, wie eine kollektive Geste der Ehrbezeugung. Die Veröffentlichung veranlasst Sergej Eisenstein zu einer rüden Polemik: »Béla vergisst die Schere«.[107] Eisenstein nutzt die Schwächen in Balázs' Argumentation, um seine eigenen theoretischen Auffassungen zu pointieren, und schießt weit übers Ziel hinaus. Balázs habe keine Ahnung vom Kollektivismus des Films und seiner Herstellung, vom »Begriff des Kameramanns [...] als eines freien Mitgliedes einer Vereinigung gleichberechtigter schöpferischer Individualitäten«.[108] Nachdem er Balázs ausführlich des Starkultes, des »Starismus«,[109] geziehen hat und ihm das »Heldentum« der unbekannten Mitglieder des Kollektivs, den Film als Resultat »kollektiver Willensbestrebungen«,[110] entgegengehalten hat, folgt Eisensteins zentrales Postulat: »Das Wesen des Films darf nicht in den Einstellungen gesucht werden, sondern vielmehr in den Wechselbeziehungen der Einstellungen [...] Der Aus-

104 Theodor Lücke, »Filmtradition und Filmzukunft« [1926], in: Balázs, *Schriften zum Film. Band 2*, S. 335 f.

105 Balázs, »O buduschem filmi« [Über die Zukunft des Films], in: *Kino* [Moskau], Nr. 27, 6.7.1926.

106 Balázs, »Produktive und reproduktive Filmkunst«, S. 211.

107 Sergej M. Eisenstein, »Béla vergißt die Schere« [1926], in: ders., *Schriften 2. Panzerkreuzer Potemkin*. Hg. von Hans-Joachim Schlegel. München: Hanser, 1973, S. 134-141.

108 Ebd., S. 137.

109 Ebd., S. 136.

110 Ebd.

druckseffekt des Filmes ist das Ergebnis von Zusammenstellungen.«[111] Nicht um Bilder ginge es, sondern um »Sequenzteile«.

Doch dieser Gegensatz war einigermaßen konstruiert. Lange bevor Eisenstein seine Theorie der Montage (der emotionalen, der intellektuellen, der dialektischen Montage) in immer wieder neuen Versuchen entwickelte – und »Béla vergißt die Schere« zählte zu den allerersten –, hatte Balázs im *Sichtbaren Menschen* den Schnitt, die »Bilderführung«, als Hauptproblem der visuellen Kontinuität und der symbolischen Assoziation herausgehoben und vom Regisseur gefordert: »Er muß es verstehen, die Stimmung eines Bildes hinüberleuchten zu lassen in das nächste Bild.«[112] An vielen Beispielen hatte er gezeigt, wie die Montage verschiedene Rhythmen und emotionale Partizipationen, Bewegungsrichtungen, Raum- und Zeitempfindungen oder inhaltliche Assoziationen hervorrufen kann. »Kleine Motive, Dinge, Gebärden und manchmal nur eine Beleuchtung werden in uns die Assoziation einer vergangenen Szene wachrufen und wie leise, kaum bewußt werdende visuelle Leitmotive den inneren Zusammenhang, die durchgehende Linie der Fabel fühlbar machen.«[113]

Doch es blieb Eisenstein vorbehalten, die formalen und inhaltlichen Elemente solcher Assoziationsreihen theoretisch, experimentell und systematisch zu erproben. Und dies mit einem anderen Ziel als Balázs. Eisenstein folgend, sieht Heinz B. Heller in Balázs' Betonung der Aufnahmewirkung, der Kamera, nur »überkommene Vorstellungen einer Repräsentationskunst des kreativen, genialen Individuums«.[114] Doch Eisensteins Rhetorik des Kollektivs, die Rede von dialektischer Montage, von Wechselwirkung und Gegensätzen sollte nicht darüber hinwegtäuschen, dass gerade hier ein geniales Individuum seinen Anspruch auf totale Gestaltung, nicht nur des Kunstwerks selbst, sondern der Beziehung zwischen Kunstwerk und Rezipient formulierte – und dies ganz im Einklang mit den radikalen ästhetischen Utopien seiner Zeit – mit dem

111 Ebd., S. 138.
112 Balázs, *Der sichtbare Mensch*, S. 86 f.
113 Ebd.
114 Heinz B. Heller, *Literarische Intelligenz und Film. Zu Veränderungen der ästhetischen Theorie und Praxis unter dem Eindruck des Films 1910-1930 in Deutschland*. Tübingen: Niemeyer, 1985, S. 237.

Gestus der Selbstaufhebung des Künstlers,[115] der zugleich seine Apotheose als kollektiver Demiurg erlebt.

Eisensteins avantgardistische Vision zielt auf die Aufhebung jeder Grenze zwischen Kunst, Wissenschaft und Wirklichkeit, den »intellektuellen Film«: »Im Schmelzofen des dialektischen Feuers wird ein neuer Baufaktor gewonnen. [...] Dem Dualismus der Sphären ›Gefühl‹ und ›Vernunft‹ muß die neue Kunst Einhalt gebieten. Der Wissenschaft muß ihre Sinnlichkeit zurückgegeben werden, dem intellektuellen Prozeß seine Entflammtheit und Leidenschaftlichkeit. Der abstrakte Denkprozeß ist in die Lebendigkeit praktischen Wirkens zu tauchen.«[116] Der Film werde in der »Darlegung ganzer *Systeme* und *Begriffssysteme*«[117] gipfeln. 1927 begann er mit Vorarbeiten zu einer Verfilmung von Karl Marx' *Das Kapital*.

Balázs fand, seitdem er sich in Berlin niederließ, mehrfach Gelegenheit, sich mit Eisenstein zu streiten und zugleich seine Verehrung für ihn zu kultivieren. Er besuchte die UdSSR, nahm wie Eisenstein im September 1929 am ersten Kongress der »Internationalen Liga für den unabhängigen Film« in La Sarraz teil,[118] propagierte Eisensteins Filme in Deutschland und stellte Anfang 1930 die deutsche Titelfassung für Eisensteins Film DAS ALTE UND DAS NEUE (Die Generallinie) her. Schließlich schickte er Eisenstein im Februar 1930 zwei Exposés für Filmprojekte zu, die dieser freilich ignorierte. Eines davon, »Dein Kind sieht das Leben«,[119] liest sich wie die Dramatisierung von Balázs' Vorstellungen von

115 »Unser Schlagwort ist ›Nieder mit der intuitiven Schöpfung!‹ Anstatt zu träumen, wälzen wir uns in Leben.« (Sergej M. Eisenstein, »Massenkino«, in: ders., *Schriften 4. Das Alte und das Neue (Die Generallinie)*. Hg. von Hans Joachim Schlegel. München/Wien: Hanser, 1984, S. 181.

116 Sergej M. Eisenstein, »Perspektiven« [1929], in: ders., *Schriften 3. Oktober*. Hg. von Hans Joachim Schlegel. München: Hanser, 1975, S. 197.

117 Ebd., S. 199.

118 An dem Kongress in der Schweiz nahmen unter anderem Léon Moussinac, Hans Richter, Walter Ruttmann, Alberto Cavalcanti, Hiroshi Hijo, Eduard Tissé, Georg Wilhelm Pabst, Enrico Prampolini, Grigori Alexandrow und Lupu Pick teil. Während der Veranstaltung drehten die Teilnehmer eine Filmgroteske, den Kampf der »Unabhängigen« gegen die »Firmen«. Balázs spielte, wie Eisenstein sich erinnerte, das Oberhaupt der kostümierten »Bösewichte«. Es ist dies die einzige Erwähnung, die der Name Balázs in den Fragmenten von Eisensteins Memoiren findet (vgl. Sergej M. Eisenstein, *Yo – Ich selbst. Memoiren*. 2 Bände. Frankfurt am Main: Fischer Taschenbuch, 1988, S. 406).

119 Das Exposé erschien 1931 in *Filmtechnik* [wieder abgedruckt in: Balázs, *Schriften zum Film. Band 2*, 326].

Traum und Symbol, die er am explizitesten in seiner Autobiographie *Jugend eines Träumers* ausdrückte: »Die Gestalt der Traumdinge scheint nur eine Maske zu sein, die etwas anderes birgt. Sie scheint eines und zugleich ein anderes zu sein.«[120] Für das Kind jedoch hätten sich Interaktionsform und Symbol noch nicht getrennt: »Erwachsenen wird das zur Assoziation, *für das Kind ist es Identität.*«[121]

Eisenstein hat Balázs' Verehrung für ihn kaum erwidert. Hinter ihrem Streit über die Bedeutung der Montage für den Film aber verbirgt sich eine Auseinandersetzung über das Wesen der filmischen Partizipation, die Balázs im *Geist des Films* fortführte. Gleich am Anfang seines zweiten Filmbuches fasst er zusammen: »Wodurch wird der Film zu einer besonderen eigenen Sprache? Durch die Großaufnahme. Durch die Einstellung. Durch die Montage. [...] im Rhythmus und im Assoziationsprozeß der Bildfolge erscheint das Wesentliche: die Komposition des Werkes.«[122] So sehr er Eisenstein damit entgegenzukommen scheint, an vielen Stellen seines Buches wird deutlich, was sie trennt. Kein Name fällt so häufig wie der Eisensteins, und es sind seine und andere russische Filme, die am häufigsten als Beispiel genannt werden, auf ambivalente Weise. Die verschiedenen Elemente künstlerischen Ausdrucks im Film seien hier »radikaler durchgeführt [...]. Sie sind gewollter und auffälliger. Das ist nicht immer ein Vorteil. Jedenfalls ergeben sich dadurch die illustrativen Schulbeispiele.«[123]

Mehr noch als *Der sichtbare Mensch* ist *Der Geist des Films* selbst Montage, assoziatives Geflecht von Beobachtungen, Gedanken, Beispielen, kleinen Essays und großen Argumentationslinien, die immer wieder um den gleichen Widerspruch kreisen. Der Film sei eine neue universelle Sprache, aber er sei eben doch *keine Sprache*.

Balázs zitiert einen Vortrag Eisensteins in Paris vom 17. Februar 1930, in dem er seine Vorstellungen eines »intellektuellen Films« öffentlich bekräftigt hatte: »Unmittelbar im Bild oder in der Bildkombination suchen wir das Mittel, Gefühlsreaktionen zu erregen, die vorausberechnet sind. Diese Gefühlsbewegungen wecken dann

120 Balázs, *Die Jugend eines Träumers*, S. 24.
121 Ebd., S. 27.
122 Balázs, *Der Geist des Films*, S. 14.
123 Ebd., S. 34.

die Gedanken. Vom Bild zur Empfindung, von der Empfindung zur These. [...] In uralten Zeiten, in den magisch-religiösen Zeiten, war die Wissenschaft Erkenntnis und Gefühl zugleich gewesen. Das hat sich in einen Dualismus geschieden. [...] Wir müssen jetzt, ohne auf das primitiv-religiöse Stadium zurückzukehren – wieder eine ähnliche Synthese der beiden Elemente versuchen. Ich glaube, daß nur der Film diese große Synthese schaffen kann: die Intellektualität auf ihre vitalen Quellen, auf Konkretion und Emotion zurückzuführen.«[124] Demgegenüber gelingt es selbst Balázs, eine »rationalistische« Position zu behaupten und darauf hinzuweisen, dass eine Einheit von spekulativem Denken und unbewusstem Gefühl nicht »hergestellt« werden kann. »Wenn die Idee einer Einheit *im Gegensatz zu einem Gespaltensein* auftaucht, so ist sie schon unmöglich.«[125] Man sollte sich aber nicht davon täuschen lassen, dass Balázs versucht, Eisenstein materialistisch zu überbieten, und ihm vorwirft, mit dem Film auf eine unproblematische Einheit zuzusteuern, die doch nur das Ergebnis einer völlig und endgültig veränderten Gesellschaft sein könnte. Was Balázs tatsächlich an Eisensteins Konzeption des »Gedankenfilms«[126] abstößt, ist die Vorstellung, Film als Sprache zu entwickeln, die über den Umweg der Symbole und Gefühle doch nur dazu dienen soll, abstrakte Gedanken zu symbolisieren, Wirkungen zu erzielen, deren Ergebnis schon vorher feststünde. Montage, und damit auch die Herstellung filmischer Gleichnisse durch allegorische Reihen, ist für Balázs keine Form der Mitteilung, sondern ein offener Prozess, der nicht nur das Wechselverhältnis zwischen den Bildern charakterisiert, sondern erst recht das zwischen Bildern und Rezipient.

Balázs zielt auf den Zusammenhang von Montage und Erleben. Und in diesem Wirkungsfeld spielt die Rezeption selbst eine produktive Rolle. So heißt es zunächst: »Es gibt keinen so ›toten‹ Gegenstand, der in solcher Assoziations-Montage nicht zu einer lebendigen Physiognomie erweckt werden könnte. Undefinierbares, Irrationelles kann assoziiert werden durch Montage-Suggestion.«[127] Und auf Eisenstein antwortend wird Balázs deutlicher:

124 Ebd., S. 73 f.
125 Ebd., S. 74 f.
126 Ebd., S. 73.
127 Ebd., S. 46 f.

»Man wird sich dabei abenteuerlicher Überraschungen gewärtigen müssen. Denn das vom Bild erweckte Gefühl wird sich mit den im Zuschauer bereits vorhandenen Zufallsstimmungen vereinen. Das Assoziationsergebnis ist nicht abzusehen.«[128] Schon im *Sichtbaren Menschen* hatte Balázs vor »illustrierten Gleichnissen«[129] gewarnt, als von den russischen Filmen noch nicht die Rede war. »Statt des irrationellen Bildes einer irrationellen Empfindung bekommen wir *eine Redewendung im Bilde dargestellt*.«[130] Auch Eisenstein würde nun der Gefahr der »Ideogramme«,[131] der »Hieroglyphenfilme [...] der Reproduktion gestellter Bilderrätsel«[132] verfallen. In der konstruktivistischen Utopie der Verschmelzung von Zeichen und Gefühlsausdruck in der Technik der Montage erkennt er am Ende nur einen Rückgriff »auf die älteste, primitivste Form der Zeichenschrift«.[133]

Während »die Begrifflichkeit des Wortes den irrationellen, halluzinativen Charakter der sinnlichen Wahrnehmung«[134] verfälsche, ginge es um »begrifflich gar nicht formulierbare [...] Zusammenhänge, die tief unter der Oberfläche liegen«.[135] Doch wo die Begriffe fehlen, bleibt auch Balázs nur, das vermutete Phänomen zu umkreisen. Sinnliche Symbolbilder sollen, wie Balázs über den »absoluten Film« schreibt, »Emotion nicht darstellen, sondern im Zuschauer *direkt bewirken*. Es ist eigentlich ein Suggestionsverfahren.«[136] Montage bedeutet für ihn das Experimentieren mit jenen sinnlichen Analogien, die auch Ernst Cassirer in seiner *Philosophie der symbolischen Formen* als Struktur des »mythisch-substantiellen Identitätsdenkens«[137] identifizierte. »Für dieses gilt jede Gemeinsamkeit von Eigenschaften, jede Ähnlichkeit in der sinnlichen Erscheinung verschiedener Dinge oder in ihrer Wirkungsart

128 S. 75.
129 Balázs, *Der sichtbare Mensch*, S. 64.
130 Ebd.
131 S. 48 in diesem Band.
132 Ebd., S. 49.
133 Ebd.
134 Ebd., S. 45.
135 Béla Balázs, »Vorstoß in eine neue Dimension« [1926], in: ders., *Schriften zum Film. Band 2*, S. 214.
136 S. 95 in diesem Band.
137 Ernst Cassirer, *Philosophie der symbolischen Formen. Bd. 2. Das mythische Denken*. Darmstadt: Wissenschaftliche Buchgesellschaft, 1977 [1924], S. 85.

schließlich nur dadurch als erklärt, daß in ihnen ein und dieselbe dingliche Ursache irgendwie ›enthalten‹ ist.«[138] Cassirer stützte sich dabei auf Lévy-Bruhls Untersuchungen über das magische Denken, das »Gesetz der Partizipation«, das Identität und Verschiedenheit nicht als einander ausschließende Zustände begreift, das keine Zufälle, sondern nur Bedeutungen und Offenbarungen kennt, und das schließlich jedem »Kausalzusammenhang gegenüber gleichgültig«[139] bleibt.

Wenn Ruttmann in der SYMPHONIE DER GROSSSTADT Gasröhren mit schlanken Frauenbeinen verbindet oder Eisenstein in der GENERALLINIE »die Großaufnahme einer Grille mit einer Mähmaschine viermal hintereinander zusammenmontiert, nur weil sie ›dieselbe Linie‹ hatten«, dann zeigt »Montage [...] die dargestellte Welt *auch* als bewegtes Ornament«.[140] Vor allem aber werden Menschen und Dinge, Wachzustand und Traum, Gegenständlichkeit und Assoziation einem magischen Identitätsdenken unterworfen. »Denn eben dort, wo wir eine bloße ›Analogie‹, d. h. ein bloßes *Verhältnis* sehen, hat es der Mythos nur mit unmittelbarem Dasein und mit unmittelbarer Gegenwart zu tun. Für ihn gibt es kein bloßes Zeichen, das auf ein Entferntes und Abwesendes ›hindeutet‹ [...].«[141] Sichtbare und unsichtbare Welt sind voneinander nicht getrennt, »die Ereignisse in der sichtbaren Welt hängen«, so Lévy-Bruhl, »jeden Augenblick von den Kräften der andern ab«.[142] Umgekehrt beruht Cassirer zufolge die Vorstellung der magischen Wirkung mimischer (bzw. mimetischer) Handlungen darauf, dass »man Dinge auch ohne eine in unserem Sinne ›zweckmäßige‹ Handlung« in Besitz bringen könnte, »weil es etwas *bloß* Mimisches, etwas lediglich Signifikantes auf dem Standpunkt des mythischen Bewußtseins nicht gibt«.[143]

Die Vorstellungen von Raum und Zeit, die sich mit diesem magischen Identitätsdenken verbinden, werden für Balázs' Interpretation des Films eine wesentliche Rolle spielen. Während er 1930 den *Geist des Films* fertigstellt, reist Eisenstein von Paris

138 Ebd., S. 85.
139 Lucien Lévy-Bruhl, *Die geistige Welt der Primitiven*. Darmstadt: Wissenschaftliche Buchgesellschaft, 1959, S. 26.
140 S. 51 in diesem Band.
141 Cassirer, *Philosophie der symbolischen Formen. Bd. 2*, S. 87.
142 Lévy-Bruhl, *Die geistige Welt der Primitiven*, S. 343.
143 Cassirer, *Philosophie der symbolischen Formen. Bd. 2*, S. 87.

weiter in die USA und nach Mexiko, die »Bücher Lévy-Brühls [sic] über das primitive Denken«[144] im Gepäck. In Mexiko wird auch Eisenstein sich mit Leben, Tod und Unsterblichkeit beschäftigen, mit den magischen Ritualen des »Totentages«.

»Einschichtigkeit« und »absoluter Film«

»Physiognomie ist nicht nur eine objektive Gegebenheit, sondern zugleich unsere Beziehung zu ihr. Eine Synthese.«[145] Der Film ist das Medium, das sich selbst unmittelbar und immerzu thematisiert und das sich zugleich, als technisches Medium, als Apparat, zum Verschwinden bringt. Der staunende Blick auf die Welt, den Kamera und Montage organisieren, kann zwischen Traum und Wirklichkeit nicht unterscheiden. Balázs konstatiert an den Versuchen, episch konstruierte Spielhandlungen aufzulösen und »unkonstruierte, nackte Existenz zu zeigen: Urtatbestand«,[146] dass der »Traum (Wunschtraum oder Angsttraum?) von der absoluten, objektiven, unpersönlichen Sachlichkeit«[147] notwendigerweise in sein Gegenteil umschlagen muss. Denn »das reine Objekt wird zur reinen Erscheinung. Die bloße Tatsache wird zum bloßen Bild.«[148] Die Dinge, ohne Interpretation ihres Kontextes als reine Anschauung behauptet, werden zur Phantasmagorie. »Die Dinge sind einfach da, und das sinnliche Empfinden des bloßen Daseins wird bis zum Rauschgefühl gesteigert.«[149] Der reine »Wirklichkeitsfilm bis zu seiner letzten Konsequenz geführt, ergibt sein Gegenteil: den absoluten Film«.[150] Sachlichkeit wird zur Formspielerei, die Formspielerei selbst aber wird »wesentlich« – und der Dualismus von Wesen und Erscheinung wird aufgehoben. »Das Ding wird wesenlos, weil seine Erscheinung so wesentlich wird. Das Bild selbst ist die erlebte Wirklichkeit. Und die *nur* visuell erlebte Wirklichkeit, das ist der absolute Film.«[151]

144 Eisenstein, *Yo – Ich selbst*, S. 256.
145 Balázs, *Der Geist des Films*, S. 30.
146 Ebd., S. 85.
147 Ebd.
148 Ebd., S. 86.
149 Ebd.
150 Ebd.
151 Ebd.

Wie kaum jemand zu dieser Zeit erkennt Balázs zugleich im Tonfilm neue künstlerische Möglichkeiten. Konsequent begreift er den Ton nicht als Illustration zum Bild, sondern fordert auf, in »Tonmontage« und »Tongroßaufnahme« die hörbare Welt eigenständig und kontrapunktisch in die Ausdrucksmittel des Filmes hineinzuarbeiten.[152] Seine Befürchtung, die nun entstandene Möglichkeit zu theatralischen Dialogen lasse den Film leicht unter das erreichte Niveau seiner Ausdrucksmöglichkeiten zurückfallen, erwies sich bald als nur zu berechtigt. Stattdessen fordert er, auch für die gesprochenen Dialoge eine neue Filmsprache zu entwickeln, die weniger ihren Inhalt als ihren akustischen Ausdruckscharakter betont.

»Absoluter Film« ist für Balázs keine Kategorie wie der »abstrakte« oder der surrealistische Film, der »Gedankenfilm« oder der »Querschnittfilm«, denen er letztlich den Charakter von »Studioexperimenten«[153] zuweist, die die Möglichkeiten des Mediums ausloten. Eher benutzt er ihn als Denkfigur, um Grundstrukturen des neuen Mediums scharf zu pointieren.

Die Form, die sich selber Inhalt sei, wäre das »Nichts«. Von dieser Extremposition des »absoluten Films« her, misst Balázs die Gestaltqualitäten der konventionellen Filmerzählung, der Fabel, aus. Nicht die Auflösung der Gegenstandswelt in die Identitätswelt des bewegten Ornaments – des »Nichts« – ist sein Ziel, sondern das Erleben der Spannung zwischen der Fabel, und damit der narrativlogischen oder metonymischen Verkettung der Wesen und Dinge, und der sinnlichen Identitätswelt metaphorisch-symbolischer Assoziationen.[154] »[W]enn der Assoziationsfilm angewendet würde bei Filmen, die *ganze* Menschen gestalten wollen, so könnte er eine Tiefendimension öffnen, könnte die Menschen durchscheinend machen.«[155] Es ist diese Spannung zwischen narrativer und metaphorischer Imagination, das »Erleben« einer anderen Verbindung zwischen uns und den Dingen als der der »objektiven« Kausalität, die nicht nur das magische Denken, sondern auch die Welt der

152 Vgl. dazu auch das erwähnte Exposé »Dein Kind sieht dein Leben« und die darin erprobte Entgegensetzung der visuellen Welt des Kindes und der auditiven einer blinden Großmutter.

153 Balázs, *Der Geist des Films*, S. 106.

154 Auf diesen doppelten Charakter der diegetischen und metaphorischen Verknüpfung hatte er schon in dem Eisenstein-Beispiel in seinem ersten Berliner Vortrag hingewiesen.

155 Balázs, *Der Geist des Films*, S. 94.

Märchen bestimmt und die ein Gefühl des Getragenseins, der Schwerelosigkeit evoziert: »Nicht Riesen, Zwerge, Drachen und Hexen machen das Märchen aus, sondern das *Schwebende*, das Leben bekommt, wenn wir ihm keine Gründe unterschieben, und das *Unbegrenzte* einer Welt, in der es nichts Fremdes, weil auch nichts Bekanntes gibt, in der alles, was geschieht, mit uns, für oder gegen uns geschieht. Das Unwahrscheinlichste am Märchen ist ja, daß alles darin einen Sinn hat.«[156] So wie Max Lüthi vom Märchen[157] spricht Balázs im *Sichtbaren Menschen* von der »Einschichtigkeit des Films«,[158] der Verschmelzung von Drama und Darstellung. »Denn der Urstoff, die poetische Substanz des Films ist die sichtbare Gebärde.«[159] Wenn die Gebärde den Blick des Darstellers *in* die Kamera zur Projektion des Inneren nach außen verwandelt, so wird die Kamera für Balázs selbst zum Ausdruck der Gebärde des Sehens, in der sich der subjektive Blick auf den Gegenstand und der Gegenstand, auf den er fällt, unlösbar vereinen. »Das Bild selbst ist die Wirklichkeit, die wir erfahren, und es gibt kein Dahinter, keine bildjenseitige konkrete Gegenständlichkeit.«[160]

Zeit-Raum: Identifikation, Allmacht und die Selbstvernichtung des Subjekts

Wenn Balázs von Raum spricht, dann meint er offenkundig zweierlei: Bild und körperliche Empfindung, Sehen und Erleben. Mal ist er ein leeres Kontinuum, in dem sich die Körper verteilen, mal ein Fluidum, das – obwohl nicht zu sehen – jederzeit zu spüren ist. Mal trennt er die Objekte voneinander, mal verbindet er sie. Erst

156 Balázs, »Chaplins Märchen« [1926], in: ders., *Schriften zum Film. Band 1*, S. 363.

157 »Nebeneinander und Nacheinander, [...] Flächenhaftigkeit, Eindimensionalität, Isolationstendenz, Metallisierungen, Mineralisierungen, Sublimierung, abstrakter Stil« sind für Lüthi die Kennzeichen der Poetik des Märchens. Siehe Max Lüthi, *Das Volksmärchen als Dichtung. Ästhetik und Anthropologie*. Düsseldorf/Köln: Eugen Diederichs, 1975, S. 53.

158 Balázs, *Der sichtbare Mensch*, S. 24.

159 Ebd., S. 26.

160 Balázs, *Der Geist des Films*, S. 102. Im Zeichentrickfilm findet dies bloß seinen radikalsten Ausdruck: »Hier gibt es zwischen Sein und Schein überhaupt keinen Unterschied. [...] Weil zwischen Schein und Sein kein Unterschied ist, wird Ähnlichkeit zur Identität. Das sind absolute Bilder. Das ist absoluter Film.« (S. 140 f.)

schafft er Überblick, dann wird er zum irrealen Raum, der keine fixierbaren Orte besitzt, an dem das Unerwartete zu jeder Zeit und an jedem Ort hervorbrechen kann. Der Raum, den Balázs als den seiner Kindheit erinnert, ist ein solcher Raum der Uneindeutigkeit, kein Kontinuum, sondern physiognomischer, körperlich bewegter Raum, Geborgenheit und Grenzenlosigkeit zugleich. »In jener luftigen Stube selbst lebte man ja friedlich, bloß Fenster und Türen waren immer offen, Perspektiven und Möglichkeiten ließen wie Winde die Vorhänge flattern. [...] Daß jahrelang nichts Besonderes geschah, stumpfte keine Minute lang das Gefühl ab, daß jeden Tag etwas ganz Besonderes geschehen könnte.«[161] In diesem Raum sind wir zugleich hier und dort, »irgendwo und zugleich anderswo«.[162] Diesen Raum kann man nicht messen, er beginnt überall und hat keine Grenze, ist überall mit sich selbst verbunden. Es ist der Raum des Traumes und des magischen Denkens. Am Beispiel einer Traumsequenz aus dem Film NARKOSE,[163] zu dem er selbst das Drehbuch schrieb, erläutert Balázs die Qualität des filmischen Raums, die Verschmelzung des empirischen, begrenzten Raumes mit dem imaginierten All-Raum. »Im Traum verwandelt sich der Raum nicht in einen anderen, sondern er hat überhaupt keinen eindeutigen Charakter. Er ist gar nicht ein Raum. Gerade durch die reale Kontinuität des Panoramierens, dadurch daß wir ihn durchschreiten, stellen wir seine Irrealität fest.«[164]

Die panoramierende Kamera ist selbst Ausdrucksbewegung. »Vor der mitfahrenden Kamera wird der Gang eines Menschen zu einer seiner bedeutendsten Gebärden.«[165] Die gesehene Gebärde wird zu unserer eigenen, in einem Raum, »der nicht zur Perspektive geworden ist, nicht zum Bild, das wir von außen betrachten, sondern der Raum bleibt, in dem wir uns mit der Kamera *selber* bewegen, dessen Entfernungen wir abschreiten und damit auch die Zeit erleben, die dazu notwendig ist«.[166] Indem wir den Raum durch*messen*, verlieren wir zugleich das Gefühl für das *Maß*, verwandelt sich der Raum von einem Quantum in eine Qualität, in ein Medium unerwarteter Begegnung. »Jeder Schritt weiter im Raum

161 Balázs, *Die Jugend eines Träumers*, S. 17.
162 Balázs, *Der Geist des Films*, S. 63.
163 NARKOSE (Regie: Alfred Abel, Deutschland 1929).
164 Balázs, *Der Geist des Films*, S. 63.
165 Ebd., S. 62.
166 Ebd., S. 59 f.

ist neues Geheimnis, neue Möglichkeit und Erwartung.«[167] Walter Benjamin wird, ohne Balázs je zu zitieren, in seinem Aufsatz über »Das Kunstwerk im Zeitalter seiner technischen Reproduzierbarkeit« genau darauf zurückkommen: »Unter der Großaufnahme dehnt sich der Raum, unter der Zeitlupe die Bewegung. [...] So wird handgreiflich, daß es eine andere Natur ist, die zu der Kamera als die zum Auge spricht. Anders vor allem dadurch, daß an die Stelle eines vom Menschen mit Bewußtsein durchwirkten Raums ein unbewußt durchwirkter wird.«[168] Balázs' »Geheimnis« hat bei Benjamin freilich eine andere Färbung, es ist die Dimension des »Choks«.[169]

Montage, die rhythmische und assoziative Folge der Bilder, ist aus dieser Perspektive heraus eine Funktion der »produktiven Kamera«[170] und nicht umgekehrt. Montage ist für Balázs eine Form der Bewegung der Kamera, so wie die panoramierende Kamera für ihn »Montage ohne Schnitt«[171] ist. Damit zielt er letztlich auf eine Identifikation mit der Kamera als Medium einer allgegenwärtigen, alles verwandelnden Präsenz. Balázs identifiziert dieses »von allen Seiten« blickende »Ich« nicht mit sich selbst und seiner imaginierten Allmacht, sondern mit den Figuren. »Mein Blick und mit ihm mein Bewußtsein *identifiziert* sich mit den Personen des Films.«[172] Freilich: allen zugleich. Er selbst, das sehende »Ich«, habe keinen eigenen Standpunkt, gehe mit der Menge mit und verliere festen Boden unter den Füßen: »[I]ch fliege, ich tauche, ich reite [...].«[173] Während Balázs' Zuschauer sich an die Kamera als Medium verliert, sich selbstvergessen einem Rausch hingibt, sieht Benjamin

167 Ebd., S. 60.

168 Walter Benjamin, »Das Kunstwerk im Zeitalter seiner technischen Reproduzierbarkeit ⟨*Zweite Fassung*⟩;«, in: ders., *Gesammelte Schriften. I.2* [Werkausgabe Band 2], S. 500. Gertrud Koch hat auf die Bezüge Benjamins zu Balázs nachdrücklich hingewiesen (vgl. Koch, »Die Physiognomie der Dinge«, S. 77 f.).

169 »Der Film ist die der gesteigerten Lebensgefahr, der die Heutigen ins Auge zu sehen haben, entsprechende Kunstform. Das Bedürfnis, sich Chokwirkungen auszusetzen, ist eine Anpassung der Menschen an die sie bedrohenden Gefahren.« (Benjamin, »Das Kunstwerk«, S. 503, Anm. 29.) Benjamins Begriff des Choks verrät mehr, als er selbst zugibt: Die Anpassung an die Gefahren erfolgt über die Preisgabe des Selbst an das Schwindelgefühl, das der Chok auszulösen vermag.

170 Balázs, *Der Geist des Films*, S. 14.

171 Ebd., S. 59.

172 Ebd., S. 15.

173 Ebd.

eine andere Form der Identifizierung von Kamerablick und Zuschauerblick, den der Einfühlung in den Apparat: »Das Publikum fühlt sich in den Darsteller nur ein, indem es sich in den Apparat einfühlt. Es übernimmt also dessen Haltung: es testet.«[174] Während für Benjamin das Medium die Aura, und das heißt die Bedingung der »Kultwerte«, ihre »Fundierung im Ritual«[175] zerstört, zielt Balázs auf die Auratisierung der Realität selbst. Während Benjamins Publikum sich in der Identifikation mit der Kamera in einen Examinator (aber: einen zerstreuten) verwandelt, »anthropologisiert Balázs den Kamerablick und steigert ihn zum omnipotenten Blick des Zuschauers«.[176] So gipfelt seine Definition der Identifizierung in einem mehrdeutigen Bild: »Denn die Kamera hat meine Augen und identifiziert sie mit den Augen der handelnden Personen. Sie schauen mit meinem Blick.«[177] Nicht »ich« schaue mit ihrem Blick, *sie* schauen mit *meinem* Blick. Und das heißt, alle handelnden Personen werden zu Inkarnationen *meines* Blicks, *meines* Wunsches, *meines* Imaginären.

Damit aber ist etwas anderes geschehen als das, was Balázs selbst als das entscheidend Neue, als die Aufhebung der »fixierten Distanz des Zuschauers«[178] bezeichnet. Das Kunstwerk sei keine geschlossene Welt mehr, kein vom Betrachter hermetisch durch Rahmen oder Bühne getrennter Raum. In seinem letzten Filmbuch *Der Film. Werden und Wesen einer neuen Kunst*[179] wird Balázs diese Vorstellung mit eben jener chinesischen Legende illustrieren, die auch Benjamin in seinem »Kunstwerk« Aufsatz erwähnt, freilich ohne sie mit dem Film in Verbindung zu bringen: die Legende vom Maler, den die Sehnsucht in das eigene Bild zieht und der darin schließlich verschwindet.[180] Doch ist mit diesem Verschwinden in der eigenen Vorstellung die Distanz tatsächlich aufgehoben? Balázs selbst beschreibt die totale Verfügung über den Raum zugleich als

174 Benjamin, »Das Kunstwerk«, S. 488.
175 Ebd., S. 480.
176 Joachim Paech, »Dispositionen der Einfühlung. Anmerkungen zum Einfluß der Einfühlungs-Ästhetik des 19. Jahrhunderts auf die Theorie des Kinofilms«, in: Knut Hickethier, Eggo Müller, Rainer Rother (Hg.), *Der Film in der Geschichte*. Berlin: Edition Sigma, 1997, S. 117.
177 Balázs, *Der Geist des Films*, S. 15.
178 Ebd.
179 Balázs, *Der Film. Werden und Wesen einer neuen Kunst*. Wien: Globus, 1949.
180 Ebd., S. 46 f. Vgl. Benjamin, »Das Kunstwerk«, S. 504.

ein »Mitten-drin«-[181], ein »Umzingelt«-Sein, wie auch als ein Sehen »von allen Seiten«. Wir sind inmitten des Bildes, weil wir zu allen seinen Elementen potentiell den gleichen Abstand haben, wir verfügen über ein totales Bewusstsein, weil sich zwischen uns und den Dingen die Kamera bewegt, mit den Worten Gilles Deleuzes: »[D]as einzige kinematographische Bewußtsein, das sind nicht etwa wir, die Zuschauer, noch der Held, das ist die Kamera, die bald menschliche, bald unmenschliche oder übermenschliche Kamera.«[182]

Gelingt die Identifikation mit der Kamera, so wird das Raumerleben auch dann nicht gestört, wenn die Kamera springt oder in Reißschwenks rotiert. »Die *Kontinuität* des Raumes wird nicht unterbrochen. Wir fühlen ihn. Nicht nur als Behälter, als Platz für die Gegenstände, sondern *ihn selber*, den Raum, unabhängig von den einzelnen Objekten.«[183] Der so empfundene Raum wird körperlich, und das heißt, er kann auch zum Widerstand werden, den es zu überwinden gilt, der dem Begehren im Wege steht, dem Begehren der handelnden Figuren wie dem Begehren des Zuschauers. »Der Raum wird zum Widerstand, zum Geschiedensein. Die Kamera, die ihn durchdringt, mißt die Spannung der Sehnsucht.«[184]

Eine Steigerung der möglichen Raumwirkungen versprach Balázs sich vom Tonfilm, und so heißt es am Ende von *Der Geist des Films*: »Der Raum aber, den man nur sieht, wird nie konkret. Man erlebt nur den Raum, den man auch hören kann.«[185] Dem Ton sei dabei eigentümlich, wenig über seine Position im Raum, aber viel über die Qualität des Raumes selbst mitzuteilen, je nachdem ob er in einem Keller oder auf der Straße, unter einer Kuppel oder über dem Wasser entstünde. Die höchste Steigerung sieht Balázs in der »negativen Denotation«[186] der Stille: »das tiefste und bedeutendste Menschenerlebnis, das keine stumme Kunst, nicht Bild und Skulp-

181 Balázs, *Der Geist des Films*, S. 14.

182 Gilles Deleuze, *Das Bewegungs-Bild. Kino 1*. Frankfurt am Main: Suhrkamp, 1997 [1983], S. 38.

183 Balázs, *Der Geist des Films*, S. 60. Christian Metz hat offenbar jene Passage von Balázs im Gedächtnis, wenn er die Identifikation mit der Bewegung der Kamera als Identifikation mit einem transzendentalen Subjekt charakterisiert (siehe Metz, *The Imaginary Signifier*, S. 50).

184 Balázs, *Der Geist des Films*, S. 114.

185 Ebd., S. 122.

186 Ebd., S. 121.

tur noch der stumme Film gestaltet hat«.[187] Die Stille, das gemeinsame Schweigen der Dinge, die doch so verschieden tönen, wird zur geheimen Verständigung, zu einem Gemeinschaftserlebnis. Wie im *Phantasie-Reiseführer* heißt es nun auch hier: »In der Gemeinsamkeit der Stille sind die Dinge einander zugekehrt und merken den Menschen nicht mehr.«[188] Stille als Ereignis sei nur im Kino, und nur im Tonfilm, im Verstummen der tönenden Dinge möglich, »denn das große, das ›kosmische‹ Erlebnis der Stille ist ein Raumerlebnis«,[189] für Balázs eine Berührung mit dem Grund allen Seins. Das Thema seines ersten Märchens, »Die Stille«, hat ihn wieder eingeholt.[190]

Von diesem dunklen Heimweh, jener »Ahnung, daß der Mensch nicht nur ein soziales, sondern auch ein kosmisches Wesen ist«[191], spricht Balázs im *Geist des Films* auch im Zusammenhang mit der »großen Lebenskunst des Reisens«,[192] die im Film ihre Objektivation gefunden habe. Im Kino, fast jeder Mobilität beraubt, ist man immer in Bewegung, gehen Raum und Zeit jene eigentümliche Verbindung ein, deren Beschreibungen an Lévy-Bruhls Schilderungen des magischen Denkens gemahnen. So kennt das magische Denken weder homogene Zeit noch homogenen Raum, weder eine lineare Zeitvorstellung, in der Erscheinungen zu Ursachen und Wirkungen verkettet werden könnten, noch eine geometrische Vorstellung des Raumes, der den Dingen und Wesen, die sich in ihm aufhalten, gegenuber indifferent wäre. Damit nähere sich, so Lévy-Bruhl, die Zeitvorstellung »einem subjektiven Gefühl der Dauer – (durée) – das nicht ohne Analogie mit dem von Bergson beschriebenen ist«.[193] Jene Möglichkeit aber, die Bergson beschrieben habe, dass nämlich »wir die Zeit als ein homogenes Quantum durch eine Verwechslung der lebendigen Dauer mit dem Raum auffassen, welcher tatsächlich ein Quantum ist«,[194] sei dem magisch geprägten Denken verwehrt. So fallen Raum und Zeit als Vorstel-

187 Ebd.
188 Ebd., S. 122.
189 Ebd.
190 Balázs, »Die Stille«, in: ders., *Sieben Märchen*. Wien/Berlin/Leipzig/München: Rikola, 1921.
191 Balázs, *Der Geist des Films*, S. 76.
192 Ebd.
193 Lévy-Bruhl, *Die geistige Welt der Primitiven*, S. 75.
194 Ebd., S. 78.

lungen homogener Ausgedehntheit nicht nur zusammen, sondern in sich zusammen, werden physiognomisch, Ausdruck von Qualitäten: »Das Wort *Zeitraum* bekommt für den Film überhaupt eine besondere Bedeutung«,[195] schreibt Balázs schon im *Sichtbaren Menschen.* In seiner Kindheit, erinnert sich Balázs später, habe sich ihm »Zeitliches in Körperlich-Räumliches verwandelt«:[196] »Zum Beispiel dachte ich schon damals, daß es im Hause bei uns vielleicht eine Hintertür gebe, durch die man zu den Begebenheiten gelangen könne, die hinter uns liegen, in eine Art verborgenen Hinterhof, [...]. Diese räumliche Vorstellung der Zeit blieb mir bis zum heutigen Tag. Nein, nichts, was gewesen ist, vergeht. Ich selbst vergehe, verreise. Die Geschehnisse aber bleiben wie Städte, die man für immer verlassen hat. [...] Und zuweilen hört man sie wie ein leises Gespräch verstorbener Freunde, die auf Wiederkehr warten.«[197] Und so gehört zu den wesentlichen Entdeckungen des *Sichtbaren Menschen* auch die Zeitempfindung, die der Film hervorruft: durch die Montage der Bilder, den Rhythmus der Bewegung durch den Raum. Das Vergehen der Zeit im Film ist 1924 für Balázs eine Folge räumlicher Symbolisierungen, so wie er schon 1907 in der *Todesästhetik* von einer möglichen und noch zu kultivierenden »Zeit-Perspektive« des Bühnengeschehens gesprochen hatte. Die objektive Dauer der Sequenzen und Schnitte sagt wenig über den zeitlichen Eindruck, den sie hinterlassen, eher schon der Handlungsrhythmus einer Szene oder »der Raum, in dem sie sich abspielt«[198] – vor allem aber die Bewegung der Montage, das Verhältnis der Räume und Perspektiven zueinander. So beobachtet Balázs, dass, »je entfernter der Ort der Zwischenszene von dem der Hauptszene liegt, eine umso längere Zeitillusion in uns geweckt wird«.[199] Passagen, Parallelhandlung und Bildrefrain sind Möglichkeiten, die filmische Zeit nach Belieben zu manipulieren. Erst recht die Verfahren der Montage, die Balázs in Berlin und in der Konfrontation mit den russischen Filmen kennenlernt, lösen die lineare Zeit weiter auf, vermögen sie zu raffen oder in Großaufnahme zu zeigen, in tödlicher Spannung zu zerdehnen oder ihre innere Bewegtheit als Bilderwirbel darzustellen. Balázs sieht darin,

195 Balázs, *Der sichtbare Mensch*, S. 93.
196 Balázs, *Die Jugend eines Träumers*, S. 14.
197 Ebd., S. 14 f.
198 Balázs, *Der sichtbare Mensch*, S. 86.
199 Ebd.

Benjamin vorgreifend, eine kompensatorische Funktion gegenüber dem Chok-Erlebnis der städtischen Lebenswirklichkeit. »Unsere schnellen Verkehrsmittel haben den Raum gefressen und ihn zur Zeit verdaut. Unser Leben ist abstrakter, wir sind um eine Dimension ärmer geworden. (Und zwar mit der solideren. Denn die Zeit ist nicht geheuer.)«[200]

Balázs sieht sich in den Bildern des Filmes neugierig um, und wonach er sucht, ist mehr als ein neues Ausdrucksmedium. »In *Der sichtbare Mensch* umkreist Balázs unablässig diesen ›Raum‹, wenn er in immer neuen Varianten die Grundlagen kinematografischer Gestaltungsformen in der zeitlichen Struktur des Filmbilds zu fassen sucht.«[201] Immer wieder unternimmt er Anläufe dazu, sie als utopische Realisierung einer magischen Raum-Zeit zu bestimmen, wie sie Ernst Cassirer, Lévy-Bruhl folgend, in den Mittelpunkt seiner Interpretation der symbolischen Formen gestellt hat. »Die Anschauung des Raumes erwies sich insofern als ein Grundmoment des mythischen Denkens, als dieses sich von der Tendenz beherrscht zeigte, alle Unterschiede, die es setzt und begreift, in räumliche Unterschiede zu verwandeln und sie sich in dieser Form unmittelbar zu vergegenwärtigen.«[202] Der magische Raum transzendiert sowohl den homogenen Raum der Geometrie, wie auch den sinnlichen der Wahrnehmung. Er kennt keine Punkte, keine bloßen Lagen, sondern nur qualitativ bestimmte Orte, die auf jeweils unverwechselbare Weise die Totalität des Seins verkörpern und die zugleich scharf in profane und heilige Bereiche getrennt sind. Diese Raumform als Lebensform[203] prägt in der magischen Kultur alle entscheidenden krisenhaften Momente der Existenz, die allgemein als räumliche Übergänge begriffen und symbolisiert werden. »Ein eigenes mythisch-religiöses Urgefühl knüpft sich an die Tatsache der räumlichen ›Schwelle‹. [...] Der Übergang von einem mythisch-religiösen Bezirk in den anderen ist stets an sorgfältig zu beobachtende *Übergangsriten* gebunden. Sie sind es, die nicht nur den Übertritt von einer Stadt in die andere, von einem

200 Balázs, *Der Phantasie-Reiseführer*, S. 98 f.

201 Hermann Kappelhoff, »Empfindungsbilder – Subjektivierte Zeit im melodramatischen Film«, in: Theresia Birkenhauer/Annette Storr (Hg.), *Zeitlichkeiten – Zur Realität der Künste. Theater, Film, Photographie, Malerei, Literatur*. Berlin: Vorwerk 8, 1998, S. 117.

202 Cassirer, *Philosophie der symbolischen Formen. Bd. 2*, S. 116.

203 Vgl. ebd., S. 123.

Land ins andere, sondern auch den Eintritt in jede neue Lebensphase, den Übergang von der Kindheit zur Mannbarkeit, von der Ehelosigkeit zur Ehe, zur Mutterschaft usf. regeln.«[204] Indem der magische Raum immer zugleich Medium einer räumlichen Repräsentanz der Qualitäten ist, weist er über die Welt der gegebenen Anschauung hinaus, stellt er gegenüber den zufälligen Wahrnehmungen eine verbindliche Allgemeinheit symbolischer Beziehungen her. »Aller Zusammenhang im mythischen Raum beruht zuletzt auf dieser ursprünglichen Identität.«[205] Dem magischen Denken gilt die Form des Daseins nicht als »Ineinanderwirken der mannigfaltigsten kausalen Bedingungen«,[206] sondern als Realisation prädeterminierter Anlage oder magischer Willensakte, die sich nur räumlich entfalten. Erst im zweiten Schritt bindet sich diese räumliche Entfaltung an ein Vergehen der Zeit. Und hier verortet Cassirer die Entstehung des Mythos. Erst wenn der magische Raum seine »Tiefendimension«[207] in der Zeit findet, wird aus ihm eine mythische Welt. So nimmt der Mythos, jedenfalls das zur Welt-Anschauung gewordene mythisch-magische Denken, für Cassirer eine Zwischenstellung ein, zwischen magischer Identitätswelt und kausalem Denken. Die Zeitlichkeit des Mythos verweist schon auf die Verknüpfungen von Ursache und Wirkung, doch sie nimmt zugleich nie die Form einer bloßen Relation an. Sie verweist von jedem ihrer Momente zurück auf die Zeitlosigkeit einer Ursprungswelt, eine zyklische Struktur, die mit »Geschichte« nicht zu vergleichen ist. Denn diese »Vergangenheit selbst *hat* kein ›Warum‹ mehr: sie *ist* das Warum der Dinge. Das eben unterscheidet die Zeitbetrachtung des Mythos von der der Geschichte, daß für sie eine *absolute* Vergangenheit besteht, die als solche der weitergehenden Erklärung weder fähig noch bedürftig ist.«[208] Ihr zyklischer Lauf bringe qualitativ voneinander unterschiedene »Zeiten« hervor, die zu der Zeit des Ursprungs in gleichem, genauer: in einem nicht messbaren Verhältnis stehen. Tag und Nacht, Frühling und Sommer, Jugend und Alter folgen einander nicht in einer gerichteten Bewegung, sondern sind wie Orte (auf der Oberfläche eines Planeten gleich weit vom Mittelpunkt entfernt), zwischen

204 Ebd., S. 128.
205 Ebd., S. 110f.
206 Ebd., S. 111.
207 Ebd., S. 130.
208 Ebd., S. 130f.

denen wir uns bewegen. Das »mythische Denken«, so Cassirer, kennt Beziehungen nur als eine Form des Ineinandergehörens, als eine Symbolisierung der Identität, als Prinzip des »Pars pro toto«, das auch die Zeit beherrscht. Der Teil vertritt nicht nur das Ganze, er *ist* das Ganze.

Auch die Filmerzählung, die Fabel, öffnet sich jenem »qualitative[n] ›Ineinander‹ aller Zeitmomente«,[209] das auch Balázs als den Kern seiner Bergson-Lektüre, seiner Interpretation der »durée«, offenbart. Mit ihr macht er sich daran, nicht nur den Raum zu physiognomieren, sondern die Physiognomie als Tor zu einer neuen Dimension zu begreifen. Balázs interessiert an Bergsons Begriff der »durée«, wie auch Bergson selbst, ein universelles Modell des Verhältnisses zwischen den Dingen und ihrer Repräsentanz in der Vorstellung.[210] Bergson entwickelte am Beispiel einer Tonfolge in der Zeit, einer Melodie, die Vorstellung einer Sukzession, die auf »gegenseitiger Durchdringung« beruht, die sich als »eine Solidarität, eine intime Organisation von Elementen begreifen [läßt], deren jedes das Ganze vertritt und von diesem nur durch ein abstraktionsfähiges Denken zu unterscheiden und zu isolieren ist«.[211]

Balázs hatte dieses Modell nachhaltig geprägt, ja er stellt es schließlich an den Anfang seiner Autobiographie. »Man lebt vor sich hin und merkt plötzlich, daß das Ganze ein deutliches und sinnvolles Gebilde werden will, wie eine Melodie. Dann hält man inne und sieht sich nach dem Anfang um. Und längst Vergessenes steigt aus dem Nebel, heraufgeholt durch das Gesetz der Melodie, die, als ein Ganzes gegenwärtig, sich im letzten Ton auf den ersten bezieht.«[212]

Die Melodie greift durch die Zeit und verschmilzt sie zur Dauer des Werdens. Der Raum, den Bergson dabei beschreibt, ist der Raum bloßer Leere, qualitätslose Homogenität, in der wir die Elemente der Dauer ausbreiten müssen, wenn wir sie als unterschiedene Punkte einer linearen Reihe zu betrachten versuchen:

209 Cassirer, *Philosophie der symbolischen Formen. Bd. 2*, S. 137.

210 Bergsons Theorie der Vorstellung und des Gedächtnisses bildet auch den Ausgangspunkt für Gilles Deleuzes groß angelegte Taxinomie des Films, die er in *Das Bewegungs-Bild* und *Das Zeit-Bild* (beide Frankfurt am Main: Suhrkamp, 1997) entwickelt.

211 Henri Bergson, *Zeit und Freiheit. Eine Abhandlung über die unmittelbaren Bewußtseinstatsachen*. Jena: Diederichs, 1920 [1888], S. 79.

212 Balázs, *Die Jugend eines Träumers*, S. 7.

»[T]rennen wir diese Momente von einander, entfalten wir die Zeit im Raum, so nehmen wir damit dem Gefühl seine Lebendigkeit.«[213] Zeit als homogenes Medium sei dann nichts weiter als eine vierte Dimension des Raumes. Doch so wie Lévy-Bruhl für das magische Denken feststellt, dass der von Bergson beschriebene Weg der Homogenisierung der »Dauer« in einen homogen gedachten Raum hinein ihm verwehrt sei, so bleibt auch für Balázs die »Dauer« notwendig an einen Zeit-Raum der Qualitäten gebunden: physiognomische Zeit und physiognomischer Raum. Der Film organisiert eine Reise in eine Welt magischer Verwobenheit, in eine andere Zeit, die keine Sekunden und keine Stunden, in einen Raum, der keine Punkte, sondern nur bedeutungsvolle Orte kennt. Der Weg dorthin aber führt für Balázs durch die Physiognomie des menschlichen Gesichts: »Dem Gesicht gegenüber befinden wir uns nicht mehr im Raum. Eine neue Dimension öffnet sich uns: die *Physiognomie*.«[214] Wie die Melodie sich zur Zeit verhalte, so verhalte sich auch die Physiognomie zum Raume. »Die Ausdrucksmuskeln des Gesichts liegen wohl räumlich nebeneinander. Aber ihre Beziehung macht den Ausdruck. Diese Beziehung hat keine Ausdehnung und keine Richtung im Raum.«[215] So ist physiognomische Totalität selbst eine ideale Raumwelt, in der alles ineinander liegt, ineinander fließt. Und dazu »muß sich Auge und Apparat in das Gesicht hineinbohren«.[216]

Was Balázs in diesem Raum der Physiognomie sucht, kann nicht nur das »unsichtbare Antlitz«, der Ausdruck der Seele, sein. Das Gesicht, die Traumleinwand, die Wahrnehmungsidentität zwischen dem Bild des Wunsches und der Erinnerung an das Fließen zwischen den Körpern, dem Einswerden mit dem mütterlichen Raum, speist seine Begriffe des Films mit einem Überschuss des Begehrens. Es ist das Begehren nach einer magischen vierten Dimension, von der Rudolf Kassner spricht, wenn er mit jener cartesianischen Rationalität abrechnet, die sich immer zugleich von außen und von innen ihres Gegenstandes bemächtige, die an die Stelle der sinnlichen Anschauung die messende, distanzierende Beobachtung setze. Die vierte Dimension Kassners ist die magische

213 Bergson, *Zeit und Freiheit*, S. 104.
214 Balázs, *Der Geist des Films*, S. 16.
215 Ebd., S. 17.
216 Ebd., S. 24.

Grenze eines All-Raumes, der Figur des Balles vergleichbar, dessen unendliche Oberfläche überall gleich weit vom Zentrum entfernt ist. In dieser vierdimensionalen Oberflächen-Welt müsste eines notwendigerweise fehlen: »Bühne und Zuschauerraum, vielmehr die Spannung zwischen beiden, denn es ist gar nicht zu übersehen, daß die Scheidung der Welt in Bühne und Zuschauerraum auf jene ewigen von Raum und Zeit zurückgeführt werden müsse [...]. Bühne und Zuschauerraum bildeten nicht nur eine Einheit, was sie dank der Imagination immer tun, sondern gingen oder flössen ineinander über.«[217]

Balázs' »Physiognomie« strebt nach der Grenze, an der Leinwand und Auge, Bild und Zuschauer ineinander überfließen. Es ist dies die »Märchensubstanz«[218] des Films, »das *Schwebende*, das Leben bekommt«,[219] das »*Schwindelgefühl*«,[220] »das Bild des Abgrundes, der sich *vor unseren Augen* öffnet«,[221] der lustvolle Schwindel mit offenen Augen, den keine andere Kunst hervorzurufen imstande wäre, das Schwindelgefühl des Sichfallenlassens in eine »ungefährliche Gefahr«.[222] »Es ist die Lust eines dumpfen, animalischen Überlegenheitsgefühls, daß wir da auf dem Film den Dingen endlich in die Augen sehen können, vor denen wir immer die Augen schließen, wenn sie in Wirklichkeit erscheinen.«[223] Die Sensation, die Angstlust der Preisgabe an einen tragenden Raum, jener »freundlichen Weite«, in der wir frei zu schweben vermeinen, solange uns nur die Objekte nicht zu nahe treten, verschmilzt Zuschauer- und Bildraum.

Balázs berührt das Phänomen dieser Verschmelzungsphantasie auf zwei Ebenen: als *visuell-körperliche* Erfahrung der Entgrenzung – in der Illusion der Bewegung durch den Bildraum als Selbstschöpfung des Wunsches – und als *kulturelle* Verschmelzung von Kunstproduktion und Kunstrezeption, in der »Zerstörung der feierlichen Ferne jener kultischen Repräsentation, die das Theater umgeben hat«.[224] Indem das Kino die »fixierte Distanz des Zuschauers

217 Rudolf Kassner, *Anschauung und Beobachtung – zur vierten Dimension*. Berlin: Verlag die Rabenpresse, 1938, S. 48 f.

218 Balázs, »Chaplins Märchen«, S. 363.

219 Ebd.

220 Balázs, *Der sichtbare Mensch*, S. 83.

221 Ebd.

222 Ebd., S. 82.

223 Ebd.

224 Balázs, *Der Geist des Films*, S. 166.

aufgehoben [hat]; jene Distanz, die bisher zum Wesen der sichtbaren Künste gehört hat«,[225] nimmt es das Auge »mitten ins Bild hinein«.[226] Indem der Film den Blick des Zuschauers mit den Augen der Figuren identifiziert, sie alle mit *meinen* Augen sehen lässt, macht der Film den Zuschauer nicht zum souveränen Subjekt, sondern zum phantasierten Gott, zum »Illusionsprogramm. Der Mensch als Subjekt der Welt: noch ist er nichts weiter und wird vielleicht nie etwas anderes sein als eine Vorstellung, ein Schauspiel: Kino.«[227]

Der imaginäre Schöpfer der Welt aber steht an einem Abgrund, er blickt in eine Welt, in der es keine Subjekte mehr gibt, nur noch jenes »dunkle Heimweh«[228] nach dem »Nichtsein«,[229] jene »Ahnung, daß der Mensch nicht nur ein soziales, sondern auch ein kosmisches Wesen ist«.[230] Es ist die Sehnsucht nach der Selbstvernichtung des Subjekts, nach dem Erleben des Todes, nach der Aufzeichnung des Todes – so wie der Held in Shackletons Film der Südpolexpedition die Grenzen »seiner ihm als Heimat bestimmten Natur überschritten hat und Aug' in Aug' dem finstern Weltall gegenübersteht, jenseits der Lebensgrenze, an dem einzigen Punkt, wo es keinen Klassenkampf mehr, sondern nur noch einen Naturkampf gibt«.[231] 1925 schon hatte Balázs aus seiner Begeisterung für Shackletons Film keinen Hehl gemacht, wie auch für den »posthume[n] Film des Südpolarforschers Kapitän Scott, der sein eigenes Sterben kurbelte, gleichsam als hätte er noch seinen Todesschrei in einen Phonographen hineingeschrieen. [...] Das Besondere und Neue in diesem Falle ist, daß diese Männer dem Tode durch das Objektiv des Kurbelkastens ins Auge schauten. [...] Der innere Prozeß des Sich-Rechenschaft-Gebens hat sich nach außen verlegt. Dieses bis zum letzten Augenblicke Sich-Selber-Sehen wird mechanisch fixiert.«[232] Fast wörtlich übernimmt er einige Passagen daraus in sein zweites Filmbuch. Doch jetzt, fünf Jahre später, ist weniger vom Sterben als vom Überleben die Rede: »Der innere

225 Ebd., S. 15.
226 Ebd.
227 Morin, *Der Mensch und das Kino*, S. 235.
228 Balázs, *Der Geist des Films*, S. 76.
229 Balázs, »Echtes, Allzuechtes«, S. 356.
230 Balázs, *Der Geist des Films*, S. 76.
231 Ebd.
232 Balázs, »Kurbelndes Bewußtsein« [1925], in: ders., *Schriften zum Film. Band 1*, S. 336.

Prozeß des Sich-Rechenschaft-Gebens hat sich nach außen verlegt. Der ›klare Blick‹ wird mechanisch fixiert, damit man ihn länger behalte.«[233] Balázs ist vorsichtiger geworden. Oft genug hat man ihm vorgeworfen ein haltloser Romantiker zu sein. Doch das wird ihn, der im Frühjahr 1931 auch offiziell der Kommunistischen Partei Deutschlands beitrat, nicht daran hindern, noch einmal alle seine »romantischen« Vorstellungen zu einem eindrucksvollen Bild zu verdichten, gemeinsam mit Leni Riefenstahl.

»... ein Outsider geworden.« Interventionen am Rande

Nach den ersten Erfolgen schien 1926 für Balázs der Weg als gefeierter Drehbuchautor in Berlin offen zu stehen. Doch seine Hoffnungen, Gegenwart und Zukunft des Films mitgestalten zu können, zerschlugen sich bald.

1927 entstehen noch vier Spielfilme, an denen er beteiligt ist,[234] 1928 nur ein kurzer agitatorischer »Dokumentarfilm« des »Volks-Film-Verbandes«, mit dem Balázs die Verdrehung der Wirklichkeit durch UFA-Wochenschauen entlarven will,[235] 1929 schließlich sein Drehbuch für Alfred Abels Außenseiterproduktion NARKOSE. Die Projekte, die ihm am Herzen liegen, kommen nicht voran. Eines der Exposés, die er erfolglos an Eisenstein sendet, schickt Balázs 1930 auch Alexander Korda, der mittlerweile in den USA einigen Erfolg hat. Balázs vertraut das Manuskript von »Dein Kind sieht dein Leben« seinem Freund René Spitz an, der zu einem psychoanalytischen Kongress in die USA fährt und Korda in Hollywood besuchen will. Es liegt nahe, dass Balázs und René Spitz miteinander über die kindliche Wahrnehmung, die den Aus-

233 Balázs, *Der Geist des Films*, S. 83. In der 1930 übernommenen Textpassage kurbelt Scott nur noch »fast sein eigenes Sterben« (S. 122), und die Reflexion endet nicht mehr mit dem Tod und dessen Sinn: dem Ausdehnen der »Traumgrenzen des Unmöglichen« (Balázs, »Kurbelndes Bewußtsein«, S. 338). Stattdessen bildet nun der folgende Satz die Pointe: »Man kurbelt nicht, solange man bei Bewußtsein ist, sondern man ist so lange bei Bewußtsein, als man kurbelt.« (Balázs, *Der Geist des Films*, S. 83.)

234 GRAND HOTEL...! (Regie: Johannes Guter), DAS MÄDCHEN MIT FÜNF NULLEN (Regie: Kurt Bernhardt), EINS PLUS EINS GLEICH DREI (Regie: Felix Basch, Drehbuch: Béla Balázs und Hermann Kosterlitz). DONA JUANA (Regie: Paul Czinner) sollte schließlich Balázs' Bruch mit der Filmindustrie einläuten. Zuvor hatte Balázs – ohne Kredit, aber gegen gutes Geld – Czinner geholfen, das Drehbuch für den Film LIEBE zu schreiben, der im Januar 1927 in die Kinos kam.

235 WAS WIR WOLLEN – WAS WIR NICHT WOLLEN.

gangspunkt von Balázs' Filmexperiment bilden sollte, schon vorher ins Gespräch gekommen waren. Spitz hatte mit seinen wissenschaftlichen Studien der frühkindlichen Perzeption begonnen, die schließlich in seine grundlegenden Arbeiten über die *Entstehung der ersten Objektbeziehung*, der Wahrnehmung der Mutter und ihres Gesichtes, mündeten. 1933 begann Spitz damit, den Film als Beobachtungsmedium in der psychoanalytischen Säuglingsforschung einzuführen. Doch das Treffen zwischen Spitz und Korda kam nicht zustande. Enttäuscht von der amerikanischen Filmindustrie, verließ Korda 1930 die USA und kehrte nach Europa zurück. Aus Balázs' Kontakt zu Hollywood wurde nichts.

Joseph Zsuffa und Wolfgang Gersch vermitteln ein eindrucksvolles Bild von Balázs' Aktivitäten, die sich keineswegs auf den Film beschränkten.[236] Balázs wurde zu einem der vielseitigsten kommunistischen Publizisten der Jahre zwischen 1927 und 1931. Und er blieb zugleich auch für die KPD ein »Outsider«, ein romantischer »Pseudosozialist«,[237] dem die kommunistischen Zeitungen und Zeitschriften wie die *Rote Fahne* oder *Die Linkskurve* immer wieder mit Spott begegneten, so z. B. wenn der Rezensent der *Linkskurve* Balázs' *Geist des Films* vorwarf, jeder historisch-materialistischen Grundlage zu entbehren, und den Autor als Drehbuchschreiber bürgerlicher Filme abqualifizierte. Balázs hinderte dies alles nicht, seine unermüdliche Vortragstätigkeit in den Dienst der kommunistischen Sache zu stellen.

Neben seinen Aufsätzen und Artikeln über den Film, die vor allem in der Zeitschrift *Filmtechnik* und im *Film-Kurier*, aber auch in Zeitungen wie dem *Berliner Tageblatt*, dem *Berliner Börsen-Courier* oder der *BZ am Mittag* erschienen, schrieb Balázs Aufsätze über Theater und Kultur, u. a. für *Die Weltbühne* und *Der Querschnitt*. Ende 1929 erschien sein Roman *Unmögliche Menschen* und fand ein zwiespältiges Echo – zu sehr laufen politische Tendenz und lyrische Sehnsucht in diesem Buch, an dem er fast fünfzehn Jahre lang gearbeitet hatte, auseinander.

236 Siehe Joseph Zsuffas große Biographie *Béla Balázs. The Man and the Artist*. Berkeley/Los Angeles/London: University of California Press, 1987; Wolfgang Gersch, »Versuche auf breiter Front: Balázs in Berlin«, in: Balázs, *Schriften zum Film. Band 2*, S. 9-48.

237 F. G., »Balázs: Unmögliche Menschen«, in: *Arbeiter-Sender*, H. 48 (1930), S. 76, zit. nach Zsuffa, *Balázs*, S. 178.

Anders als in den letzten Wiener Jahren suchte Balázs nun auch wieder Wirkungsmöglichkeiten auf dem Theater. 1927 gehörte er zum dramaturgischen Kollektiv[238] von Erwin Piscators Theater am Nollendorf-Platz. Sein Stück *Menschen auf der Barrikade* wurde für die Spielzeit 1927/28 vorgesehen, aber nicht realisiert, vermutlich weil das Thema – die Selbstjustiz der Revolution – zu heikel war.[239] Ebenfalls 1927 entstand das Ballett *Mammon* (gemeinsam mit Heinrich Kröller, Musik: Ernst Krenek). Im April 1928 wurde Balázs zum Künstlerischen Leiter des »Arbeiter-Theater-Bundes Deutschlands« gewählt und freilich bald von Gustav von Wangenheim abgelöst. Er leitete die Agit-Prop-Truppe »Die Ketzer« und für die »Proletarische Versuchsbühne Prenzlauerberg« schrieb und inszenierte er das Stück die »Die Mauer der Föderierten« über den Fall der Pariser Commune.[240] Mehrfach kam es zur Zusammenarbeit mit dem Komponisten Wilhelm Grosz. 1928 entstand ihre Pantomime »Das Baby in der Bar«, Balázs' Beitrag zur Kampagne zur Abschaffung des § 218.[241] Im April 1929 folgte das musikalische Drama »Katastrophe 1940«, angesiedelt in einem Flugzeug mit Fernseher und Tonfilm.[242] Schließlich erlebte am 23. März 1930 ihr Opern-Einakter *Achtung Aufnahme!* seine Uraufführung im Frankfurter Opernhaus – vermutlich die einzige Oper, deren Handlung in einem Film-Studio spielt.[243]

Kurz darauf ereilt Balázs in Berlin ein schwerer Herzanfall. Drei Monate verbringt er im Krankenhaus, lernt mühevoll wieder zu laufen. Als er Anfang August wiederhergestellt ist, erhält er einen verlockenden Auftrag. Georg Wilhelm Pabst und die *Nero-Film* betrauen ihn damit, das Drehbuch der Verfilmung von Brechts *Dreigroschenoper* fertig zu stellen. Balázs vermag nicht zu erahnen, zu welchen Konflikten über das Drehbuch es im Sommer zwischen

238 Dazu zählten Bertolt Brecht, Egon Erwin Kisch, Johannes R. Becher, Ernst Toller und Heinrich Mann.

239 Béla Balázs, *Menschen auf der Barrikade*. Freiburg i. Br.: Max Reichard Verlag, 1929. Das Stück weist deutliche Parallelen zu Brechts Lehrstück *Die Maßnahme* auf.

240 Veröffentlicht unter dem Titel *1871 – Die Mauer von Pére la Chaise*.

241 Das Manuskript befindet sich im Balázs-Nachlass, in der Ungarischen Akademie der Wissenschaften, Magyar Tudományos Akadémia (MTA), Ms 5013/13.

242 Eine »Tonfunkfilmszene« daraus erschien im *Film-Kurier*, 10. 8. 1929.

243 Béla Balázs, »Old-Hollywood / Achtung Aufnahme!«, Typoskript, in Balázs' Nachlass, MTA, Ms 5013/37; Béla Balázs, *Achtung, Aufnahme! Tragikomödie*. Musik von Wilhelm Grosz. Wien: Universal Edition A.G., 1929.

Bertolt Brecht und Drehbuchautor Leo Lania auf der einen Seite, und der *Nero-Film* und Georg Wilhelm Pabst auf der anderen Seite gekommen war. Während Pabst die *Dreigroschenoper* für den Film populär adaptieren wollte, setzte Brecht darauf, die sozialkritische Tendenz seines Stückes zu radikalisieren und ihr eine explizit antikapitalistische Spitze zu verleihen. Vor allem aber sollte es ein radikal antiillusionistischer Film werden. Zwischentitel und Songs sollten Zäsuren herstellen, eine künstliche Kulissenwelt mit satirischen Akzenten und eine distanzierte Spielhaltung der Darsteller für Verfremdungseffekte sorgen.[244] Pabst, der sich selbst durchaus als linker Filmregisseur verstand, war nicht bereit, Brecht auf diesem Wege bis zum Extrem zu folgen, erst recht nicht die *Nero-Film*, die die Mittel für die aufwendige Produktion nur durch Zusammenarbeit mit *Warner-Brothers* und der *Tobis-Klangfilm* aufbringen konnte. Zwar wurden zahlreiche politische Elemente aus Brechts Film-Exposé übernommen, doch verwandelten Pabst und Balázs gemeinsam Brechts distanzierenden Antiillusionismus in eine traumhafte Balladenstimmung. Balázs, so schreibt Wolfgang Gersch, »verstand [offensichtlich] nicht, worum es Brecht ging«.[245] Vielleicht wollte er es gar nicht.

Nachdem zunächst Brecht, dann auch Kurt Weill von der Mitwirkung an der weiteren Arbeit ausgeschlossen waren, kam es im Oktober zu jenem »Dreigroschenprozeß«, den Brecht 1931 als »soziologisches Experiment« interpretierte, nun seine eigene theoretische Position in denkbar größtem Gegensatz zu Balázs zu formulieren: »Diese Apparate können wie sonst kaum etwas zur Überwindung der alten untechnischen, antitechnischen, mit dem Religiösen verknüpften, ›ausstrahlenden‹ Kunst verwendet werden.«[246] Es bleibt offen, ab wann Brecht seinen Versuch, inmitten der kapitalistischen Filmindustrie einen Film mit offen kommunistischer und zugleich »antiillusionistischer« Tendenz zu realisieren, nicht mehr um der *Dreigroschenoper* selbst willen betrieb, sondern als Experiment einer öffentlichen Entlarvung. »Der Pro-

244 Siehe Bertolt Brecht, »Die Beule. Ein Dreigroschenfilm«, in: ders., *Versuche. Heft 3*. Berlin: Kiepenheuer, 1931. Vgl. dazu auch Wolfgang Gersch, *Film bei Brecht*. Berlin: Henschel [München: Hanser], 1975, S. 48-58.

245 Gersch, *Film bei Brecht*, S. 61.

246 Bertolt Brecht, »Der Dreigroschenprozeß. Ein soziologisches Experiment«, in: ders., *Schriften zur Literatur und Kunst 1*. Frankfurt am Main: Suhrkamp, 1967, S. 167.

zeß hatte das Ziel, die Unmöglichkeit mit dem Industriefilm selbst bei vertraglichen Sicherungen öffentlich darzutun. Dieses Ziel ist erreicht worden – es war erreicht, als ich meinen Prozeß verloren hatte.«[247] Balázs, den Brecht daraufhin als »Literat geringen Ranges«[248] abkanzelte, geriet zwischen die Fronten, genauer: er unterstützte Pabst und die Realisierung des Films, mit der Bertolt Brecht sich schließlich abfinden musste, nachdem er den Prozess in erster Instanz verloren hatte und gegen Zahlungen der *Nero-Film* darauf verzichtete, Berufung einzulegen. Damit hatte Balázs sich, wie es schien, auf die Seite ebenjener geschlagen, die er selbst 1927/28 noch öffentlich kritisiert hatte: die Filmindustrie. Am 2. Oktober 1930 hob Herbert Jhering im *Berliner Börsen-Courier* die Bedeutung von Brechts Klage gegen die *Nero-Film* hervor und attackierte Balázs heftig, als »sogenannte[n] linke[n] Literat[en] und Filmrevolutionär«, der immer erst hinterher, wenn seine Filme bei der Kritik durchgefallen seien, gegen die Filmfirmen protestiert habe.[249] Balázs, dessen Buch *Der Geist des Films* gerade erschien, verteidigte sich wütend im *Film-Kurier*, und sein öffentlicher Streit mit Brechts »Fahnenträger«[250] Jhering kulminierte im Februar und März 1931 in den Spalten der *Weltbühne* in einem Austausch von Polemiken, ohne am Ende mehr als Rechthaberei und persönliche Invektiven zu Tage gefördert zu haben.[251]

Im Januar 1931 war Balázs gerade von einem enttäuschend endenden Abenteuer in Algerien zurückgekehrt. Ein Wiener Produzent, Dr. Klinger, hatte die Rechte an Ferdinand Ossendowskis Roman *Die Löwin* erworben und hatte vor, die im Atlas-Gebirge spielende Romanze mit ihrer offen antikolonialistischen Tendenz zu verfilmen. Balázs sollte das Drehbuch schreiben, als Regisseur

247 Bertolt Brecht, »Der Dreigroschenprozeß. Ein soziologisches Experiment«, S. 155.

248 Ebd., S. 204.

249 Herbert Jhering, »Die Autoren gegen den ›Dreigroschenoper‹-Film«, in: *Berliner Börsen-Courier*, Jg. 62, Nr. 460 (2. 10. 1930), Morgen-Ausgabe.

250 So nannte Balázs Jhering spöttisch in seinen Polemiken in der *Weltbühne*.

251 Die gesamte Auseinandersetzung um den Dreigroschenoper-Film ist dokumentiert im Ausstellungskatalog: *Photo: Casparius*. Hg. von der Stiftung Deutsche Kinemathek. Idee, Konzeption und Zusammenstellung: Hans-Michael Bock, Jürgen Berger und Gero Gandert. Berlin: Stiftung Deutsche Kinemathek, 1978, S. 165-431. Vgl. auch Zsuffa, *Balázs*, S. 393-399. Brechts »Fahnenträger« Herbert Jhering hat nach 1945 seine Meinung über den Film auf interessante Weise »revidiert« und ihn als »Beispiel für die Kunsthöhe, die der deutsche Film in der Weimarer Republik erreicht habe«, bezeichnet (Gersch, *Film bei Brecht*, S. 51).

hatte Klinger den Polen Jan Kuharski verpflichtet. Im Oktober reiste Balázs zusammen mit seiner Frau Anna nach Paris und im Dezember nach Algerien, von wo er Berichte über den Alltag des Kolonialismus nach Berlin an die *Weltbühne* schickte. In einem unveröffentlichten Manuskript schildert Balázs auch die Dreharbeiten in Bou-Saada.[252] Das Filmteam benötigte für manche Szenen arabische Laiendarsteller. Verblüfft reagierten diese darauf, vor der Kamera »lügen«, Gefühle äußern zu sollen, die sie gar nicht besaßen. »Diese Weißen lügen, daß sie lügen.« Und mit noch größerem Erstaunen, »mit Schauder«, beobachteten sie schließlich die Schauspieler bei ihrem »magischen Ritus« vor dem Aufnahmeapparat, der solche Lügen in Wahrheit verwandelt, »wenn uns die große Besessenheit überkommt und das magische Mysterium geschieht und aus dem Schein und der Lüge der Wahrheit *doch* eine wahre Wirklichkeit entsteht.«

Nach Balázs' Rückkehr nach Berlin trafen alarmierende Nachrichten von Kuharski ein. Emil Schünemann, der Kameramann, hatte begonnen, offen gegen die antikolonialistische Tendenz des Filmes zu opponieren, und weigerte sich, Kuharski die Negative des Films auszuhändigen. Kuharski beobachtete, wie Schünemann heimlich die Filmbüchsen mit Sand füllte, und ließ Schünemanns Hotelzimmer durchsuchen, wo sich in einem Versteck die Filmrollen fanden. Schünemann wurde entlassen und kehrte nach Berlin zurück, nicht ohne das Filmteam vorher bei den französischen Behörden denunziert zu haben. Als Kuharski im Februar nach Frankreich zurückkehrte, wurden die Filmrollen beschlagnahmt. Der Film DIE LÖWIN ist niemals fertig gestellt worden.[253] Auf Balázs aber wartete sein letztes Engagement in Deutschland, Leni Riefenstahls Idee zum »Filmmärchen« DAS BLAUE LICHT, das 1932 in die Kinos kam. 1933, als Balázs schon erfolglos in Moskau um die Fertigstellung seines Films DIE BRENNENDE THEISS kämpfte, hatte Riefenstahl, das ewige Opfer, den entscheidenden Schritt ihrer Karriere vollzogen. Da war Balázs auch für sie nur noch »der Jude Belá Balacs«.[254]

252 Balázs, »Arab történet« [Arabische Geschichte], Typoskript in Balázs' Nachlass, MTA, Ms 5014/203 [zitiert nach einer Übersetzung von Péter Zalán].

253 Vgl. zur Produktionsgeschichte des Films Zsuffa, *Balázs*, S. 186-192, sowie insbesondere Kuharskis Briefe an Klinger und Balázs, in: Balázs-Nachlass, MTA, Ms 5021/256-258.

254 Am 11. Dezember 1933 erteilte Riefenstahl Julius Streicher als Herausgeber des

Literaturhinweise

Aristarco, Guido, *Storia delle teoriche del film*. Turin: Einaudi, 1951.

Arnheim, Rudolf, »Der Geist des Films«, in: *Die Weltbühne*, Jg. 26, H. 46 (11. 11. 1930), S. 723-4.

Balázs, Béla, *Schriften zum Film. Band 1* [›Der sichtbare Mensch‹. Kritiken und Aufsätze 1922-1926]. Hg. von Helmut H. Diederichs, Wolfgang Gersch und Magda Nagy. München: Hanser [Berlin: Henschelverlag für Kunst und Gesellschaft; Budapest: Akadémiai Kiadó], 1982.

Balázs, Béla, *Schriften zum Film. Band 2* [›Der Geist des Films‹. Artikel und Aufsätze 1926-1931]. Hg. von Helmut H. Diederichs und Wolfgang Gersch, München: Hanser [Berlin: Henschelverlag für Kunst und Gesellschaft; Budapest: Akadémiai Kiadó], 1984.

Barthel-Basker, «Das proletarische Kino«, in: *Die Rote Fahne*, 13. 11. 1922 (Abend-Ausgabe).

Bauer, Hilda, *Emlékeim. Levelek Lukácshoz* [Meine Erinnerungen. Briefe an Lukács]. Budapest: MTA Filozófiai Intézet, 1985.

Baudry, Jean-Louis, »Das Dispositiv: Metapsychologische Betrachtungen des Realitätseindrucks«, in: *Psyche*, Jg. 48, H. 11 (1994), S. 1047-1074 [zuerst in französischer Sprache: »Le dispositif: approches métapsychologiques de l'impression de réalité«, 1975].

Jean Louis Baudry, »Ideological Effects of the Basic Cinematographic Apparatus«, in: *Film Quarterly*, Jg. 28, H. 2 (1974/75), S. 39-47 [zuerst in französischer Sprache: »Cinéma: effets idéologiques produits par l'appareil des base«, 1970].

Befunde und Entwürfe. Zur Entwicklung der ungarischen marxistischen Literaturkritik und Literaturtheorie (1900-1945). Eingel. und komment. von László Illés, Farkas József, Miklós Szabolcsi. Deutsche Gesamtredaktion Georg Lück. Berlin: Akademie-Verlag, 1984.

Bendl, Júlia, »Az ›Irma-ügy‹. Lukács György és Seidler Irma kapcsolatának tényei« [Der ›Fall-Irma‹. Die Tatsachen der Beziehung zwischen Georg Lukács und Irma Seidler], in: *Világosság* [Helle], H. 10 (1988), S. 674-680.

Bendl, Júlia, »Die wiedergefundene Heidelberger Bibliothek von Georg Lukács«, in: *Hungarian Studies*, Jg. 6, H. 2 (1990), S. 173-184.

Bendl, Júlia, *Lukács György élete a századfordulótól 1918-ig* [Georg Lukács' Leben von der Jahrhundertwende bis 1918]. Budapest: Scientia Humana, 1994.

Stürmers auf Briefpapier des Berliner Hotels Kaiserhof, des Treffpunkts der NSDAP-Prominenz, eine handschriftliche Vollmacht »in Sachen der Forderung des Juden Belá Balacs [sic] an mich«. Das Dokument befindet sich in den Akten zu Leni Riefenstahl im Berlin Document Center. Es ist als Faksimile wiedergegeben in Glen B. Infield, *Leni Riefenstahl. The Fallen Film Goddess*. New York: Thomas Y. Crowell, 1976, im Bildteil zwischen S. 76 und 77.

Bendl, Júlia, »Zwischen Heirat und Habilitation in Heidelberg«, in: *Lukács 1997. Jahrbuch der Internationalen Georg-Lukács-Gesellschaft*, Bern: Peter Lang, 1998.

Brecht, Bertolt, »Der Dreigroschenprozeß. Ein soziologisches Experiment«, in: ders., *Schriften zur Literatur und Kunst 1. 1920-1932*. Frankfurt am Main: Suhrkamp, 1967, S. 143-234.

Congdon, Lee, »The Making of a Hungarian Revolutionary: the Unpublished Diary of Bela Balazs«, in: *Journal of Contemporary History*, Bd. 8, H. 3 (Juli 1973), S. 57-74.

Csanak, Dóra, *Balázs Béla hagyatéka az Akadémiai Könyvtár Kézirattárában* [Béla Balázs' Nachlass in der Handschriftenabteilung des Archivs der Akademie]. *(Ms 5009 - Ms 5024)*. Budapest: A Magyar Tudományos Akadémia Könyvtára Kézirattárának Katalógusai, 1966.

Deleuze, Gilles, *Das Bewegungs-Bild. Kino 1*. Frankfurt am Main: Suhrkamp, 1997 [Originalausgabe: *Cinéma 1. L'image-mouvement*, 1983].

Deleuze, Gilles, *Das Zeit-Bild. Kino 2*. Frankfurt am Main: Suhrkamp, 1997 [Originalausgabe: *Cinéma 2. L'image-temps*, 1985].

Despoix, Philippe, *Ethiken der Entzauberung. Zum Verhältnis von ästhetischer, ethischer und politischer Sphäre am Anfang des 20. Jahrhunderts*. Bodenheim: Philo, 1998 [Originalausgabe: *Éthiques du désenchantement. Essais sur la modernité allemande au début du siècle*, 1995].

Diederichs, Helmut H., *Anfänge deutscher Filmkritik*. Stuttgart: Verlag Robert Fischer + Uwe Wiedleroither, 1986.

Diederichs, Helmut H., »Béla Balázs und die Schauspieltheorie des Stummfilms. ›Der sichtbare Mensch‹ und seine Vorläufer«, in: *Wechselwirkungen*, S. 554-559.

Diederichs, Helmut H., »Die Wiener Zeit: Tageskritik und ›Der sichtbare Mensch‹«, in: Balázs, *Schriften zum Film. Band 1*, S. 21-41.

Eisenstein, Sergej M., »Béla vergißt die Schere«, in: ders., *Schriften 2*, S. 134-141 [zuerst in zwei Teilen in: *Kino* (Moskau), 20. 7. und 10. 8. 1926].

Fehér, Ferenc, »Balázs Béla meséi és misztériumai« [Béla Balázs Märchen und Mysterien], in: Béla Balázs, *Az álmok köntöse. Mesék és Játékok* [Der Mantel der Träume. Märchen und Spiele]. Budapest: Magyar Helikon, 1973, S. 5-24 [zitiert nach einer Übersetzung von Magdalena Ochsenfeld].

Fehér, Ferenc, »Das Bündnis von Georg Lukács und Béla Balázs bis zur ungarischen Revolution 1918«, in: Heller u. a., *Die Seele und das Leben*. S. 131-176.

Gaube, Uwe, *Film und Traum. Zum präsentativen Symbolismus*. München: Wilhelm Fink, 1978.

Gersch, Wolfgang, *Film bei Brecht*. Berlin: Henschelverlag für Kunst und Gesellschaft [München: Hanser], 1975.

Gersch, Wolfgang, »Versuche auf breiter Front: Balázs in Berlin«, in: Balázs, *Schriften zum Film. Bd. 2*, S. 9-48.

Gluck, Mary, *Georg Lukács and his Generation.* Cambridge, Mass./London: Harvard University Press, 1985.

Güttinger, Fritz (Hg.), *Kein Tag ohne Kino. Schriftsteller über den Stummfilm.* Frankfurt am Main: Deutsches Filmmuseum Frankfurt, 1984.

Hauser, Arnold, *Im Gespräch mit Georg Lukács.* München: C. H. Beck, 1978.

Hellenbart, Gyula, *König Midas in Budapest. Georg Lukács und die Ungarn.* Wien: Passagen, 1995.

Heller, Agnes, »Das Zerschellen des Lebens an der Form: György Lukács und Irma Seidler«, in: Heller u. a., *Die Seele und das Leben*, S. 54-98.

Heller, Agnes; Ferenc Fehér, György Márkus, Sándor Radnóti, *Die Seele und das Leben. Studien zum frühen Lukács.* Frankfurt am Main: Suhrkamp, 1977.

Heller, Heinz B., *Literarische Intelligenz und Film. Zu Veränderungen der ästhetischen Theorie und Praxis unter dem Eindruck des Films 1910-1930 in Deutschland.* Tübingen: Niemeyer, 1985.

Hickethier, Knut; Eggo Müller, Rainer Rother (Hg.), *Der Film in der Geschichte.* Dokumentation der GFF-Tagung. Berlin: Edition Sigma, 1997.

Jampolski, Michail, »Die Geburt einer Filmtheorie aus dem Geist der Physiognomik«, in: *Beiträge zur Film- und Fernsehwissenschaft*, H. 2 (1986), S. 79-98.

Kaes, Anton (Hg.), *Kino-Debatte. Texte zum Verhältnis von Literatur und Film 1909-1929.* Tübingen: Niemeyer, 1978.

Kappelhoff, Hermann, »Empfindungsbilder – Subjektivierte Zeit im melodramatischen Film«, in: Theresia Birkenhauer/Annette Storr (Hg.), *Zeitlichkeiten – Zur Realität der Künste. Theater, Film, Photographie, Malerei, Literatur.* Berlin: Vorwerk 8, 1998, S. 93-119.

Karádi, Éva; Erzsébet Vezér (Hg.), *A vasárnapi kör. Dokumentok* [Der Sonntagskreis. Dokumente]. Budapest: Gondolat, 1980.

Karádi, Éva; Erzsébet Vezér (Hg.), *Georg Lukács, Karl Mannheim und der Sonntagskreis.* Frankfurt am Main: Sendler, 1985.

Keller, Ernst, *Der junge Lukács. Antibürger und wesentliches Leben. Literatur- und Kulturkritik 1902-1915.* Frankfurt am Main: Sendler, 1984.

Kettler, David, *Marxismus und Kultur. Mannheim und Lukács in den ungarischen Revolutionen 1918/19.* Neuwied/Berlin: Luchterhand, 1967.

Koch, Gertrud, »Die Physiognomie der Dinge«, in: *Frauen und Film*, Nr. 40 (August 1986), S. 73-82.

Koebner, Thomas, »Der unversehrbare Körper. Anmerkungen zu Filmen Leni Riefenstahls«, in: Hickethier u. a. (Hg.), *Der Film in der Geschichte*, S. 178-199.

Kracauer, Siegfried, *Theorie des Films – Die Errettung der äußeren Wirk-*

lichkeit [= Schriften. Band 3. Hg. von Karsten Witte]. Frankfurt am Main: Suhrkamp, 1973 [Originalausgabe: *Theory of Film. The Redemption of Physical Reality*, 1960].

Kracauer, Siegfried, *Von Caligari zu Hitler. Eine psychologische Geschichte des deutschen Films* [= Schriften. Band 2. Hg. von Karsten Witte]. Frankfurt am Main: Suhrkamp, 1979.

Lehmann, Hans-Thies, »Die Raumfabrik – Mythos im Kino und Kinomythos«, in: Karl Heinz Bohrer, *Mythos und Moderne*. Frankfurt am Main: Suhrkamp, 1983, S. 572-609.

Lenkei, Júlia, »Történet egy meg nem született novellás kötetröl« [Geschichte eines noch nicht geborenen Novellenbandes], in: Béla Balázs, *A csend. Novellák, Úti levelek* [Die Stille. Novellen, Reisebriefe]. Budapest: Magvetö Könyvkiadó, 1985 [zitiert nach einer Übersetzung von Magdalena Ochsenfeld].

Lesznai, Anna, *Spätherbst in Eden*. Karlsruhe: Stahlberg, 1965 [ungarische Ausgabe: *Kezdetben volt a kert*, 1966].

Levin, Tom, »From Dialectical to Normative Specifity: Reading Lukács on Film«, in: *New German Critique*, Nr. 40, Jg. 14., H. 1 (Winter 1987), S. 35-61.

Locatelli, Massimo, *Béla Balázs. Die Physiognomik des Films*. Berlin: Vistas, 1999.

Lorenz, Thorsten, *Wissen ist Medium. Die Philosophie des Kinos*. München: Wilhelm Fink, 1988.

Lukács, Georg, *Balázs Béla és akiknek nem kell* [Béla Balázs und die, die ihn nicht mögen]. Gyoma: Kner, 1918.

Lukács, Georg, »Béla Balázs: Tödliche Jugend«, in: Karádi, Vezér (Hg.), *Georg Lukács, Karl Mannheim und der Sonntagskreis*, S. 154-158.

Lukács, Georg, *Briefwechsel 1902-1917*. Hg. von Éva Karádi und Éva Fekete. Stuttgart: J. B. Metzlersche Verlagsbuchhandlung, 1982.

Lukács, Georg, »Der Dramatiker des neuen Ungarns«, in: *Pester Lloyd*, 2. 3. 1913 [in ungarischer Sprache in: ders., *Balázs Béla és akiknek nem kell*, S. 49-59].

Lukács, Georg, »Doktor Szélpál Margit«, in: *Huszadik Század*, Jg. 10, H. 6 (1909), S. 578-581.

Lukács, Georg, »Eine kulturelle Pressfehde«, in: ders., *Taktik und Ethik*, S. 93-95 [zuerst in: *Pester Lloyd*, 17. 4. 1919].

Lukács, Georg, »Gedanken zu einer Ästhetik des ›Kino‹«, in: Schweinitz (Hg.), *Prolog vor dem Film*, S. 300-305 [zuerst in: *Pester Lloyd*, 16. 4. 1911, S. 45-46.]

Lukács, Georg, »Gedanken zu einer Ästhetik des Kino«, in: Güttinger (Hg.), *Kein Tag ohne Kino*, S. 195-200 [zuerst in: *Frankfurter Zeitung*, Jg. 58, Nr. 25, 10. 9. 1913].

Lukács, Georg, *Gelebtes Denken. Eine Autobiographie im Dialog*. Redaktion István Eörsi. Frankfurt am Main: Suhrkamp, 1981.

Lukács, Georg, »Halálos Fiatalság« [Tödliche Jugend], in: ders., *Balázs Béla és akiknek nem kell*, S. 80-102 [zitiert nach einer Übersetzung von Ferenc Csóka].
Lukács, Georg, »Hét mese« [Sieben Märchen], in: ders., *Balázs Béla és akiknek nem kell*, S. 103-121 [zitiert nach einer Übersetzung von Anna Bak-Gara].
Lukács, Georg, »Jegyzetek Szélpál Margitról [Bemerkungen über Márgit Szélpál], in: *Nyugat*, Bd. 1 (1909), S. 607.
Lukács, Georg, *Napló - Tagebuch (1910-1911). Das Gericht (1913)*. Budapest: Akadémiai Kiadó, 1981.
Lukács, Georg, *Tagebuch 1910-11 von Georg Lukács*. Berlin: Brinkmann & Bose, 1991.
Metz, Christian, »Der fiktionale Film und sein Zuschauer. Eine metapsychologische Untersuchung«, in: *Psyche*, Jg. 48, H. 11 (1994), S. 1004-1046 [der Aufsatz ist eine Übersetzung des 3. Kapitels von *Le signifiant imaginaire* über Formen der Objektbeziehung im Kino und im Traum].
Metz, Christian, *Semiologie des Films*. München: Wilhelm Fink, 1972.
Metz, Christian, *The Imaginary Signifier. Psychoanalysis and the Cinema*. Bloomington: Indiana University Press, 1982, [Originalausgabe: *Le signifiant imaginaire*, 1977].
Morin, Edgar, *Der Mensch und das Kino. Eine anthropologische Untersuchung*. Stuttgart: Klett, 1959, S. 173 [Originalausgabe: *Le cinéma ou l'homme imaginaire*, 1956].
Musil, Robert, »Ansätze zu neuer Ästhetik. Bemerkungen über eine Dramaturgie des Films, in: ders., *Gesammelte Werke 8*. Reinbek: Rowohlt, 1978, S. 1137-1154.
Nagy, Magda, *Balázs Béla Világa* [Béla Balázs' Welt], Budapest, Kossuth Könyvkiadó, 1973.
Nagy, Magda, »Béla Balázs' Tätigkeit für den Film, das Theater und die Arbeiterkultur am Ende der zwanziger und Anfang der dreißiger Jahre«, in: Balázs, *Essay, Kritik 1922-1932*, S. 9-35.
Paech, Joachim, »Dispositionen der Einfühlung. Anmerkungen zum Einfluß der Einfühlungs-Ästhetik des 19. Jahrhunderts auf die Theorie des Kinofilms«, in: Hickethier u. a. (Hg.), *Der Film in der Geschichte*, S. 106-121.
Palmier, Jean-Michel, »Béla Balázs, théoricien marxiste du cinéma«, in: Béla Balázs, *L'esprit du cinéma*. Paris: Payot, 1977, S. 7-116.
Ralmon, John, »Béla Balázs in German Exile«, in: *Film Quarterly*, Vol. XXX, No. 3 (Spring 1977), S. 12-19.
Rentschler, Eric, »Hochgebirge und Moderne: eine Standortbestimmung des Bergfilms«, in: *Film und Kritik*, Jg. 1, H. 1 (Juni 1992), S. 8-27.
Rentschler, Eric, *The Ministry of Illusion. Nazi Cinema and Its Afterlife*. Cambridge, Mass./London: Harvard University Press, 1996.

Die Säuberung. Moskau 1936: Stenogramm einer geschlossenen Parteiversammlung. Hg. von Reinhard Müller. Reinbek: Rowohlt, 1991.

Schweinitz, Jörg, »Georg Lukács' frühe ›Gedanken zu einer Ästhetik des Kino‹ (1911/13) und die zeitgenössische deutsche Debatte um das neue Medium«, in: *G. Zeitschrift für Germanistik*, Jg. 11, H. 6 (1990), S. 702-710.

Schweinitz, Jörg (Hg.), *Prolog vor dem Film. Nachdenken über ein neues Medium 1909-1914*. Leipzig: Reclam, 1992.

Toeplitz, Jerzy, *Geschichte des Films. Band 1. 1895-1928*. Berlin: Henschelverlag für Kunst und Gesellschaft, 1984.

Wechselwirkungen. Ungarische Avantgarde in der Weimarer Republik. Hg. von Hubertus Gaßner. Marburg: Jonas, 1986.

Wessely, Anna, »Der Diskurs über die Kunst im Sonntagskreis«, in: *Wechselwirkungen. Ungarische Avantgarde in der Weimarer Republik*, S. 541-550.

Wuss, Peter, *Kunstwert des Films und Massencharakter des Mediums. Konspekte zur Geschichte der Theorie des Spielfilm*. Berlin: Henschel, 1990.

Zsuffa, Joseph, *Béla Balázs. The Man and the Artist*. Berkeley/Los Angeles/London: University of California Press, 1987.

Siegfried Kracauer
Ein neues Filmbuch (1930)

Seinem vor einigen Jahren erschienenen Buch über den Film: »Der sichtbare Mensch« hat *Béla Balázs* ein zweites: *»Der Geist des Films«* folgen lassen. (Verlag Wilhelm Knapp, Halle-Saale. VIII. 217 Seiten, Geb. *M* 9.80.) Inzwischen ist der Tonfilm zur Macht gelangt, sind Tendenzen des stummen Films herausgearbeitet worden, die damals nur schwer zu erkennen waren. Das neue Werk bezieht sie ein, erörtert die Wandlungen und berichtigt manche früheren Annahmen. Es ist wie das erste nicht so sehr eine Filmästhetik im engeren Sinne, als der Versuch, die durch den Film und durch ihn allein dargebotenen Bedeutungen zu ermitteln. Wobei es sich keineswegs damit begnügt, die bedeutenden Phänomene nach Art der Phänomenologie zu beschreiben, sondern zugleich ihre Interpretation unternimmt. Sie geschieht im großen und ganzen vom marxistischen Standpunkt aus. Genauer: auf Grund gewisser an Rußland orientierter Anschauungen.

Balázs verwirklicht seine Absichten auf eine methodisch richtige Weise. Die materialistische Dialektik hindert ihn daran, seinen Stoff unter idealistische Oberbegriffe zu bringen, die so abstrakt wie leer sind. Sie hindert ihn nicht daran, sich den eigentümlichen Intentionen der Gehalte zu öffnen, die im Film auftauchen. Ein Verfahren, das zweifellos durch die Kenntnisse begünstigt, wo nicht ermöglicht wird, die Balázs als Filmpraktiker gesammelt hat. Ich habe schlechte Filme von ihm gesehen. Filme, die weder technisch überzeugten, noch ideologisch genügten. Aber gleichviel: seinem tätigen Verhältnis zum Material hat es der Theoretiker Balázs jedenfalls zu danken, daß er im Stoff konstruieren kann und konkreter Aussagen fähig ist. Er faßt sie in eine eingängige Sprache, die sich nicht selten zu blendenden Formulierungen verdichtet.

Der Vertrautheit mit dem Gegenstand entspringen fruchtbare Einzelanalysen. So die der Großaufnahme. Sie zeigt, wie Balázs treffend bemerkt, das Gesicht *unter* dem Mienenspiel, das Gesicht, das man nicht sehen kann. Ihre Rolle bei der Überblendung weist er an dem Beispiel wandernder Soldatenfüße auf, deren Stiefel sich in Pantoffel und zuletzt in die nackten Füße selber verwandeln. Wie ist eine solche Überblendungsfolge möglich, die lange Zeiträume vortäuscht? Die Großaufnahme »isoliert nicht nur, sie hebt den Gegenstand überhaupt aus dem Raum heraus ... Das Bild, das nicht mehr raumgebunden ist, ist auch nicht zeitgebunden. In dieser eigenen, geistigen Dimension der Großaufnahme wird das Bild zum Begriff und kann sich wandeln wie der Gedanke.« Ähnlich aufschlußreich sind verschiedene Erkenntnisse über die Einstellung und die Montage; nicht zuletzt die den einzelnen Filmgattungen gewidmeten Abschnitte, aus deren Reihe die glückliche Prägung: »montierter Essay« erwähnt sei, die auf »Turksib« gemünzt ist. Die Untersuchungen über den Tonfilm fallen etwas ab.

Alle diese Bedeutungsanalysen wurzeln mehr oder minder in einer Gesellschaftslehre, die sich ihrerseits auf die sowjetrussische Praxis stützt. So bezieht Balázs von dorther den Begriff des inhaltlich erfüllten Kollektivs und den positiven Ansatz der Masse. Nicht zu bestreiten, daß er von seinem Ausgangspunkt aus eine Anzahl wichtiger und nützlicher Einblicke gewinnt. Vor allem die, daß der Film als solcher, indem er die Distanz des Zuschauers aufhebt, die bisher in sämtlichen sichtbaren Künsten gewahrt blieb, ein den Massen zugekehrtes Kunstmittel ist, dem die Funktion der Entlarvung zufällt. (Sehr richtig heißt es am Schluß, daß die Russen nur darum so außerordentliche filmische Leistungen vollbracht haben, weil ihr Wollen mit den im Film angelegten Tendenzen zusammentrifft.) Zu den soziologisch wertvollen Interpretationen, die Balázs seiner Position schuldet, gehört etwa noch die der Wochenschauprogramme oder die eines Films wie »Menschen am Sonntag«, der als »Kleinbürgerromantik mit negativem Vorzeichen« aufgefaßt wird.

Freilich, die russischen Lehren sind zum Schaden der Deutungen allzusehr in Bausch und Bogen eingesetzt. Balázs verhält sich ihnen gegenüber ungefähr wie ein Konvertit. Er lebt nicht aus ihnen, er fühlt sich bei ihnen unter Dach und Fach. Vorbehaltlos benutzt er den ganzen Komplex der russischen Ideologie. Da er sie in der fertigen Form übernimmt, in der sie bei uns gang und gäbe ist, ohne sie bis zu ihrem Ursprung zurückzuverfolgen und derart von innen her zu erfahren, reichen natürlich die aus ihr gezogenen Schlüsse nicht in die Tiefe. Ich denke an die viel zu simple Erklärung des Kleinbürgertums – die Gestalt des Detektivs z. B. kommt um ihr Recht –; an die problematische Äußerung, daß die Großaufnahme, überhaupt die Nähe der Kamera beim Objekt, den allgemeinen

Drang zur Einfachheit verrate, der »von der Skepsis der heutigen Generation gegen die hergebrachten Ausdrucksformen des feudalen und altbürgerlichen Geistes« herrühre; an die reichlich naive Forderung, die anläßlich der Herrschaft des Tonfilms gestellt wird: »Jetzt müssen endlich die Dichter an den Film heran. Die besten, die größten. Denn jetzt ist es Zeit!«; an die Überschätzung des einen oder anderen russischen Erzeugnisses, in dem sich faule Ideologien umtreiben (so des Dewschenko-Films: »Erde«). Um ganz davon zu schweigen, daß die unkontrollierten Anschauungen keine Möglichkeit gewähren, den Sinn jener Filme aufzuzeigen, in denen nicht das Massenhafte regiert. Das scheint Balázs auch einzusehen, denn mitunter finden sich Abweichungen von der Hauptlinie, stillschweigende Konzessionen an die bürgerliche Vorstellungswelt. Insgesamt leidet die Einstellung an ihrer Unschärfe.

Dennoch: das Buch ist ein Vorläufer, und Vorläufer haben es schwer. Es enthält eine Menge guter Einsichten. Und man wird es unter allen Umständen mit Nutzen lesen.

Rudolf Arnheim
Der Geist des Films (1930)

Béla Balázs hat über Filmkunst schon geschrieben, als es noch gar keine gab. Und jetzt, wo es schon keine mehr gibt und wir ihrer Auferstehung harren, greift er sein Thema in einem neuen Buch auf. (»Der Geist des Films«, erschienen im Verlag Wilhelm Knapp, Halle, der das broschierte Exemplar – 217 Seiten ohne Bilder – für acht Mark verkauft.) Er kennt den Film nicht nur vom Zuschauerraum aus, er hat selbst Manuskripte geschrieben und die deutsche Bearbeitung großer russischer Filme geliefert. Und da er ein sehr gewandter Stilist ist, bleibt das, was er so lebhaft angeschaut hat, anschaulich auch im Buch. Nicht alle Praktiker bekanntlich wissen über ihre Kunst Lesbares auszusagen; man soll ihnen aufmerksam zuhören, wenn sie über sogenannte »rein technische Fragen« reden, denn da enthüllen sie häufig, ohne es zu ahnen, wichtige Geheimnisse ihrer Kunst – wenn sie aber eben über diese Geheimnisse reden wollen, dann vernimmt man zumeist das Phrasengeklingel von Halbgebildeten, die ehrfürchtig und unbestimmt nach den unheimlichen Bezirken des Geistes tasten. »Film ist letzten Endes ein kosmisches Urerlebnis und als solches definitorisch nicht näher zu ergründen.« Doch warum Zitate erfinden? »Es fehlte die aus dem Innersten erlebte tiefgründige Perle des ewig Wertvollen.« Und. »Nicht umsonst hat Lessing in seiner ›Laokoon-Gruppe‹ Wege und Grenzen aufgezeigt ...« Solche tiefgründigen Perlen enthält Hans Kahans »Dramaturgie des Tonfilms« (Verlag Max Mattisson, Berlin SW 68). Auch hier spricht offenbar ein Praktiker, aber diesem ist die Welt mit Versatzstücken vernagelt, er meint die Kunst und spricht vom Atelier, er redet an allen wesentlichen Fragestellungen vorbei, und die Kunstgesetze, die er aufstellt, sind vom Produktionsleiter gegengezeichnet. Er zitiert den Ben Akiba, wenn er sagen will, daß etwas schon einmal dagewesen sei, seine Logik sieht so aus: »Wenn man den Film mitten aus dem Leben greift und stärkste Eindrücke vermittelt erhält, so muß man in erster Linie an die Wochenschau denken«, sein Stil so: »Der Schlager ist zur Seuche geworden, selten zu einer angenehmen«, und manchmal vergißt er sich, und es erklingt urwüchsigster Atelierjargon: »Da aber das Leben manchmal so kitschig ist, Konflikte letal zu beenden …« und »Macht man nach russischer Art in Naturalismus, so wird man …« Auf dem Umschlag dieser eigentümlichen Druckschrift sieht man das Gesicht des Autors lachen. So auch der Leser.

Turmhoch über solchem Geschwätz steht das Buch von Béla Balázs. Für ihn hat Lessing seine Laokoon-Gruppe nicht umsonst gemalt. Aus jeder Seite spürt man, daß der Verfasser ein sicheres Gefühl dafür, was Kunst sei, besaß, ehe er daran ging, die Grenzen und Möglichkeiten der neuerschaffenen Bildkunst zu erforschen. Bei dieser Arbeit kommt ihm zugute, daß er mehr künstlerische Phantasie besitzt, als das bei Theoretikern üblich: er hat vor sieben Jahren die Formen des stummen Films vorausgesehen, und er gibt jetzt eine erstaunlich anschauliche und vielseitige Schilderung des Tonfilms und des Farbenfilms. Er sieht Filme, die es noch nicht gibt. Wie denn überhaupt der Vorzug seines Buches in der Fülle der Gesichtspunkte und Beispiele besteht, die er vor dem Leser ausstreut, ohne freilich sie ihm immer im rechten Zusammenhang zu zeigen. Dieser mehr auf das Sinnliche als auf Ordnung gerichtete Geist ist so gepackt von seinem Stoff, daß er nicht recht wiederpakken kann, er läßt – indem er das Amt des Gesetzgebers nicht immer reinlich von dem des Chronisten trennt – alles gelten, gestaltet alle Erscheinungen in einer leuchtenden Bildersprache, die Spreu und Weizen ziemlich gleichmäßig vergoldet. Er trägt einen Haufen zusammen, einen Haufen, durchzogen von kunstvoll verästelten Gängen – aber einen Haufen. Alle Anregungen werden gegeben, alle Fragestellungen aufgezeigt, der Hunger des Lesers wird aufs Beste erregt aber nicht befriedigt. Balázs gibt das vollständige Material zu einer unübertrefflichen Film-Ästhetik. Das Buch, das er nicht geschrieben hat, ist ausgezeichnet.

Mit diesem Haften am Sinnlich-Anschaulichen hängt es wohl auch zusammen, daß er an die Filmkunst sozusagen nicht von unten sondern von oben herangeht. Es reizt ihn, die einzelne Spitzenleistung zu analysieren – wie denn die Kapitel über die surrealistischen und die Trick-Filme erstaunlich treffende Formulierungen aufweisen –, aber es liegt ihm nicht (obschon er es nicht unversucht läßt), bei den Elementen zu beginnen und von einer möglichst konkreten psychologischen Analyse der »Charaktereigenschaften« des Films aus ein System nach oben aufzubauen. Nur so könnte man zu hinreichend exakten und allgemeingültigen Regeln kommen und so dem Leser das stabile Wissen verschaffen, das er begehrt. Eine solche von den Elementen her aufsteigende Methode hat, nicht bloß in der Kunstwissenschaft sondern in allen Wissenschaften, den Nachteil, daß sie mit ihren allgemeinen Gesetzen das Individuum nur in gröbster Annäherung erreicht und seine Eigenart nicht erklären kann. Das ist in der Kunst besonders schmerzlich. Aber wenn es einen verlangt, zu erkennen, statt bloß zu schmecken und zu genießen, muß man sich damit abfinden. Und die Arbeit des Theoretikers kann doch viel tiefer an den Kern heranführen, als man es ihr im allgemeinen zutraut.

Darüber darf man nicht vergessen, daß Balázs in seinem Buch hundert Dinge als neu und wichtig aufzeigt, von denen bisher niemand gesprochen hat, und daß er viele Fragen stellt, die nun zu beantworten sind. Wer also die Anregung zu eignem Nachdenken und Ordnen sucht, wer sich den richtigen Startplatz und die Richtung weisen lassen will, der wird bei Balázs alles Notwendige finden. Was Äußerliches anlangt, so sei, für die Leser der zweiten Auflage, um eine recht gründliche Revision des Textes gebeten. Holywood, la petit Lili, Renald Colman, Ramon Nowarro, Feyeder's Johannafilm, Basset, Walt Withman, Winkelmann, Extase, Premiereplan, Thema Con variazione, Tempis, déjà vue, Phokus, eine dantesque Vision, storys – das muß nicht sein.

Nachweise

Arnheim, Rudolf, »Der Geist des Films«, in: *Die Weltbühne*, Jg. 26, H. 46 (11. 11. 1930), S. 723-4.
Kracauer, Siegfried, »Ein neues Filmbuch«, in: *Frankfurter Zeitung*, Jg. 75, Nr. 819 (2. 11. 1930), S. 5.

Suhrkamp Verlag GmbH
Torstraße 44, 10119 Berlin
info@suhrkamp.de
www.suhrkamp.de